T-İNSAN

Türkiye'nin İlk Kadın Fütüristi

Dünyanın En Etkili 100 Kadın Fütüristi Arasındaki Tek Türk

Gelecek Tasarımcısı ve İş Avatarı

UFUK TARHAN'dan

Daha İyi Bir Gelecek Yaratmak,
Daha Başarılı, Kazançlı ve Mutlu Olmak İçin
Devrim Niteliğinde İpuçları,
Yepyeni Bir Kişisel Dönüşüm Modeli!

ceres
YAYINLARI

CERES YAYINLARI 92
Kişisel Gelişim 18

T-İnsan
Ufuk Tarhan

1.-2. Basım, Ocak 2017
3.-4.-5. Basım, Şubat 2017
6.-7. Basım, Mart 2017
8. Basım, Nisan 2017

Yayın Yönetmeni: Tuğba Dedeoğlu Demir
Editör: Müyesser Biçer
Kitap Tasarım: Tansel Baybara
Mizanpaj: Hakan Demir

Baskı ve Cilt
Sena Ofset, Litros Yolu Sk. 2. Matbaacılar Sitesi
No: 2/4 No: 4NB7 Topkapı-İstanbul
Tel: 0.212.613 38 48
Matbaa Sertifika No: 12064

CERES YAYINLARI
Halitağa Cad. Derya Apt. No: 84 A Blok K:2 D:6
Kadıköy - İstanbul Tel: 0.216.348 15 51
www.ceresyayinlari.com • ceresyayinlari@gmail.com
Yayınevi Sertifika No: 20034

ISBN: 978-605-4910-80-9

Gelecek tahmin edilemez,
tasarlanır ve yaşanır!

Ufuk Tarhan

Gelecek endişesi,
sürdürülebilir kariyer, iş ve para kazanma kaygısı
bu çağ insanlarının ortak duygusu...

Şimdi ve gelecekte
başarılı, varlıklı ve mutlu olmak için
herkes arayışta!..
Bireyler gelecekleri konusunda tedirgin...

İşte bu kitap, insanların
"gelecek kaygısını" yenmelerine,
daha iyi bir gelecek için dönüşmelerine,
başarılı, mutlu olmalarına yardımcı olmak amacı ile yazıldı.

Size söz veriyorum; önerileri, ipuçlarını
kolaylıkla kavrayacak ve
rahatlıkla uygulayacaksınız!..

Çünkü pek çok kişi uyguladı...
Çok başarılı sonuçlar aldı.
Lütfen siz de mutlaka deneyin...
Göreceksiniz, olacak...

"Daha zeki ya da güçlü olanlar değil,
değişime en fazla ayak uyduranlar ayakta kalır"
– Charles Darwin -1809

İÇİNDEKİLER

İNTRO

Dijital Çağ, Robot Devrimi, Yenilenebilir Enerjiye Geçiş,
Uzay Çalışmaları, İnsanlığın Dönüşümü (Transhümanizm)...
Her şey sarsıcı biçimde gelişiyor...

Hızla değişen gelecek
hayatla, kariyerle ve işle başa çıkmayı, para kazanmayı,
mutlu olmayı her zamankinden daha karmaşık bir hale getiriyor.
Yaşam sanki giderek daha da zorlaşıyor!

Geleceğe uyumlanmak için:
Yeni çıkışlar, çareler bulmak; değişip, dönüşmek gerekiyor!

Herkes "yepyeni iş modelleri, zengin olmak / mutluluktan uçmak" için
öneriler sıralıyor da... O işleri başarılı kılacak
bizler yani bireyler için: "Geleceğe nasıl hazırlanmalıyız?"
sorusuna gelecekçi, gerçekçi bakış açısı ile
cevap verebilen pek yok!

İşte T-İnsan bunlarla, gelecekle, belirsizlikle başa çıkmanıza,
yardımcı olacak!
Beyninizi kemiren sorulara yanıtlar bulmanızı sağlayacak...

T-İnsan'ı bir birey olarak gelecekte başarılı olmanız için
hemen kullanabileceğiniz
en kuvvetli, en gelecekçi, en gerçekçi ve
en uygulanabilir dönüşüm modeli olarak,
hararetle öneriyorum...

Yararlanmanızı gönülden diliyorum...

T-İNSAN'I NEDEN YAZDIM?

Gelecek planlaması, para kazanma ve giderek güçleşen kariyer edinme, eğitim, aile kurma, aileyi devam ettirme, çocuk yetiştirme ve yaşam kaygılarıyla mücadele ederken...
Ben de ancak 40'lı yaşlarımda ufkumu açan T-İnsan Modeli ile çıkış yolunu keşfedebildim.

Herkes, özellikle de gençler, o kadar debelenmeden, daha ileri yaştakiler treni kaçırdım sanmadan, fark ettiklerimi, öğrendiklerimi, denediklerimi hemen, çabucak öğrensin istedim...

Üşenmedim, bildiklerimi kendime saklamadım ihtiyacı olanlara da ulaşsın, onlar da yararlansın diye büyük bir heyecanla, keşfettilerimi paylaşmak için derledim.

Kitabı dikkatle okumanızı ve fazla zaman kaybetmeden:

Keyifli, kazançlı, mutlu, huzurlu olacağına yüzde yüz inandığım yeni, pırıl pırıl yaşamınızı heyecanla yaratmak üzere harekete geçmenizi,

+ Kendine faydası olmadığı halde sizi yönlendirmeye çalışanlara,
+ Yardım ediyormuş görüntüsü altında aşağı çekenlere,
+ Cesaretinizi kırıp, kendinizi zayıf, çaresiz, beceriksiz hissettirenlere

Kulaklarınızı sıkıca tıkamanızı, dimdik durmanızı, cesaret ve coşkuyla, geleceğinizi kendi kararlarınızla, severek ve isteyerek şekillendirmenizi öneririm.

Yapabilirsiniz! (kesin bilgi, yayalım...)

İmza:
Kendini **T-İnsan**'a dönüştürerek
daha mutlu, huzurlu olmayı, kazançlarını artırmayı başarmış olan
Fütürist Ufuk Tarhan

Şimdi hayatta en çok istediğim şey;

Kitabınızı okudum, önerilerinizi kolayca ve azimle takip ediyor,
T-İnsan Modelini uyguluyor "başarılı ve mutlu bir insana" dönüşüyor;
geleceğe güvenle, coşkuyla, huzurla ilerliyorum.

İyi ki yazmışsınız!
demeniz...

Hayatımdaki en değerli insanlara;

Biri can, biri hayat parem olan; Ayşem'e ve Levom'a
Sevgili, güçlü, muhteşem anneme, bana algoritmik düşünmeyi öğreten
doyamadığım rahmetli babama,
canımm kardeşlerim Füsun ve Sadık'a,
Biricik yeğenim Can'ıma...

Teşekkür yetmez... Onlarsız olmazdı, olmazdım!

Özel bir teşekkürüm daha var...
O da Sevgili Enver Yücel'e. İlk o fark etti!..

Ve tabii ki Atatürk...
Minnettarlığımı ifade edecek kelime bulamadım.
Teşekkür ederim Büyük Fütürist...

"ARTIRILMIŞ OKUMA- AUGMENTED READING" TEKNİĞİ İLE YAZDIĞIM KİTABIMDAN DAHA FAZLA YARARLANMAK İÇİN, ÜSLUBU VE STİLİ HAKKINDA BİR KAÇ NOT:

+ Kitabı, zamanı az/canı dar, bıkkın/yorgun zamane insanı çabuk, akıcı okuyup takip edebilsin diye konuşma dili ile ve klasik yazım kurallarını da pek fazla dikkate almadan, bunlara fazla takılmadan yazdım. Ancak sakın ola bu sizi kitabın içeriğindeki ağırlık ve derinlik, yapılan araştırmaların kapsamı, çabanın yoğunluğu konusunda yanıltmasın! Çabamı, içeriği hafife almayın.

+ Dilbilgisine hassas okuyucularımdan peşinen özür dilerim. Ben de eskiden bir virgül için çok can yakanlardan, dahi anlamındaki "de-da ayırımına", büyük-küçük harf kullanımına, üstten virgülle ayırma meselesine kafayı fena takanlardan-dım... Ufuk'cuğum yerine Ufukcum yazanları ayıplardım. Şimdi "virgüllü cığım, cuğum" yerine "virgülsüz cım, cum" ve tmm diyenlerden, slm çakanlardan, bir yerine bi yazanlardan oldum. Koyverdim gidiyor artık... Ohh! rahat ettim! Affedin ve anlayın, hatta siz de azıcık salıverin, gevşeyin lütfen.

+ **Öztürkçe yazayım, yabancı dil kullanmayayım vb. kaygısı da taşımadım.** Taşıyamıyorum. Çünkü bu artık bana samimiyetsiz, umutsuz, nafile bir çaba gibi geliyor. Ayrıca ve zaten anadil, başkadil ayrımını sosyal medya ile mobil/akıllı telefonlarla, tabletlerle bezenmiş "feysinde gördüm, tivitine baktım, selfi çektim, snep koydum, instada gördüm, fotoşoplanmış gibi yaneaaa, favladım" diyen yeni nesil insanlar anlamıyorlar...

Diller bu kadar birbirine girmiş, İngilizce, emoji, görsel sembol ve şekiller, vb. dünyanın ortak dili olmuşken, kökeni belirsiz ya da yeni türemiş bir sürü sözcük bu kadar her yere sinmiş, ilerlemişken, "asıl olan; iletişimdir, beyinden beyine, yürekten yüreğe bağ kurabilmek ve ne dediğimizi birbirimize anlatabilmektir" diyor; renkli, matrak, esnek, karman çorman yenidünya dili ve jargonlarıyla ilerliyorum. Dileyen kitabı burada bıraksın:) İnadım inat, kararım karar ☺ Bu şekilde devam ediyor, özellikle Harvard Business Review'daki yazılarımı edit ederken terler döken gençlere selam çakıyorum ☺

Artırılmış Okuma (Augmented Reading) tekniği kullandım...

+ Okuyanların çoğunda mobil, akıllı cihaz olacağından eminim. Okurken başka kaynaklara, yazılara erişim esnekliğinden, kolaylığından ve de şımarıklığından yararlanmak için aralara kısaltılmış linkler **http://goo.gl/zg31RV, QR** kodlar ekledim. Bunlarla kitabı okurken başka sitelere, kaynaklara bağlanıp, okuyup, dinleyip, video da izleyebileceksiniz. Çok daha geniş bir içeriğe erişeceksiniz.

Mesela alttaki kodu okuttuğunuzda, doğrudan benim blogumadaki QR Kod (Quick Response - Hızlı yanıt) hakkındaki yazıma gideceksiniz. Denediniz mi? Tebrik ediyorum. Devam...

+ Bu kitapta bir anlamda kendimce "Artırılmış Gerçeklik - Augmented Reality" den **http://goo.gl/Dd4V8I** mülhem, **"Augmented Reading – Artırılmış Okuma"** yaptım. Umarım hoşlanırsınız:)

+ QR kod'ları okumak için **QRReader, Qrafter, QRCodeScan** gibi application'lardan yararlanabilirsiniz. Hepsi free, hepsi App Store ya da Google Play'de emrinize amade.

+ Yazdıklarım, derlediklerim yılların birikimi, okuduklarım, gördüklerim, notlarım, blog yazılarım, deneyimler... Yararlandığım, esinlendiğim kaynaklara, kişilere iç sayfalarda elimden geldiğince referans göstererek, kısa linklerle ya da QR kodlar ile atıfta bulundum. Detaylı bir listeyi ise aynı zamanda master tezimin konusu olduğu için tezimi yazarken tamamlayacak ve sonraki baskılarda kitabıma da ekleyeceğim. Anlayışınıza sığınıyor; insanlığın, hepimizin, bu fikirlerimin gelişmesine emek vermiş tüm değerli beyinlere, bilgelere, topluca, hepsine, herkese, hepinize en derin saygılarımla minnettarlığımı belirtip teşekkür ediyorum.

+ Okurken ya da daha sonra aklınıza bir şey takılırsa aşağıdaki adreslerden bana daima erişebilirsiniz;

futurist@ufuktarhan.com (Mail Adresim)
http://ufuktarhan.com (Blogum)
https://twitter.com/futuristufuk (Twitter > @futuristufuk)
https://www.facebook.com/FuturistUfukTarhan (Facebook)
http://www.linkedin.com/pub/ufuk-tarhan/10/bb6/b38 (Linkedin)
https://plus.google.com/104719855235588818661/posts (Google+)
https://www.youtube.com/user/futuristufuk/videos (YouTube Kanalım)
https://vimeo.com/user20721485 (Vimeo - 2. Video Kanalım)
http://instagram.com/futuristufuk (Instagram)
http://www.pinterest.com/futuristufuk/ (Pinterest)
http://futuristufuk.tumblr.com/ (Bir diğer Blogum)
http://www.slideshare.net/FuturistUfuk (Slideshare)
futuristufuk (Snapchat)

+ Son olarak en arkaya bir de kullandığım, farklı anlamlandırdığım kavram ve sözcüklerden mini bir sözlük yaptım. Sohbetlerde, sunumlarda kullanırsınız. İlgi çekeceğini tahmin ediyorum ☺

FÜTÜRİST UFUK KİMDİR?

Çocukluk

Antalya'da 1959 yılında doğdum. Altı yaşıma kadar sokaklarında portakal, bergamut ağaçlarının olduğu **bence dünyanın en güzel yerlerinden birinde** yaşadım. Yazları Konyaaltı'nda oba denilen geçici yazlık barakalar kurulurdu, oralara taşınırdık. Bütün gün açık havada, deniz kenarında yüzer; taş toplar, oynardık.

Sonra babamın görevi nedeniyle **Sivas'ın Kangal ilçesine** taşındık. İlkokula orada başladım. **İlk karı orada gördüm.** Öyle lapa lapa yağardı ki kardeşimle: **"Allah havadan beyaz çiçekler atıyor."** derdik. Öyle zannederdik...

Yaz kış, okula kocaman bir **kangal köpeği** olan ve lojmanlarda bekçilik yapan **Kürt Memet diye çağırılan insan irisi ama dünya tatlısı bir amca** ile konuşa konuşa, oynaya oynaya, yürüyerek giderdim. Okul dışındaki zamanlarımda bol bol kardeşimle haylazlık eder, oynar, süs havuzundaki kurbağaları yakalamaya çalışır, lojman bahçesinde 3 tekerlekli bisikletle turlar, bostana gider zerzavat toplar ya da yakınlarda buğday tanelerini samandan ayıran **çiftçilerle saman yığınlarının üzerinde düvenle** tur atardık.

Düven olayı en favori çocukluk aktivitemizdi. Ancak içimize kaçan samanlardan sırtımız o kadar çok kaşınırdı ki kaşımaktan yara olmasın diye bu faaliyetimiz zaman zaman yasaklanırdı. O zamanlarda da **malzeme deposunda yuvalayan güvercinlere sarardık.** Hedef kendi yaptığımız sapanla, türlü türlü kapanlarla (Kürt Memet Amca öğretirdi) hayvancıkları sersemletip, yakalayıp, babamı da bir kafes almaya ikna edip evde güvercin beslemekti. Hiç gerçekleşmedi bu hayalimiz ama **bizi epey oyaladı, çok şey öğretti** ☺

Gençlik

Kangal'dan **Ankara**'ya taşındık. Araya ortaokul yıllarında iki senelik **Kastamonu** macerası girse de Ankara'da büyüdüm. Üniversite bitinceye ve evleninceye kadar orada yaşadım. Hep başarılı bir öğrenciydim. Takdir, teşekkür getirmediğim karnem pek olmazdı. **En kuvvetli derslerim fizik, kompozisyon ve resimdi.** Not ortalamamı daima beden dersi düşürür, bedenden ikmale kalmaktan hep son anda, torpille kurtulurdum. Hala da öyleyim. Bedenimi değil, kafamı çalıştırmayı daha çok seviyorum... Dengelemek şart!

Lise sona gelince, bilinçli tercih yapayım diye ODTÜ'de okuyan dayım bana üniversiteleri gezdirdi. Yıl 1976. **Türkiye'de o zaman zaten kaç üniversite var ki?** Doğal olarak **ODTÜ**'nün kampüsünü, havasını görünce "tamamdır, **bir okul okunacaksa o burası olmalı!"** dedim ve üniversiteyi böyle belirledim. Bölümü ise 1980 ihtilali öncesi Türkiye'yi krizden kurtarma paketlerinden biri ile geldiği iddia edilen **Ekonomist** Atilla Karaosmanoğlu'ndan esinlenerek seçtim. Aslında gönlüm mimarlık ya da inşaat mühendisliğine kayıyordu ama gazetelerde gördüğüm **"ekonomist" lafı bana çok ilginç gelmişti.** Ben de ekonomist olacağım diye kafama koydum. Sonunda da oldum.

Kariyer, İş Hayatı

ODTÜ Ekonomi'yi bitirdim. Bitirir bitirmez hem işe girdim hem de okulda flört etmeye başladığım ilk eşimle evlendim. O zamanlar ODTÜ o kadar şehir dışındaydı ki, içinden yol da geçmiyordu. **İlk eşler genellikle üniversite içinden tedarikleniliyordu.**

Kariyer planı, bilinci falan da yoktu. Önüne denk gelen ilk işe giriyordun. Ben de mezun olunca öyle yaptım. Su motorları satan bir firmada stok-satış analisti olarak iş hayatına atıldım. Evlilik hazırlıklarına başladım.

Tabii o zamanlar daha **ne bilgisayar, ne faks, ne fotokopi, ne de benzeri bir şey** vardı. Her şey elle yapılıyordu... **Doğrusu o koşullarda "çalışmayı" hiç sevmemiştim... Tekdüze, köreltici ve sıkıcı gelmişti... Ama devam ettim.**

Evlenir evlenmez eşimin işi nedeniyle İstanbul'a taşındık. Ben de çalıştığım şirketin İstanbul merkezine tayin edildim. Orada durum daha da fenalaştı. Sürekli benzer raporlar çıkarıyordum. Aynı şeyleri yapmaktan, tablo çizip, rakam yazmaktan, motor saymaktan öyle bunaldım ki: **"İş hayatı bana göre değil, ben çocuk yapıp, evimin kadını olayım"** kafasına girdim. **Küt diye istifa edip ayrıldım.** Daha doğrusu istifa mektubu dahi yazmadan çekip, eve gittim.

İnsan Kaynakları bölümü, kurumsallık vb bölümler henüz kavrsamsal olarak dahi yoktu. Bu unsurlar henüz bugünkü gibi damarlarımıza işlememişti. Toyluk işte ☺

Ancak planlar tutmadı. Çocuk yapmakta epey zorlandık. Bende **milyarda bir görülen tuhaf bir sorun olduğu anlaşıldı.** Bekleme sürecinde evde cam üstüne, kendi geliştirdiğim teknikle, **resim yapmaya hatta bunları satmaya başladım.** Ancak evi resmen atelyeye çevirdim. İşi sergi açmaya kadar götürdüm. Böylesine abartınca herkes "bunu evden çıkaralım, yoksa kafayı yiyecek" diye düşünmüş olmalı ki aile meclisince **"doğru dürüst bir işe"** girmeme karar verildi. Araştırma ve tedavi süreci de uzayınca "çocuk da çocuk!" diye tutturan ben delirmeyeyim diye ailem ve arkadaşlarım tarafından ayarlanan bir işe zorla başlatıldım...

Vee bugünlere gelmemi sağlayan **o kutlu tesadüfle,** sonradan adı **Bilişim Teknolojilerine (BT)** dönüşen **bilgisayar sektörünün ilk firmalarından birinde, satış, pazarlama bölümünde işe başladım.** O zamanlar iş dünyası aşağıdaki gibi idi. Hala **bilgisayarlar, yazıcılar, fotokopi vb. yoktu.** Sadece Facit hesap makinası ve Teleks vardı.

Bilişim Sektörünün En Başarılı İş Kadını Ödülü

Giriş o giriş... İşime, teknolojiye, bilgisayarlara aşık oldum. Kendimi buldum. Sürekli: **"Keşke mühendislik hatta bilgisayar programcılığı okusaymışım."** diye hayıflandım ama bunu asla bir engel olarak görmedim. Sürekli öğrendim. **O kadar çok manual, teknik döküman tercüme ettim ki** mühendislerle anlaşabilecek düzeylere eriştim. Kısacası çok sıkıntılı zamanlarım olsa da **işime daima sevgiyle, her anını heyecanla, coşkuyla yaşayarak sarıldım.** Hiçbir şeyi üstün körü yapmadım.

Teknolojinin nelere kadir olduğunu algıladıkça aslında **"değişim ve dönüşümlerin altında hep teknolojik gelişmelerin yattığını"**anladım.

19 yılın sonunda Dünya Gazetesi tarafından verilen **"Bilişim Sektörünün En Başarılı İş Kadını"** ödülünü kazandım. (2002)

"Yazıcı" Kelimesini İcat Edişim...

Yıl 1983. İş dünyası "masa üstü / desk top" denen ilk kişisel bilgisayarlarla tanışıyor. Türkiye'ye ilk ithalatlar başlıyor. Benim işe girdiğim firma da dünyanın ilk bilgisayar "printer"ı olan Epson'u ithal etmeye hazırlanıyor. Ortada ne bu isimde bir cihaz, ne gümrük tarifesi var ne de bu cihazlardan anlayan, bilen... Habire gidip ifade veriyoruz. Nedir bunlar diye... İthalatçı arkadaşlar formları getirdiler ve dediler ki:

- Ufuk Hanım computer'i bilgisayar diye tercüme etmişler. Biz de printer'ı bilgiyazar olarak yazsak uygun mudur?

Tam "Vayy çok yaratıcıymış!", okey deyip, imzalayacaktım ki bu iki, yazılışı birbirine çok yakın kelimenin (bilgisayar, bilgiyazar) yazım hatalarından oluşabilecek aksaklıkları düşünüp:

- Yok yok, bunlar yazarken karışır! Biz printer'ı dümdüz **"yazıcı"** diye belirtelim dedim ve **ürünün adı öylece resmen yazıcı olarak kaldı** ☺

Nasıl Fütürist oldum?

Fütürizmle tanışmam ise 1995'di sanırım. O yıllarda yurtdışına yaptığım bir seyahatte, alanda unutulmuş bir The Futurist (**http://goo.gl/BqAl79**) dergisi buldum. Uçak yolculuğu boyunca, susuz kalmış birinin kana kana su içmesi gibi yutarcasına okudum. **Okudukça afalladım, müthiş heyecan duydum.**

- Vay canına millet, hem de 1966'dan beri nelerle uğraşıyormuş meğer...
- Haberimiz yokmuş! Biz de buralarda nelerle cebelleşiyoruz?

diye söylene söylene, satır satır inceledim. Derin derin düşündüm.

Yolculuk bittiğinde, The Futirst'e abonelik, **World Future Society / Dünya Fütüristler Birliği**'ne de üyelik formum elimde hazırdı. (**http://www.wfs.org**) İner inmez ilk yaptığım şey onları postalamak oldu. **Artık bir Fütüristtim** ☺

Özel hayatım...

Uzun uğraş ve tedavilerden sonra bir kızım, Ayşem oldu. Başka da çocuk sahibi olamayacağım söylendi.

Eşim iyi bir insandı ancak çok gençken, bilinçsizce alınan evlilik kararlarının genel sonucu olan boşanma hadisesini biz de yaşadık. On yıl kızımla, çalışan bir anne olarak, yalnız yaşadım. Hem annelik hem de babalık görevlerini üstlendim. Aşka ve erkeklere inancımı, güvenimi yitirdim. Ancak sonra bir arkadaşımın vasıtası ile: **"Evrene bir koca sipariş etsem bu insan gelirdi!"** diyecek kadar sevdiğim ikinci eşimle tanıştım. 44 yaşımda tekrar evlendim. **Aşka yeniden inandım. Sevdanın harlı, yorucu ateşini saygıyla, sevgiyle hayat arkadaşlığına taşımanın önemini kavradım.**

Fütürist Ufuk'a giden yolda ipin asıl koptuğu, şimşeğin çaktığı anlar! Dönüm noktaları...

Aslında sanırım olay epey öncelere dayanıyor...

Kafam çocukluğumdan itibaren daima gelecek hakkında yapılan: **"Değişmez bilgidir, bu budur, şu da şudur, o da kaderdir."** tarzındaki **önerme, saptama ve dayatmalara karşı reaksiyoneldi, alerjikti.**

Hep bir arayış halim, bitmez sorgulamalarım, deşmelerim, **şeylerin arkasındakileri keşfetme merakım** vardı.

Az çektirmemiştim anneme... Bana dua ezberletmeye çalıştığında: **"Önce Türkçesini söyle, ne demek anlayayım, ondan sonra ezberlerim."** diye delirtir; kök söktürürdüm kadıncağıza... Sonunda, orta ikinci sınıfta, 13 yaşımda, babamın Ankara'dan getirdiği **"Tanrıların Arabaları - http://goo.gl/DRvKb3"** ile ip koptu, şimşek çaktı ve sanırım bugünlere varan yolculuk, taa o zaman başladı. Hayatımdaki önemli dönüm noktalarından biri o kitap oldu...

Arıza çıkaran profil...

Çocukluğum annemin hanım hanımcık şeyler öğretme merakına direnen, babasıyla motor bobini saran, kendi kendine dönen gece lambası yapan, sigorta, musluk tamir eden; bir şeyleri boyamaktan, renkleri karıştırmaktan, resim yapmaktan, yazmaktan müthiş keyif alan, hayalperest ve taa o yaşlardan beri boyu 1.70 olduğu için "fasulye sırığı" diye çağrılan, "İki senelik misin? Basketçi misin?" sorularından bıkan, sürekli deney yapan, takla dahi atamayan, fiziksel değil, beyin aktivitesinden hoşlanan değişik, **arıza bir profil** olarak geçti...

Yolumu çizmem, kendimi anlamam kırklı yaşlarımı buldu.

İşte o yüzden: **"Kimse o kadar oyalanmasın, vakit kaybetmesin!"** diye bir telaşım var...

Ne kadar çok enerjyi gereksiz ve boşa harcadığımı fark ettiğimden beri; insanlara, çok debelenmeden büyüyebilsinler ve olgunlaşabilsinler diye, **enerji verimli ampuller gibi ışıldamanın, "tasarruflu hayat enerjisi kullanmanın"** yollarını göstermeye çalışıyorum...

Çoklu yeteneğe o zamanlar maymun iştahlı denirdi...

Sağ ve sol beyin kullanımımın neredeyse eşit olduğu o yaşlarda belliydi. Hem çok güzel resim yapar, boyar hem de mühendislik alanlarına, inşaata, mimariye çok ilgi duyar, bir de çok sıkı kompozisyon yazar, habire birinci seçilirdim.

Ancak o zamanlar, **yetenek, beceri, kariyer, gelecek planlaması vb. ile pek ilgilenilmediği, daha doğrusu bu konular "bilinmediği" için** benzer hallerdeki çocukların, gençlerin durumu **"maymun iştahlılık"** olarak nitelenirilirdi.

"Eserekli bu çocuk" diye eleştirilir; **çoklu akıl eğitimi ve beceri geliştirmek üzere falan teşvik edilmez, aksine o tip çocuklar ehlileştirilmeye** çalışılırlardı.

Notu iyi olan, akıllı görünen herkesin "tıp" okuması istenir ancak o olamazsa mühendis, o da olmazsa eczacılık, mimarlık, hukuk falan uygun bulunurdu. Hala da çok farklı değil ortam... Zaten bu konulara sarmamın diplerinde de **bu sakatlıklar** yatıyor.

Ben de bu dayatmalarla girdiğim üniversite imtihanından hayli iyi bir puanla çıkmama rağmen, annemin sinirli gözyaşları arasında **ismi ilginç diye "Ekonomist"** olmaya karar verip, **ODTÜ Ekonomiyi** seçmiştim.

Sonunda "ist" olan şeyler demek ki hep ilgimi çekmiş ☺ Şimdi de en çok sevdiğim tanımlama "Fütür**ist**" ya... ☺

İşte böyle başladı benim gelecekçi bakış açısı oluşturmam...

Yani arkadaşlar, bundan sonra okuyacaklarınızı biriktirdiğim hayat bu!

Hepinizinki gibi sağlam dipler ve zirvelerle düşe kalka oluşturuldu.

Maymun iştahlı Ufuk, Ekonomist Ufuk, Bilişimci Ufuk epey uğraşla, pek çok değerli insanın ve bizzat kendimin katkılarıyla sonunda; **"T-İnsan Fütürist Ufuk'a"** dönüştürüldü...

Artık başlayabiliriz...

Siz de dönüşmeye hazır mısınız?

Hadi ilerleyelim o halde...

BAZI KAVRAMLAR
YENİDEN ANLAMLANDIRILMASI GEREKEN TANIMLAR;
YAPILMASI, YAPILMAMASI GEREKENLER...

KISACASI; DÖNÜŞÜM ÖNCESİ HAZIRLIK:

FARKINDALIK...

ÖNCE FARKINDALIK, ONUN İÇİN DE KAVRAMLAR...

Farkındalık bölümünü bir anlamda binanın **subasman** kotu olarak düşünün.

Orijinali **Soubassement** olan **subasman** lafı dilimize Fransızca'dan geçmiş, **Sous=alt, Bassement=zemin** kelimelerinden türemiştir. Yapıda zemin kotunun (sıfır kotu, giriş kotu) altında kalan, ama toprağa gömülü olmayan bölümüdür.

Bu kısım temelden hemen sonraki hayati kısımdır.

Bina bunun üstüne yükselirse daha sağlam, dayanıklı olur çünkü amaç, yapıyı doğal etkilerden, nemden, sudan vb. korumaktır.

İşte bizim farkındalık bölümü de bunun gibi bir giriş, başlangıç seviyesi...

Geleceğini yapılandırmak isteyenlerin üzerine yaşamlarını inşa edecekleri ilk kat...

"Farkındalık"; herhangi bir değişim, ilerleme için mutlaka olması gereken ilk katman. Bu yüzden özellikle bazı temel kavram ve anlamlandırmalar hakkında yalın, ortak bir algımız olmalı. Aksi takdirde üstüne koyacaklarımız dingildek durur. Sağlam olmaz, zemine sıkı oturmaz. Çünkü üzerinde geleceğe yürüdüğümüz arazi değişken, oynak ve kaygandır...

"Farkındalık düşüncelerimize dışarıdan bakmamızı sağlar" -*Dan Brule*
"Farkındalık özgürlüktür" *Deepak Chopra*

Kısacası **"gelecek"** dediğimiz **arazi koşulları, hayatımızı üzerine inşa edeceğimiz süreç;** epey zorlu, engebeli ve bilinmezlerle dolu. Birbiri ardına gelecek bilgileri üst üste yığmadan önce; bazı nedenler, nasıllar, kavramlar, yeni anlamlar, yeniden anlamlandırmalardan oluşan sıkı bir **farkındalık/subasman katı** ile başlayalım istedim...

Menfaatiniz icabı, kavramlar meselesini pas geçmemenizi hararetle öneririm...

UYAN, BİL, KORK, PANİKLE VE ALARM HORMONLARINI SALIVER!

??? Haydaa!!! Bismillah!!! Bu ne???????
- Hani bizi gelecek kaygısından kurtaracaktı bu kitap? Ne şimdi bu başlık?
Diyeceksiniz, biliyorum.
İşte ben de tam bu duyguyu yakalamak, yaşatmak istiyorum.
Çünkü kazandaki kurbağalara benziyoruz...

İnsanların çoğunun halini; alttan hafif hafif ısıtılan, bir kazanda haşlanmaya doğru gittiğini fark etmeyen **kurbağalara benzetiyorum:**

Konfor alanlarında yayılan bizlerin, hiç bir şey değişmez ya da değişse de bize bir şey olmaz sanrılarımızı, farkındalıksızlığımızı...

Ya da fark edip: **"Ama elimden bir şey gelmez ki!"** diye öğrenilmiş **çaresizlik hissi simidine** sıkı sıkı sarılışını **üzülerek gözlüyorum.**

Ne yaparsam yapayım, her halükarda, ilk etapta paylaşacaklarımdan hoşlanmayacaksınız.

Belki sevimsiz, tatsız, uçuk-kaçık, keyifsiz bulacaksınız. Ürkecek, korkacaksınız... Ona rağmen aktaracağım.

Offf!!! lar çekecek: "Bu ne ya şimdi? Epey uçmuş!" diyebileceksiniz...

Hatta belki gençler: "Bu neyin kafası? Ne kullanıyorsan söyle biz de alalım..." diye ince ince dalgasını geçecek...

Rahatınızı kaçırdığımı, konfor alanınıza çomak soktuğumu, öyle olacağını biliyorum.

İstiyorum ki önce, **aktardıklarımı ciddiye almaya yardımcı olacak** bir temel oluşsun. Farkındalık gelişsin ya da derinleşsin. Okuma ilerledikçe farklı düşünecek, karmaşık duygular içinde gidip geleceksiniz ama umuyorum ve çok inanıyorum ki sonunda **irkilecek, harekete geçecek ve kurtuluş için heyecanla bir "T-İnsan" sıçrayışı yapacaksınız.** ☺

"Zaten korkuyorduk, yangına körükle gelmek oldu ama buu!" diye söyleneceksiniz ki doğrudur, aynen öyledir. Sahiden, tam da bunları yapmak istiyorum. Önce şöyle bir **Kork-ma-lı-sı-nız...**

Rahatsız etmek, adeta itiştirip, silkeleyip, sarsmak, dürtmek ve: **"Hadi hadi kalkın, uyanın, sıçrayın, çıkın kaynayan sudan dışarı!"** demek istiyorum!

+ Yayıldığınız konforlu, korunaklı alanlar,
+ Ama, fakat, lakin diye sığındığınız mazeretler,
+ Her şey eskisi gibi olur, böyle gelmiş böyle gider sandığınız, inandığınız, değişmesin diye direndiğiniz koşullar, alışkanlıklarınız, rutine bağladığınız uğraşlarınız...

Öyle bir farklılaşacak, öyle bir kırılacak, öyle bir çatırdayacak ki...
"Erken, davranmaz, hızlı olmazsanız uyandığınızda ne olup bittiğini anlayamayacaksınız bile"
diye haykırmak, sarsmak istiyorum... Sizin anlayacağınız; yılmayacağım... Azimliyim...

Korkutucu gibi gelsem de "sevimsiz" deseniz de yazacağım...

Kendimi ilk bölümlerde feda edip hoşlanmasanız da;
korkunuzu, endişenizi daha da yükseltip, panikletecek şeyleri,
sizin yararınıza, hayrınıza olduğunu bildiklerimi an-la-ta-ca-ğımm!..

Duymayı istediklerinizi değil, duymanız gerektiğine inandıklarımı paylaşacağım.

Çünkü amacım aslında beyninizdeki "tehlikeden koruyan, kurtulmak için tetikleyip, harekete geçiren" alarm hormonlarını "haydi kurtul!" sinyallerini salgılatan tuşa basmak.

Ve sanırım başka da bir yol yok. Basacağım o tuşa basıyorum, hazır olun!
Başşlıyoruzz!..

GELECEK NEDEN, DAHA ÇOK ÜRKÜTÜCÜ GELİYOR?

Çünkü gelecek dediğimiz ve hep gelen, hiç durmayan, soluklanmayan
hem de her geldiğinde çok, ama çok, ama çooook farklı ve
zorlu geçen süreç durmuyor. **Durulmuyor! Yorulmuyor!**
Her defasında çıtayı daha da yükseltiyor!
Karmaşayı daha da derinleştiriyor!
Kapsama alanını daha da genişletiyor!

Gelecek efendi almış bir de yanına **teknoloji** denen **azmettiriciyi...**
Dayanmışlar sırt sırta birbirlerine... Dur durabilirsen karşılarında...

Gelecek ve azmettiricisi teknoloji...

Bunlar resmen ayrılmaz ikili...

Kimine göre iki suç ortağı. Kimine göre iki sıkı dost.
İnsanlığın var oluşundan beri, el ele, hep bir başka hallerde, havalarda ve giderek hızlanan devrimlerle geliyorlar üstümüze üstümüze...

> "Nedensellik, etkileşim, koşullar ve ayırt edici algılama...
> Aslında dört büyük element bunlardır" -*Budha*

Çakıyorlar alnımızın ortasına: **"değişim, evrim, dönüşüm** vb." artık ne derseniz deyin **"farklılaşma mecburiyetini..."**
Bırakmıyorlar insana **"uyumlanmaktan"** başka çare...

Bundan etkilenmemek, hiçbirimiz için mümkün değil!..

Gelecek ürkütücü, çünkü her önemli değişim, evrim döneminde binlerce, milyonlarca insanı işsiz, güçsüz bırakıyor. Savaşlar çıkarıyor, güç dengelerini alt üst ediyor! Ülkeleri, aileleri, ocakları söndürüyor, kitleleri telef, toplumları alabora ediyor.

O yüzden de kendisinden genelde korkuluyor, bir anlamda **"geleceksen de böyle gelme amaa..."** diye şartlı itirazlar yükseliyor...

Ancak korkunun, karşı durmanın ne ecele ne de geleceğin gelmesini engellemeye, şartlar dayatmaya gücü yetmiyor...

Netice: Geleceğe cesaretle ilerleyeceğiz... İlerlemek zorundayız... Başka hiç bir yol yok!

Bu arada bilmeyenler için tekrarlayalım: **"Cesaretli olmaya; korkmamak değil, korkudan tir tir titreyerek de olsa ilerlemek!"** deniyor...

Gelecek biz istesek de istemesek de geliyor!

Kollayın ve yükseltin kendinizi!..

PEKİ GELECEKTEN KORKMAK ZORUNDA MIYIZ?

Eveeeeet!..

Korku aslında hepimizde olan, yararlı gerekli, koruyucu, geliştirici bir duygu.

T-İNSAN

" Gelecek, bugünden ona hazırlananların olacaktır.
Bir Gelecek istiyorsan onu yarat!" *-Malcolm X*
" Hangi limana gideceğini bilmeyene hiç bir rüzgâr yardımcı olmaz." *-Seneca*

Pek öyle hissetmesek, zannetmesek, bilmesek de psikologlar korkuyu sağlıklı, doğal, mecburi bir duygu olarak niteliyorlar. **Korku bir anlamda bizi tehlikelere karşı koruyan; önlem almamızı, kurtulmamızı, yaşamamızı, gelişmemizi sağlayan emniyet supabı.**

O halde gelecekten korkmak, eğer doz aşılmazsa, fena bir şey değil, hatta yararlı... Çünkü önlem, hazırlık olanağı veriyor...

Tabii her duyguda olduğu gibi, korkunun da azı ya da çoğu ve özellikle **ayarsızı zararlı...**

Yalnız bir şey var; **biz insanlar bilmediğimiz, ötesini göremediğimiz şeylerden daha çok korkuyoruz.** Başımıza iyi şeyler kadar kötü şeyler gelme ihtimalini de hesaplayabiliyoruz. Başına daha fazla kötülük geleceğini düşünene kötümser, tersine de iyimser diyoruz.

Gelecekle ilgili kafa karışıklığı da tam bu noktada ortaya çıkıyor...

Çünkü **gelecek, belirsizliğin, bilinmeyen ve korku yaratan faktörlerin en fazla olduğu alanlardan** biri. Hatta bazılarının külliyen ve tamamen belirsizdir diye işi kadere havale etmek istediği, aslında hayli akışkan, likit bir haller silsilesi... Devinimli bir süreç...

Üstelik çok değişken ve şaşırtıcı. Tam olarak kimden, neyden, nasıl, neden, ne zaman tahrik aldığı belli değil. Hem bize uyuyor, hem kendince bir sistemi var Kısacası **gelecek,** hakkında tahmin yapmanın, isabetli bilgi üretmenin en güç, belirsizliklerin en çok olduğu alan.

O yüzden de her zaman her yaş, cinsiyet, millet, din vb. tarafından ortak paylaşılan ve giderek yükselen korku, kaygı, endişe türü: **"gelecek korkusu"**dur. Merak türü de **"gelecek merakı"**dır. **Bu endişe ve meraka** mecburuz. Bu duygularla hem de gayet mutlu mesut yaşamayı başarabiliriz. Başarmalıyız. Korkmamıza rağmen ilerlemeliyiz... **Gelecek cesurları sever!**

> Alice: Hangi yoldan gideyim?
> Tavşan: Nereye gittiğini bilmiyorsan hangi yoldan gittiğinin bir önemi yok!
> *-Alice Harikalar Diyarında*

Tıpkı sisli, puslu, yağışlı bir yolda ilerleyebildiğimiz gibi... Görüş menzili düşükken ilerlemeye korktuğumuz gibi korkuyoruz aslında gelecekten...
Ne zaman ki sis lambalarını takıyor ve görüş mesafesini uzatıyoruz, o zaman ileriyi tam göremesek de daha emniyetli hissederek yolculuğa devam edebiliyoruz.

İşte bu kitap, bu amaca da hizmet edecek:

Tıpkı bir sis lambası, el feneri gibi yolunuzu aydınlatacak. Geleceğe dair ilerlemenizi sağlayacak epey detay gösterecek. Olabilecek şeyleri derli toplu düşünmemize yardımcı olacak. Sis lambasının, el fenerinin yolu aydınlatması gibi o da geleceğin üstündeki bilinmezleri daha bilinir hale getirecek.

Bunu yaparken **Fütürist bakış açısından,** binlerce gelecek çalışmasından süzülenleri bir küratör titizliği ile aktaracak.

Fütürist: http://goo.gl/GQsnUv

Küratör http://goo.gl/KqPF3A

"Depresyon geleceği inşa edememektir."
-Rollo May

YA KADER? ONU NEREYE KOYACAĞIZ? KADERE Mİ GELECEĞİ PLANLAMAYA MI İNANALIM?

En çok soru, yorum aldığım konular şunlar:

- Madem o kadar geleceği bilebileceğimizi söylüyorsunuz, o zaman başımıza istemimiz dışında gelenleri, kaderi nereye koyacağız?

- Astrologlardan, kâhinlerden farkınız ne? Onlar da geleceğe dair tahminler yapabildiklerini iddia ediyorlar.

İlerlemeden sizlerin de bunlara ya da benzerlerine takılabileceğinizi düşünerek hemen açıklık getireyim:

Ben ya da gelecekçi olduğunu iddia eden başka kişiler olarak "biz **geleceği bilmiyoruz!**" Henüz kimse bilmiyor! Evren **hala büyük sırlarla, bilinmezlerle dolu.** Konunun o tarafları ile bilim insanları, kuantumcular, astrologlar, parapsikoloji çalışmaları yapanlar ilgileniyorlar. Aşağıda verdiğim iki link + QR kod bu konularda önemli, herkesin anlayabileceği şekilde özetlenmiş, önemli çalışmalardan birkaçı. İzlemenizi öneririm.

Bizler ise sadece çeşitli bilgileri anlamlandırmaya, kullanmaya çalışarak insanlığın bu tür becerilerini, kabiliyetlerini geliştirmek istiyoruz. Giderek artan biçimde "neler olabileceğini düşünmeye, tahmin etmeye, uzgörmeye" çalışıyoruz. **Geleceği tıpkı tarih gibi bilmeye, yorumlamaya çalışıyoruz.**

Kısacası geleceğe dair değiştirebileceğimiz, etkileyebildiğimiz şeyler olduğunu fark ediyor ama kontrolümüz dışında, henüz çözülemeyen bir sistemin olduğunu, kendi kendine gelişen, şekillenen şeylerin gerçekliğini de kabul ediyoruz.

Yani yaşam denen süreç hem değiştirebildiğimiz, hem de değiştiremediğimiz bir karışım şeklinde ilerliyor.

Bu kitap ve esinlendiğim, derinleştiğim, önerdiğim fütürist düşünceler **"değiştirebileceğimiz kısımlardaki etkimizi artırmak, hayallerimizin istediğimiz gibi gerçekleşmesi için olasılıkları çoğaltmak"**üzerine yoğunlaşıyor.

Aynı zamanda elimizde olanların ve olmayanların uyum içinde ilerlemesini sağlamak için yardımcı olmayı amaçlıyor. Aşağıdaki videoları izleyin derim...

http://goo.gl/3AsmDR https://goo.gl/jcSu7Q

BU KADAR BİLİNMEZKEN, KORKULUYORKEN GELECEĞE NASIL İLERLEYECEĞİZ?

Fütürist bakış açısıyla...

Evet, geleceğe ve gelecekle ilgili her şeye dair bakış açınızda bir değişiklik yaparak, **Fütürist** gözlükler ya da bir anlamda geleceği aydınlatacak sis lambası takarak, el feneri kullanarak bunu başarabileceksiniz...

İnsan bilmediğinden daha çok korkar. Bildikçe, yaptıkça, hareket ettikçe korku azalır, alışılır, çareler, çözümler üretilir, yaratıcılık coşar... İşte geleceğe yolculuk da aynen böyledir.

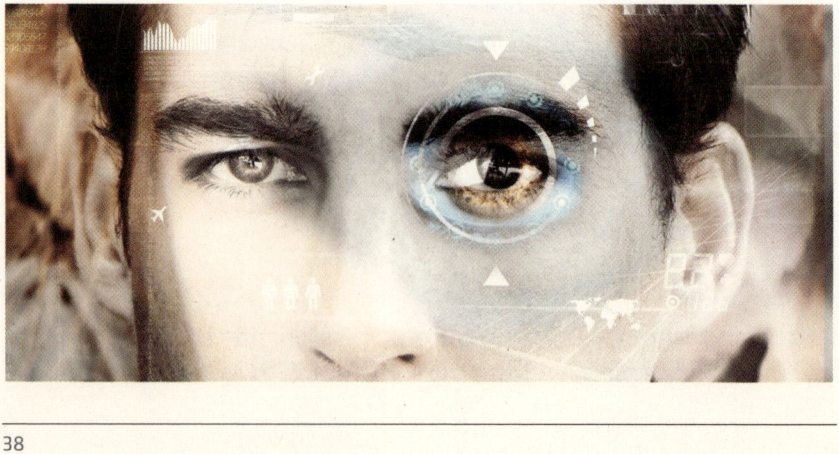

Yani demem o ki: "Korkuyorsanız normaldir, gelecekten korkuyorsan o daha da normaldir."

Korkuyu yenmenin ve ilerlemenin tek yolu; Fütürist Bakış Açısı

http://goo.gl/E7LWwt

Siz de bu kitabı okuduktan ve içinde referans verdiğim onlarca videoyu, makaleyi seyrettikten ve inceledikten, en önemlisi geleceği farklı biçimde düşünmeyi kavradıktan sonra, yöntemleri daha fazla biliyor olduğunuz için yola cesaretle ilerleyeceksiniz...

Haydi okumaya devam... **Bu kitabı yani fütürizmi kullanarak nasıl ilerleneceğini çözmek için... Devam lütfen...**

TAM OLARAK FÜTÜRİZM NEDİR, FÜTÜRİST KİME DENİR?

Hayatımı dönüştüren en önemli keşfim, kişisel tarihimde altın yaldızlı harflerle yer alan Fütürizm; anlamı **"gelecek"** olan ingilizce **"future"** kelimesinden geliyor.

Fütürizm 1900'lerde, Sanayi Çağı başlarında İtalyan sanatçı **Filippo Tomasso Marinetti** tarafından kullanılmış. Daha çok protest bir sanat akımı olarak ortaya çıkmış. Hatta bir manifestosu dahi var: (**http://goo.gl/AQLoRC**). Daha sonraları bugünkü kullanıldığı haline dönüşmüş.

Fütürizm, gelecekle ilgili bir yaklaşım, bir bakış açısı. Gelecekle ilgili her şeyi **Sosyolojik, Ekonomik, Psikolojik, Ekolojik, Teknolojik, (SEPET diyeyim aklınızda daha kolay kalsın)** açıdan irdeleyen, inceleyen bir disiplin. Tıpkı tarih gibi...

> "Geçmişi değiştiremezsin ama gelecek henüz avucunun içindedir."
> *-Hugh White*

Fütürist Manifesto

http://goo.gl/AQLoRC

En yalın tanımı ile Fütürizm; Olumlu Gelecek Tasarımı, Fütürist; Olumlu Gelecek Tasarımcısıdır. Geleceğin müdahale edilebilir taraflarını şekillendirererek daha iyi, sürdürülebilir bir gelecek oluşturabiliriz iddiasıdır.

Fütürizmin daha detaylı tarifleri, söylemleri, anlamı;

+ Gelecek hakkındaki "oluşmuş bir gelecek vardır ve biz ona gider ya da onu tahmin ederiz" şeklindeki yaygın ve edilgen algıyı değiştirmeyi hedefleyen bakış açısıdır.

+ Temel söylemi ve iddiası; Gelecek katlandığımız, katıldığımız bir şey olmak zorunda değil. Geleceğin yapılandırdığımız, yaratabildiğimiz akışkan bir süreç olduğudur.

+ İnsanlık olarak eriştiğimiz bilgi ve teknolojiyi kullanarak muhtelif gelecekler oluşturulabileceğini kabul eder ve yaşamın tüm boyutları için alternatif senaryolar ile olumlu gelecek tasarımı yapılabileceğini benimser.

+ Daha iyi bir gelecek için multidisipliner yaklaşımla, uzgörülü (uzak, uzmanlıkla, uzlaşmacı), yenilikçi, stratejik ve sürdürülebilir öneriler, vizyon geliştirir.

+ Gelecek tahmin edilemez, tarif edilir! Felsefesini benimser.

+ Geleceğe katlanmak ya da katılmak değil, onu şekillendirmek üzere bakar.

+ Mottosu; "From Most To the Best – Çoktan İyiye"dir.

+ Hayatın her alanında ve ölçekte kullanılabilien, kullanılması gereken bir araçtır. Askeri, siyasi, dini, politik vb. bir vurgusu, tarafı yoktur.

Tüm bunların özeti aslında şu: Çok para kazanmayı, çok yemeyi, çok giyinmeyi çözdük, bunları yapabilir hale geldik, ama mutlu değiliz; herkes bunalımda. Herkes bir arayış içinde ve bunun bizi iyi bir yere götürmeyeceğini görüyoruz. Kurduğumuz düzenekler sürdürülebilir gelmiyor.

Hepimiz için en iyiyi keşfetme, yani çokluktan, iyiye geçme, bilgiyi nasıl kullanacağımızı bulma dönemindeyiz. İşte bu yüzden **Fütürizm bu dönemin en faydalı, iddialı, kullanılabilir bakış açılarından biri.**

Fütürist kimdir?

+ Kendisi ve tüm insanlık için olumlu, ilerici, yenilikçi vizyon geliştiren,

+ Kişi, kurum ve toplumların yararlı, etkin yol haritası oluşturmalarına yardımcı olan,

+ İnsanlıktan sorumlu olduğunu bilen,

+ Geleceğin seyircisi değil tasarımcısı olması gerektiğinin farkında olan,

+ Çağdaşlık sözcüğünün bugünü yaşamakla sınırlı olmadığını gösteren ve davranışlarında bunu yansıtan,

+ Geleceği uzgören,

+ Dünyayı kendine, kendini dünyaya ait hisseden,

+ Dünyanın örgütlenmesinde yer almak isteyen,

+ Geniş kitleleri fütürizm yaklaşımı ile bu bilinç etrafında toplamanın **yönder**lerinden olan bireydir.

Fütüristlerin, fütürizmin amaçları nedir?

+ İnsanlık için ayrımcılık yapmadan, eşitlikçi, paylaşımcı, medeniyet ve uygarlık geleceğinin olumlu temellerle yapılandırılması ve toplumda bu bilincin yayılması için çeşitli faaliyetlerde bulunan insanları çoğaltmak.

+ Yenilikçi düşünce, buluş ve gelişmeleri sistematik bir şekilde izleyerek, bilgileri toplumun kullanımına açmak. Hatta okullara ilkokuldan başlayarak, Tarih Dersi gibi "Gelecek Dersi" koydurmak.

+ Geleceğini etkin yapılandırmak isteyen bireylerin, ailelerin, gençlerin, şirketlerin ve kurumların gelişim, dönüşüm ve kalkınmasına katkıda bulunmak.

+ Araştırmalar, raporlar, sunumlar, belgeler, tebliğler, duyurular yayınlamak

Fütürist bakış açısı ile kimler hangi alanlara bakabilir?

Fütürizm tüm yaşamsal durumlar için bir bakış açısı ve yaklaşımdır. Herhangi bir meslek, cins, ırk, din ya da toplumu temsil etmez, belirli kişi, kurum ya da topluma ait olamaz. **İnsanlığın iyiliğini hedefleyen herkes fütürist bakış açısı ile hayatın her boyutuna, her disiplinde bu şekilde bakabilir.**

Her birey, şirket, kurum, toplum ve devlet, fütürist, uzgörülü, multidisipliner şekilde, aklını kullanarak, bilgi ve teknolojiden yararlanarak gelecek vizyonunu belirleyip onu etkileyecek olayları göz önüne alarak geleceğini şekillendirebilir, şekillendirmelidir.

Hayatı fütürist gözlüklerle yaşamak, **özgürlük, uyum** ve **motivasyon** sağlar ve bunların getirisi otomatik olarak verimdir.

Nasıl Fütürist olunur?

Öncü Fütüristler tüm diğer disiplinlerde olduğu gibi ilk öğrenmelerini ve düşünmelerini **"otodidakt" / (http://goo.gl/Qsg4Q8)** yöntemle yapmışlar, kendilerine, çeşitli kaynaklar kullanarak yol açmışlar.

Ancak artık Fütürizm yani **"gelecek çalışmaları"** tıpkı "tarih" gibi akademik bir disiplin, içerik haline geldi. Dünyada yüzden fazla üniversitede " Fütürizm, Gelecek Çalışmaları – Future Studies " bölümü, dersi var. Hatta ülkemizde ODTÜ'de de 2011 yılında seçmeli ders olarak okutulmaya başlandı. Küratörlerinden ve hocalarından biri de benim. Bahçeşehir, Bilgi ve Kadir Has üniversitelerinde 2009'dan bu yana sertifika programı olarak okutuluyor. Oralarda da dersler verdim. Yeditepe Üniversitesi'nde Gelecek, Afyon Kocatepe Üniversitesi'nde Gelecek Araştırmaları Merkezi var.

Ayrıca Türkiye'de bu alanda çalışma yaptığını deklare eden, kurucusu olduğum **M-GEN Gelecek Planlama Merkezi (www.m-gen.biz)** var.

Bunun dışında Fütüristler STK olarak da güçlü biçimde hem dünyada hem Türkiye'de örgütlüler. Ülkemizde, benim de 2005'te kurulduğundan beri yönetiminde olduğum 2009-2011 arasında başkanlığını yaptığım, halen Yüksek İstişare Kurulu Üyesi olduğum, pek çok projesini tasarladığım ve uyguladığım **Fütüristler Derneği (www.futurizm.org)** var. Harika çalışmalar yapıyor. **Her kesimden insanın geleceği edilgen değil, etkin algılaması ve öğrenmesi için** pek çok bilgi, çalışma üretiyor. Gençlerle üniversitelerde **"Fütürist Elçi"** programlarıyla pek çok öğrenciye, daha okul yıllarında, farklı yetkinlikler kazandırılıyor.

Dünyada da **World Future Society / Dünya Fütüristler Birliği'** ile çalışmalar sürüyor **(http://www.wfs.org)**. Katılmanızı, üye olmanızı öneririm. Müthiş vizyon açar, esinlendirir, zengin bir network kurma olanağı sağlar.

Fütürizm gündemi olan ve olmayan toplumlar, bireyler arasındaki farklar?..

+ Gelecek; dünyanın gelişmiş, atak yapan tüm ülkelerinin ajandalarında fütüristik bakış açısıyla, yıllara ve alanlara göre stratejik olarak planlanıyor. Hiçbir şey tesadüflere bırakılmamaya çalışılıyor.

+ Bireyler, kurumlar, şirketler mega planlar çerçevesinde desteklenip yönlendiriliyor. Kurumlar, bireyler bu yaklaşımlar sonucunda yaşamsal kararlar ve tedbirler alıp planlar yapıyorlar. Geleceğe katlanmak, katılmak yerine, sorumluluk alarak onu bizzat oluşturmak üzere yetiştiriliyorlar. Planlar tutmazsa diye B Planları, revizyonlar yapmak üzere eğitiliyorlar.

+ Gündeminde fütürizm olmayan toplumlar ve bireyler ise başkalarının planlanmış gündemlerini yaşıyor, planlamaya katılmıyor, olup bitenden habersiz pek çok fırsatı kaçırıyor, yaratıcılıklarını geliştiremiyorlar. İçinde yaşadıkları toplum ve kendileri için gelişmelerin liderliğini yapmadıkları için kazanan değil kaybeden, katlanan oluyorlar.

Bakınız Çin... Evrensel ölçekte bir Fütürist Senaryodur.

Bir diğer örnek, son yılların yükselen yıldızı Kore; Üstad **Fütürist Alvin Toffler'**dan ne kadar çok danışmanlık aldığı biliniyor.

Fütürizmin tılsımlı bir şey olduğunu düşünüyorum...

Bunu kabul etmemeyi ya da ilgilenmemeyi de aymazlık olarak görüyorum.

İnsanlar zaman zaman bana;

- Ne yani, gelecek için her şeyi planlı mı yapacağız? Her anımızı planlı mı yaşayacağız? Ne bunaltıcı, ne kadar kısıtlayıcı! Her şey planlanamaz ki! Planlasak da "tutmaz" ki! Daima planlı yaşamayı düşünmek dahi **ütopya!**

Diye soruyor, yorumlar yapıyorlar.

Bu konudaki gayretime, inancıma şaşıyor, inanamıyorlar...
Çünkü genel olarak insanların kafasında **planlı, programlı, disiplinli yaşamakla; durağan, sıkıcı yaşamak eş anlamlı**ymış gibi bir kodlama var...

Böyle şeyler söylediklerinde ben de onlara şaşıyorum...

Asıl, plansız yaşamanın, öylece oturup mutluluğun ve başarının geleceğini beklemenin ütopya olduğunu düşünüyorum!

Asıl, **Fütürist olmamak ütopyadır** diyorum!

Sürdürülebilirlik, başarı, mutluluk ne varsa ancak **bilinçli ve algoritmik, disiplinli düşünce, eylem ve çabalarla** elde edilebilir diye ısrar ediyorum!

Hatta "aşk" bile fütürist bakış açısı ile...

Çok planlı, hesaplı ve uzgörülü yaşanmalıdır diye çıtayı yükseltiyorum! "Var mı artıran?" diye de meydan okuyorum:)))

Fütürizm AŞK'a, SEVGİ'ye de mi karışıyor? Yok artık!

Hımm... **Bu aşk, sevgi konusu çok önemli!**

Herkesin neredeyse **"gelecek" kadar ortak meselesi.** Üstelik geleceği, gelecek planlarını en derinden etkileyen temel faktörlerden. O planların canına okuyan ya da darmadağan eden önemli, zorlu, zorunlu hallerden...

O yüzden da Fütürist bir bakışla aşka, sevgiye de bakmak lazım...
Herkes iki kişi arasında aşk kıvılcımlarının, aşk meleklerinin rastgele attığı oklarla tutuştuğunu kabul ediyor. Orda bir sorun yok. Ama **ellerinde oklarla nişangâh arayan meleklerin uçuştuğu yerlerde dolaşmayı biz seçiyoruz...**

Yani atış alanına girmek ya da girmemek, hangi ortamda olduğumuzu belirlemek, **aşk meleklerinin radarında olmak ya da olmamak** çoğunlukla bizim elimizde.

♥ O yüzden hem aşk ateşine düşmek hem de düştükten sonra, harlı alevlerin durularak sevgiye dönüşmesi,

♥ Yaşadıklarımızın azap, zarar veren değil de mutlu eden bir ilişkiye evrilmesi...

Gibi konular da **Fütürist yaklaşımdan epeyce yararlanılması gereken** kritik alanlardır.

İnsanlara hayret ediyorum!

Yaş günü, yıl dönümü, sürpriz, alış-veriş, partiler, davetler vb. gibi, aslında **son derece gelip geçici, çoğunlukla da iyi olsun derken,** fena durumların patladığı uyduruktan olaylara tonlarca çaba harcıyorlar. Deli gibi araştırma, plan, emek-zaman-para yatırıyorlar. Koşturmaktan helak oluyorlar (özellikle kadınlar) Hayli efor sarfederek, hesaplı, kitaplı, planlı bir duruş sergiliyorlar. Ama iş aşka, sevgiye gelince... **"Aaaa o başkaa, aşk hesaplı olmazzz! O doğal olmalı, kendi kendine akmalı!.."**

Nasıl yaa? Nasıl hesaplı olmaz?

Hayatını en ama en çokkk, ennn derinden etkileyecek,
Enn sevdiğin, enn canın olan insan için hesap, kitap yapmayacak, kendini sıkıntıya, disipline sokmayacak, çok daha mutlu, sürdürülebilir, birlikte yaşlanacak bir ilişki/hayat yaşamak için her detayı ilmek ilmek örmeyeceksin de ne yapacaksınn?

Bırakacaksın kendi haline öyle mi?

Salacaksın...

Nasıl olsa aşıksın, o da sana aşık!
Nasıl olsa seviyorsun, seviliyorsun!
Eehh artık çabaya ne gerek var? Alan almış, satan satmış, koyver gitsin...

Hem ayrıca amaçlı, hedefli davranmak doğal değil, kandırmaca! Doğal olmalı, doğal kalmalı. İlişki, aşk, sevgi suni görüntüler üstüne kurulmamalı, yükselmemeli. Beni her halimle sevmeli ama o kendisi, benim için birazz... Yok yok, epeyy değişmeli!..

Kafa bu!

ise eğer...

Takip eden süreçte kilolar alınıyor, yüzler düşüyor, kibarlıktan, nezaketten eser kalmıyor, karşındakini mutlu edeyim, ona güzel, tatlı, akıllı görüneyim, neşe, coşku paylaşayım, kendimi, koşullarımızı sürekli geliştireyim özeninden hızla uzaklaşılıyor. **Çiftler birbirinin gardiyanı, velisi kesiliyor.** Önce özde değil sözde; sonra ne özde ne sözde, her şey kir pas içinde kalıyor...

Yani "olması gereken şekil budur!" diye iddia edildiği gibi ilişki "plansız, hesap, kitapsız ve doğal yaşanıyor, duygular akışa bırakılıyor" ve olay kopuyor...

Ya baştan hesap kitap yapılmadığı için atlanan önemli detaylar patır patır fark edilmeye başlanıyor...

Ya da bakımsızlıktan, özensizlikten "çirkinleşen ruhsal ve fiziksel" koşullar iğne gibi batmaya başlıyor...

Nedir şimdi bu?

Resmen geleceğin düşünülmemesi, gelecek için çabalanmaması değil midir?

Yukardakiler yapılırsa ya da yapılmazsa sonucun bu şekilde gelişeceğini görmek zor mudur? Bu, kader midir?

Hayatındaki en değerli, en önemli insanlar, ilişkiler için hesap, kitap yapmayıp da neye hesap kitap yapacaksın diye sormazlar mı Fütüristler o zaman?

Sorarlar, sen de kapı kapı diyetisyen, ilişki koçu, nefes terapisti, astrolog, psikolog, falcı, doktor, avukat arar, durursun...

Kast ettiğim yaklaşım işte budur!

Dileyen kullansın yararlansın, dilemeyen de kullanmasın, hayıflansın, "ahh beni hak edecek akılda bir Allahın kulu çıkmadı!" diye derdine yansın...

Bunca yıldır daha farklısını görmedim. Çok net gözlemlerim ve düşüncem şudur ki:

Tamam kader diye bir şey var ama geleceği planlamayan, kurgulamayan da asla başarılı, mutlu olamıyor, huzur bulamıyor!

Anı yaşa'cılar, kaderciler bunu hemen bir sürü kanıt ve örnekle çürütmeye çalışacaklar biliyorum. Çok duydum. Ben de tam tersine bir sürü örnek sererim... Ne olacak? Ne değişecek?.. Hiç önemi yok bu boş atışmaların!

Gerçek ve sonuçlar değişmiyor.

Plansız, hesapsız gelecek pek yavan, yalan oluyor!

FÜTÜRİZMLE İLGİLİ ÇEŞİTLİ VİDEOLARA BU QR KODLARDAN VE LİNKLERDEN ULAŞABİLİRSİNİZ. İZLEMENİZİ ÖNERİRİM...

http://goo.gl/novTgc http://goo.gl/p3OKBj http://goo.gl/QjF4DL

http://goo.gl/yx4ZXa http://goo.gl/5Drb7G http://goo.gl/HFvSol

http://goo.gl/Y7lOQg http://goo.gl/P4DGJA http://goo.gl/G9KTdt

http://goo.gl/0AE0fQ http://goo.gl/jSe7AT http://goo.gl/aVxrbC

FÜTÜRİZMİN SÜRDÜRÜLEBİLİR KARİYERE, KARİYER PLANLAMASINA ETKİSİ, KATKISI?

Hemen baştan söyleyeyim, ben de biliyorum, hele de bizimki gibi ülkelerde mevcut sistem içinde kişilerin olumlu bir kariyer düşünmesi, tasarlaması, planlaması gerçekleştirmesi zordur. Böyle bir konuyu açmaya yeltendiğiniz anda aşağıdakiler sıralanır;

- Ama ülke sorunludur, eğitim sistemi iflas etmiştir.
- Fakat aileden, maddiyattan kaynaklanan sorunlar elini kolunu bağlamıştır.
- Lakin bir sürü talihsizlik, olanaksızlık, güçlük vardır.
- Yerim dar oynayamıyorumdur...

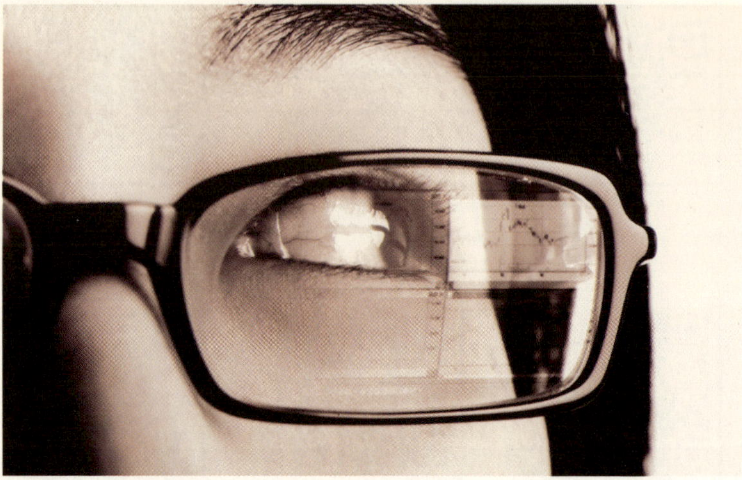

Mahşerin 4 atlısı gibi, bu "ama, fakat, lakin, yerim dar" girişleri; başarısızlığın, pes etmenin, çare değil mazeret bulma eğiliminin 4 azılı faktörü, kapı gibi mazeretlerdir...

Ve çözümsüz, önerisiz, ilerlemeyi tıkayan mazeretler Fütüristler tarafından hiç sevilmezler ☺

Ayda yaşamıyorum!...

Ben de bu ülkede, bu dünyada yaşıyorum.

Bugün bir gence, çalışana, hayatını değiştirmek isteyen herhangi birine:
☹ Bir şirkete gir; hem mutlu olur, hem güvenli para kazanırsın,
☹ İyi eğitim al, üniversite oku, iyi bir meslek edin, hayatın kurtulsun,
☹ Şirketine sıkı sıkı sarıl, sıkı çalış, terfi et, bol para kazanırsın,
☹ Hiç korkma o şirkette daha 5-10 sene sana bir şey olmaz!
☹ Dört üniversite mezunundan biri işsiz ama sen korkma, mutlaka bulursun bir iş,
☹ Amaaan ne canını sıkıyorsa, ayrıl gitsin! Sana iş mi yok?
☹ Daha çok iş ara. Ya iş ya da yaşamanın bir yolunu bulursun.

Demenin saçmalığının herhalde farkındayım...

Bunları ben de biliyorum...

Ve saçma diyenler yanlıştır demiyorum. Peşinen arızaların, aksaklıkların, sorunların vb. gerçekliğini kabul ediyorum. Ediyorum etmesine de **ölüm dışında herhangi bir faktörün, eğer istenirse, hep daha iyi yani daha mutlu bir gelecek oluşturmaya engel olamayacağının da** farkındayım.

Oyalanmayalım, topu orta sahada dolandırıp durmayalım!

Onun için hiç buralarda durum, olanaksızlık ve imkânsızlık tespitleriyle, birbirimize yakınmalarla zaman kaybetmeyelim. Çünkü bunlar: Bu çağın, buraya kadar yaptıklarımızın yarattığı koşullar. **Herkes için geçerli. Herkes için çeşit çeşit zorluk, darlık, melanet var...**

Fark yaratanlar, olumsuzluklarla ve onlara rağmen ilerleyenler ve **düşse de kalkıp, üstünü silkeleyip, yürüyüşü azimle, tutkuyla devam edenlerdir.** Söylene söylene değil, **"acımadı kii acımadı kii"** diye diye sürdürenler, en azından buna gayret edenlerdir...

Kısacası, negatif koşulları farkında olarak ya da olmayarak, kontrolümüz içinde ya da dışında nasıl yarattıysak, değiştirmek de **hepimizin üstüne vazife...**

Ve kuşkusuz bu görevi gerçekleştirirken yaşanacakların hem bireysel, hem kurumsal, hem toplumsal, hem de dünya ölçeğinde sancısız olması imkânsız.

Çare yok, sancılı da olsa ilerlemek zorundayız. Ağrılı oluyor diye çocuk doğurmaktan vazgeçmediğimiz, bir gün nasıl olsa öleceğiz diye yaşamaktan vazgeçemediğimiz gibi, değişimden de kaçamayacağız. Buraları anlamakta zorlananlar **Entropiyi anlattığım bölümü,** ön/frontal lobları vb. tekrar tekrar okusun lütfen...

O halde ilerleyelim arkadaşlar...

Takip eden sayfalarda, hadi hadi, ileri ileri diye itiştirip, çekiştirmenin...
Hat höt etmenin ötesinde, çok sağlam öneriler de paylaşacağım...

Aman burada bırakmayın, durmayın sakın ha! Devam >>>

Bu videoyu da mutlaka izleyin;

http://goo.gl/UEcwkL

"Varanlar, yola devam edenlerdir." - Söyleyen bilinmiyor

YA HİBRİDSİN YA KİBRİT!*

** Hibrid-Kibrit kafiyesini ilk kez, bir sohbetimizde Sevgili Mümin Sekman kullanmıştı... Teşekkürler Sevgili Mümin ☺*

Diyorduk ki mazeretleri boş verelim, daha iyi bir gelecek için neler yapabileceğimize bakalım;

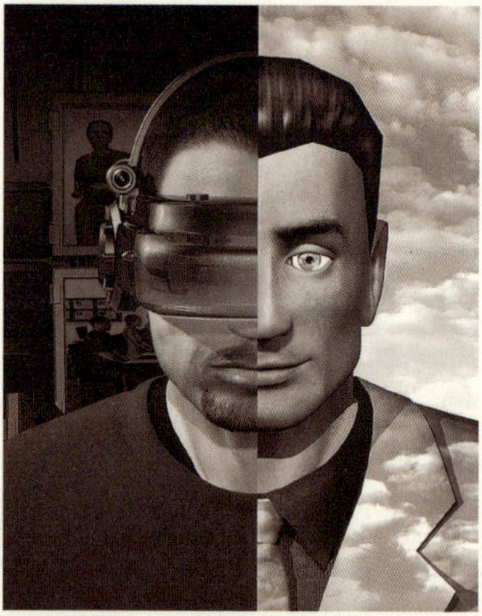

Bir kere, **İyi bir kariyer, güzel bir hayat için öncelikle gerekenlerin;**

✓ Olumlu, iyimser bakış açısı,
✓ Geçmiş / Şimdi / Gelecek Farkındalığı
✓ Gelecek hayali
✓ Bilgi, beceri, tutku
✓ Sıkı disiplin, çok çalışmak

olduğu artık herkesin kabulü (yani gönlümden geçen bu ☺)

Daha doğrusu bunları ön plana alanları hiç bir şeyin tutamadığını, engelleyemediğini, her gün, her an yaşıyor, görüyoruz.

"Varanlar, yola devam edenlerdir." *-Söyleyen bilinmiyor*

Siz de görüyorsunuzdur eminim...
Nasıl yapıyorlar bunu ve bundan sonra ne yapmak gerekecek?

Vardığım sonuç şu: Kendilerine "hibrid" bir yapı kuruyorlar!

Tıpkı hibrid arabalar gibi...

Nasıl, ne demek hibrid olmak?

Artık biliyoruz ki petrol türevli, konvansiyonel enerji kaynaklarıyla ilerlememiz mümkün değil. Hem kaynaklar tükeniyor hem de çevresel sorunlar nedeniyle giderek daha zararlı hale geliyor.

Hepimiz biliyoruz ki bundan sonra yola çeşitli **"yenilenebilir enerji"** kaynaklarını kullanarak devam edeceğiz. Rüzgâr, güneş, deniz, okyanus, çeşitli su kaynakları, bio yakıt vb. türlü türlü kaynaktan temiz ve ucuz enerji ihtiyacımızı karşılayabileceğiz, elektrik üretebileceğiz.

Dünyanın bu konulardaki bilgisi, geliştirmekte olduğu teknolojiler her gün gelişiyor, ilerliyor. Ancak daha tam olmadı, olacağını algılayacak kadar, en azından ilk etaptaki seçenekler belirginleşti, kabul edildi.

Peki o halde hemen bugün, çok kısa sürede: **"Tamam, artık yarın itibariyle elektrikli arabalara geçiyoruz!" diyebiliyor mu dünya?**
Hayır!

Çünkü daha altyapı, kaynakların düzenlenmesi, teknolojinin yaygınlaşması, ucuzlaması vb. için zamana ihtiyaç var. Yani çok da uzun olmayan bir zaman sonra dünya önce lokal, sonra merkezi yenilenebilir enerji sistemlerine geçeceğini biliyor ama henüz geçemiyor. E ne yapılıyor o zaman?
Dur bekleyelim hele... Ortam, koşullar müsait olunca yaparız elektrikli arabaları mı deniyor?
Hayır!

Geçiş sürecini yönetmek, deneyim biriktirmek, teknolojiyi yolda giderken geliştirmek amacıyla hem elektrikle hem benzinle giden **"hibrid arabalar"** sürülüyor piyasaya.

Hibridleşelim, geleceğimizi güzeltelim...

İşte ben de bunu diyorum. **Bizler de geleceğe dair artık epey bilgiye, çıkarıma sahibiz. Nelerin nasıl değişeceğini aşağı yukarı kestirebiliyoruz.** Örneğin plazalarda bu kadar kişinin balık istifi, delire delire çalışamayacağını, istihdam dengelerinde müthiş değişiklikler olacağı çıkarımlarını yapabiliyoruz. Ki bu, birçoğumuzun ücretli işlerini kaybetmesi anlamına geliyor.

E peki bu durumda, **"nasıl olsa işsiz kalacağım"** diye şimdiden işi gücü bırakıp başka bir alana atlayabiliyor muyuz? "Elle gelen düğün bayram." diye kendimizi salıveriyor muyuz? Öylece kendi haline bırakabiliyor muyuz? Yoksa stresten hasta olana kadar bekleyelim mi diyoruz?

Nakit akışımız, borç-harç ve duygu durumumuz bunlardan herhangi birini yapmaya uygun mu?

Pek sanmam. Hatta hiç sanmam...

Hibrid arabalar gibi, hibrid yaşamlar kuracağız. Kurmamız lazım.

Herkesin kendine o kriz, sıçrayış, zorunluluk günleri gelmeden, **hibrid arabalar gibi "hibrid bir yapı, melez bir yaşam" kurması...**

Şimdi ile gelecekten oluşan karma bir yaşam düzeneğine geçmesi...

Bugünün işlerini, gerekliliklerini hakkıyla yaşarken, yaparken; gelecek için de hazırlanması, kendine bir yan yol açması; **paralel, çoklu kariyer hattı** çizmesi gerekiyor.

Bunlar yapılmazsa, o zaman başlığa dönecek ve diyeceğim ki **gelecekte sürdürülebilir kariyer, mutlu yaşam için ya hibrid olacaksın ya da kibrit gibi yanacak, ziyan olacaksın.** Olma ihtimalin **oldukça** yüksek!

ÇOKLU, PARALEL KARİYER + KENDİNDEN BAŞKA, YENİ BİR "SEN" YARATMAK

Bu kitaptaki konular aslında her yaştan, herkesi ilgilendiriyor... Ama özellikle biz Türk'lerde gencinde, orta yaşlısında, genelde herkeste; 40 yaş önemli bir dönüm noktasıymış gibi ön kabule sahiptir. Gençler o yaşa gelmeden bir şeyleri tamamlayabilmeyi, 30 civarı olanlar da 40'a gelmeden bir sürü şeyi başarmış olmayı hayal ederler. Kendilerine 40'la ilgili hedefler koyarlar. "40'a kadar oldu oldu, olmadı olmadı!" gibi garip bir sıkışıklık, stres çizgisi yaratırlar 30 ya da 50 değil. İlla 40! Ve o yaştan, yani 40'ından sonra............. yapanın/edenin" diye başlayan cümlelerin sonunu Türk halkı genelde **"teneşir paklar..."**la bitirir.

Çünkü **"40 yaş"** artık bi durulma, bi emekliliğe hazırlanma, bi ağırlaşma, bi yaşını başını almış olma, işini gücünü kotarmış olma, yılların ağırlığını fark etme, bi durma, bi park etme, teyzeleşme, amcalaşma zamanlarına geçiş yaşıdır...

Otur oturduğun yerde!

40'a ve sonrasına "otur oturduğun yerde!" yaşı da denir... 40'larındaki insanlar artık ne gençtir ne yaşlı. Genelde bir **araf** hali yaşarlar...

Çünkü 40'ın altındakiler daha çocuktur, gençtir, hanyayı konyayı bilmezdir, hep mazurdur, hep madurdur..."

Ama 40; insanın hem kendini, hem herkesin kişiyi, hem de kendisinin herkesi sorguladığı yaşlardır...

Hayat bilançolarının yapılıp döküldüğü, yorgunluk hissedilen:

- E yeter ama bu kadar koşmak yahu, ben hiç mi gün yüzü görmeyeceğim?

isyanlarının, değişiklik arayışlarının, gelecek endişelerinin, yorgunlukların, halinden memnun olmayışların,

- Ben buraya ait değilim"lerin,
- Yok yok yok işte, ben yapamıyorummm, olmuyorrr kardeşimmm!lerin,

- Galiba yanlış yaptım, yapıyorum, yanlış yapıyorsun müdahalelerinin,
- Bari bundan sonra toparlayayım/toparlanmalısın

uyarılarının alındığı yaştır...

Hoş bu haller artık daha erken yaşlarda geliyor insanların üzerine ya...

Yaptığım konuşmalarda gördüğüm, üniversitelerde daha 20'li yaşlarındaki gençler...

Kurumsal hayatta 30'larını sürmekte olanlar...

Hepsinde ama hepsinde bu yukarıdaki sıkıntılar var aslında...

Ancak hem özel, hem kariyer hayatında en zorlu dönemeçlere girilen, en sancılı manevraların yapıldığı yaşlar olduğu için burada 35-40'ları baz aldım.

Daha genç ya da ileri yaştakiler de feyz alsın istedim...

Toplumun çizdiği şablon...

Genel kanıya ve şartlanmaya göre; 40 dedin mi aktif hayattan, özellikle iş hayatından elini ayağını çektiğin zaman yaşayacağın huzurlu, güvenli emeklilik yıllarını kurgulamış, çeşme akarken kovanı doldurmuş olmalısın.

40'larına gelen artık büyümüştür.

40'lı insan ne gençtir, ne de henüz yaşlı.

Ne yapacaktıysa, zaten yapmıştır. Yapmış olması lazımdır. Hayatının kurmuş, eşini bulmuş, çoluğunu, çocuğunu yapmış hatta onların geleceğini dahi garantileyecek adımları atmış, evini, arabasını almış, tasarruf etmiş, emekliliği garantilemiş olmalıdır.

Ununu elemeli, eleğini asmalıdır. O yüzden 40'lı yaşlar 50, 60'ların rahat geçirilmesi için doğru düzgün bir yerlere gelinmiş olması gereken yaşlardır.

Toplumun çizdiği şablon budur...

Çark etmek kolay değildir...

Ve gerçek şudur ki 40'larında insan haldır haldır koşturarak geçirdiği gençlik yaşlarında fark edemediği bir sür şeyi fark eder. Çoğunlukla kendine yeni rotalar çizmek ister.

Artık pek çok şeyi daha net görüyordur ama iyisiyle kötüsüyle yapılan edilen de onca şey vardır...

Sırtında bir sürü manevi, maddi sorumluluklar, bir sürü yükler, kamburlar oluşmuştur. Bazı şeyleri hayatından çıkarması, bazı şeyleri de eklemesi gerekir...

Kısacası çark etmek kolay değildir... Ayrıca neden, nereye, nasıl, ne yaparak, ne zaman, kimlerle yeni yollar açacaktır?

5N1K (Ne, Nerede, Nasıl, Ne Zaman, Ne İçin, Kimle/Kimlerle) kâbus gibi beynini kemirir, yüreğini sıkıştırır... Bilmek, yeni açılımlar bulmakla, teslim olmak arasında gider gelir...

Özellikle 40'lı yıllar bir eşiktir... Sancılıdır... Hele şimdi... O yaşlar bir de "X jenerasyonu, eski nesil bunlar!" diye etiketlidir...

Ne acımasız bir tanımlama! Hele de X harfini doktorların "ölüm" için kullandığını, "X oldu" dediklerinde "öldü" demek istediklerini hatırlayınca "yuh!" diyorum. Ölü nesil yani! Ne acımasız bir kategarizasyon... Sanki herkes o yaştan geçmeyecekmiş ya da geçmemiş gibi...

İşte ben o eşikten epey bir zaman önce geçtim... Kendi hayatımı + o eşik öncesi ve sonrası pek çok kişinin hayatını gözlemledim. Hatta kırktan sonra edindiğim yeni işlerimden biri nedeniyle **(bireysel antrenörlük http://goo.gl/BHdDdo)** o yaşamlara yardımcı olmaya çalışırken epeyce derin, gerçek hayattan gözlemler yapma ve deneyimler kazanma fırsatım oldu. Pek çok çıkarım yaptım. Dersler, notlar aldım. İşte onları paylaşmak istiyorum

> "Dünyada görmek istediğimiz değişim biz olmalıyız."
> *-Gandhi*

KENDİMDEN NASIL BAŞKA BİR BEN ÇIKARDIM?

40'ıma yaklaşırken fark ettim ki: Bir çocukla ve boşanmış olarak, yalnız yaşayan ve BT/IT sektöründe üst düzey yöneticilik yapan biriydim. Ben istesem de istemesem de en çok 5-10 yıl içinde kurumsal hayatla, yani maaşlı/ücretli çalışma konforuyla vedalaşmam gerekecekti...

Bu fark edişte ve daha sonrasında, gelecekte neler olabileceğini algılamamda, kurgulamamda "fütürist" oluşumun, sosyal sorumluluk ve dernek çalışmalarımın, "teknolojiye çok yatkın bünyemin" büyük katkısı olduğunu belirtmeliyim...

Devam edelim... Kendime yeni bir hayat kurmalı, **yeni bir Ufuk yaratmalıydım.** Her şeyden önce para kazanmak ve nakit akışını kesmemek için buna zorunluydum...

Yeteneklerimi; yani sevdiğim şeyleri, yetkinliklerimi, bildiklerimi, ilgimi çeken alanları, eylemleri düşündüm. Başkalarının bende en beğendiği/beğenmediği, benden fayda sağladığı şeyleri, farklı gözle bulmaya çalıştım. **Kendimi tam bir proje gibi ele aldım.**

Ve tüm bunları **hali hazırda bir işim varken, düzenli para kazanırken, çalışırken yapmalıydım...**

Akıllı olmalı, duygularımı, içimde kopan fırtınaları yönetmeliydim. Ama **etik dengeleri de korumalı, bana önemli sorumluluklar veren profesyonel işime asla ihanet etmemeliydim.**

En önemlisi ve kritik olanı; yeni hayatımı kurmak, yeni Ufuk'u şekillendirmek için bana **zaman** lazımdı... Zaman yaratmak için **sabahları 3-4'te kalkmaya** ve şirkete gitmeden önceki saatlerde **M-GEN**'i kurgulamaya başladım. Bu şekilde kendime **"çoklu / paralel kariyer"** yollarını açmalıydım... **T-İnsan** olmalıydım... Çok ama çok ve daha disiplinli her gün daha sıkı çalışmalıydım. Öyle de yaptım.

Yeni Ufuk'u yaratırken (yani T'leşirken) ilk adımlarım;

1. Yeni işimi, yeni ilgi alanlarımı, planlarımı, düşüncelerimi, paylaşmak, **blogumda** / **www.ufuktarhan.com** (ki ben başladığımda daha blog diye bir şey ortalarda yoktu. Kişisel web sitesi diye başlamıştım. Sonradan yaptığımın blog olduğunu anladım.) yazmak oldu.

2. **Sayısız seminere katıldım.** Hem dinledim, hem blogumda ve kendi seminerlerimde, fırsat bulduğum her yerde anlattım. Bu bana pek çok tanışıklık, **güçlü bir network ve en önemlisi yeni bilgiler** sağladı.

3. **Dijital yetkinliklerimi hiç kesintisiz geliştirdim.** E-Skill/E Beceri kazanmak, **sosyal medyayı akıllıca kullanmak konusunda çok çaba sarf ettim.** Böylece asla geride kalmadım, aksine öncü ve farklı oldum...
   Bu bana **hem yeni işimi, yeni alanları geniş kitlelere yaymak, anlatmak, taraftar, yandaş, paydaş, müşteri kazanmak hem de yeni iş fikirleri geliştirmek,** yaptığım şeyleri daha iyi yapmak için **revize etme** fırsatları yarattı.

4. **Korkudan ölsem, beş parasız kalsam da** en hızlı şekilde ayağa kalkmaya çabaladım ve kalktım! Kendime acıma/ kızma, başkalarına öfkelenme, haksızlık bu! vb. duygularını bünyemden kazıdım, attım.

5. **Kazananları da kaybedenleri de dikkate aldım, öğretici örnekleri, ders çıkarılacak misalleri hunharca kullandım...**

6. **Her zaman: "Daha iyi nasıl yapabilirim, nasıl olabilirdi, nasıl olabilir?"** diye düşündüm, sorguladım ama daima ve daima bir şeyler yaptım. Durmadım. Hep aksiyon halinde oldum. **Dinlendim** ama **durmadım...**

7. Hayatla ve kendimle **"yapıcı, olumlu"** iletişim bana pek çok kapılar açtı.

ŞİMDİ?

"Üstüne bir de para kazanıyorum." diyecek kadar yapmaktan zevk aldığım şeyler yapıyorum. Aynı bünye altında, M-GEN çatısında olsalar da iki şirketim var. Biri; sonradan eklenen **Dijital Pazarlama Ajansı.** Diğeri ilk kurulduğu yıllardaki iş modeli ile devam eden Fütürist İş Tasarımları yapan, **M-GEN Gelecek Planlama Merkezi.**

M-GEN'in İsim açılımı; **Millennium Generation / Milenyum Gençliği / Milenyum Nesli**'nden geliyor. Yeni nesil insanlığın ihtiyacı olan yeni nesil işler yapma hayalimi ifade ediyor...

M-GEN'i sıfırdan, kendim yarattım. Her yıl cirosunu ikiye katlıyor. Harika bir ekiple büyüyor. (Şirketime, parlak bir geleceği olduğunu gören kızım ve yeğenim de ortak oldular ve onlarla daha da kuvvetlendi.) Şu anda ilk 500'de de yer alan şirketlerin ağırlıkta olduğu kıymetli bir müşteri portföyüne sahip.

Çıkarımlarım;

+ G=ÇÇ+CO+D > Girişimcilik = Çooook Çalışmak + Cesur Olmak + Disiplindir!
+ Dolaşan kurt aç kalmaz!
+ Düşmez kalkmaz bir Allah'tır!
+ Cesur; çok korktuğu halde ilerleyene denir!
+ İnsan ömrü 100'leri aşacak şekilde hatta daha da uzayacaktır!
+ Sağlıklı, Varlıklı / Healthy, Wealthy olun > Gelecek Girişerek Güzel Gelecek...

Çoklu, Paralel Kariyer kaç yaşında düşünülmeye başlanmalı?

Kariyer oluşturmak ne zaman gündeminize girerse o zaman...

Benim jenerasyonum, benden öncekiler bu konunun farkına geç vardık. Daha doğrusu kendini çoklamak, yenilemek vb. o kadar gerekmiyordu.

Eskiden insanlar bir meslek, bir uzmanlıkla ömür geçirebiliyorlardı. Şimdi artık bu mümkün değil.
Gençler, her yaştaki aktif kariyer insanları, yeniçağ bireyleri meslek, uzmanlık, beceri vb. konularında değişim ve dönüşüm geçirmek üzere her daim hazır olmalılar. Hangi konuda uzmanlaşıyorlarsa bilmeliler ki o konu kısa bir süre içinde başka bir şeyle birleşebilir, tamamen evrim geçirebilir. Daima bir yan kariyer yolu, bir başka beceri geliştiriyor olun. **Kendinizi yedekleyin** yani...

Onun için yukarıda anlattığım kendi öyküme bakarak:

- Daha gencim. Kırk'a kadar vaktimiz var demek ki... ya da
- Ben çoktan 50'mi geçtim, artık treni kaçırdım vb.

Diye düşünmeyin sakın. Tekrar ediyorum; bu konu **"kariyer hayatında olan, olmaya devam etmek isteyen ya da mecbur olan..."** herkes ve **her yaştaki insan için geçerli...** İstisnalar kaideyi bozmaz ☺

YENİ BİR SEN YARATMANIN SIRRI OTODİDAKT OLMAKTA!

Kendimi değiştirir, başka bir Ufuk'a dönüştürürken bana en çok yardımcı olan şey, **otodidakt olmamdı.**

Otodidakt'lık; Latince, **Auto = Kendi** ve **Didaktikos = Öğretim** kelimelerinden türemiş. **Düşünerek, derinleşerek, hazmederek kendi kendine öğrenme şekli.** Herhangi bir okula, eğitim sistemine bağlı olmaksızın bireysel çabalarla, kendi kendine düşünmelerle, araştırmalarla, tartışmalarla, denemelerle, çalışmalarla öğrenme hali...

Otodidaktlar çok ama çok düşünerek, kütüphanelerde, web sitelerinde, seminerlerde, araştırmalar, tasarımlar, deneyler, egzersizler vb. yaparak **belirli bir konuda, alanda çok derinleşiyorlar.** Geliştirdikleri bilgi ve deneyimi klasik, sınırlı eğitim sürelerinde ve yapılarında edinmek mümkün olmadığı için okuldan, arkadaşlarından, kardeşlerinden, uzmanlardan, mentorlardan öğreniyorlar, rehberlik alıyorlar.

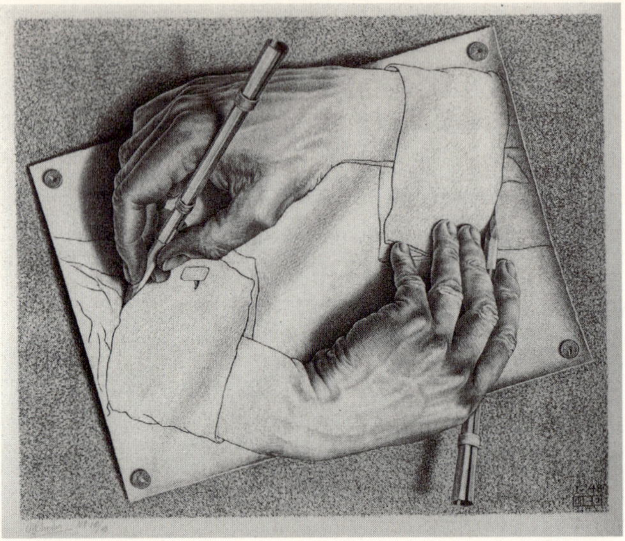

Otodidaktlar için her yer okul, her şey bilgi, her deneyim kazanç...

Her yerden, her kaynaktan bilgi emiyorlar, süzüyorlar, evirip çeviriyorlar. Kopyalıyorlar, geliştiriyorlar, dönüştürüyorlar. Kendilerini belirli bir sisteme bağlı olmak zorunda hissetmiyorlar. Hissetseler de oralarda tatmin olmuyorlar. Onları bilinenler değil, bilinmeyenler, daha ne olabilir'ler,
ya olursa'lar çekiyor...

Tek kitlendikleri şey; hakkında sınırsız bilgi edinmek istedikleri konu, alan oluyor. Ötesi onları pek ilgilendirmiyor... Kısacası öğrenme tutkuları hiç bir engel tanımıyor, mazeret kabul etmiyor...

Ve kabullendiğimiz doğruların aksine, pek çok içeriği aslında bu otodidakt profiller geliştiriyor, zenginleştiriyor. **Çünkü onlar yayınlar yapıyor, itirazlar ediyor, yorumlar yazıyor ve sürekli çomak sokuyor; gelişimi zorluyorlar...**

İnsan en yalın bilgidir...

Otodidaktizm ilk kez 1160'larda Endülüs'lü filozof Abu Baker Ibn Tufayl'in felsefi romanı Hayy'de bahsedilmiş. Marakeşli vahşi bir çocuğun kendi kendine çeşitli aletler geliştirerek doğayla mücadelesinin anlatıldığı hikâyede: **"İnsanı geliştiren toplum ya da onun sözleşmeleri değil, kendisidir."** vurgusu dikkat çekiyor.

Odak noktadaki yaklaşım: **"İnsan en yalın bilgidir"** oluyor.

Tarihten bilinen en önemli otodidaktlardan biri **Leonardo da Vinci.** Benim yakından tanıdığım üç örnek; **Jacque Fresco** ve **Dr. Sadeg Faris.** Her ikisi de sistemli eğitimden geçmemiş ancak en bilinen üniversitelerde dersler vermiş; ödüller, patentler almış, dahi denen bilim insanları. **21. yüzyılın en meşhur otodidaktlarından biri de mimar Tadao Ando.**

Eminim şimdi düşününce sizler de pek çok otodidakt isim bulacak hatta kendinizin de bir otodidakt olduğuna hükmedeceksiniz... Eminim doğrudur... İçinde bulunduğumuz çağ otodidaktizmi kolaylaştırıyor, zorunlu kılıyor, teşvik ediyor ve klasik öğrenme yollarını takviye ediyor...

Neden ille de otodidaktizm ve nasıl?..

1. Çünkü artık teknoloji, yeni farkındalıklar geliştiriyor, iş ve yaşam biçimlerini / alışkanlıklarını değiştirmeyi mecbur kılıyor.

2. Bu nedenle değişim ve öğrenilmesi gereken şeylerin sayısı, kapsamı çok fazla ve çok hızlı artıyor.

3. Henüz okulu, akademik literatürü gelişmeden pek çok konu hayatımıza giriveriyor. Yepyeni ihtiyaçlar, sorunlar, fırsatlar, tehditler yaratıyor. Yani gitmek istesek de pek çok konunun daha okulu oluşamadan, sorusu, ihtiyacı oluşuyor...

4. Geleneksel eğitim içeriklerinin, yöntemlerinin, araçlarının çoğu kısa sürede işlevsizleşiyor, yetersizleşiyor.

5. Giderek artan hız ve çeşitlilikte, bilgiye, uzmana, kaynağa vb. erişim farklı ve çoklu kanallardan olanaklı ve kolay hale geliyor. Dijital kanallardan öğrenme olanakları ise tersine, kolaylaşıyor, çoğalıyor ve ucuzluyor.

6. Klasik kanallardan eğitim almak giderek pahalılaşıyor insanların geliri düşüyor ve aradaki makas, açıldıkça açılıyor. Kaliteli eğitimi klasik yöntemlerle almanın maliyeti artarken, erişebilme imkanları azalıyor...

7. İnsanlar odaklanmak ve derinleşmek istedikleri alanlar dışında gereksiz şeyleri öğrenmeye çalışarak vakit kaybetmek istemiyorlar. Kısa sürede, derinleşmek istedikleri konuları öğrenmek istiyorlar. Bu noktada **MOOC denen Kitlesel Online, Açık Eğitim** programları imdada yetişiyor. **(Massive Online Open Courses - http://goo.gl/IaHjJG)**

İşte bu nedenlerle bizzat kendi dönüşüm hikâyemde de deneyimlediğim gibi diyorum ki **gelişmek, değişmek isteyene artık bahane yok...**

Yol ardına kadar açık. Üstelik de bu, zaten antik çağlardan beri kullanılan bir yöntemmiş... O halde İlerleyelim:)

Yaşasın Otodidakt Öğrenme, Sürekli Yeni Beceri ve Yetkinlik Kazanma Çağı...

DEVRİMSEL DÖNÜŞÜMÜN TEMEL SEBEBİ NANO VE GENETİK TEKNOLOJİLER!

20-30 yıl sonrasını düşünün, işyerlerinde makineler, fabrikalarda robotlar çalışıyor.

Bilgisayarla yapılan pek çok iş makinalara teslim edilmiş. Şirketlerde sadece deha seviyesinde insanlar çalışıyor. **Pek çok kişi bugünkü iş tanımlarına göre işsiz ama zaten işsizlik diye bir kavram da kalmamış.**

İnsanlar daha az para kazanıyor, daha az para harcıyorlar. **Para önce formunu, sonra önemini yitiriyor.** İş ortamlarında insan ihtiyacı sürekli azalıyor. Herkes istediği kadar çalışıp hobilerine bol bol zaman ayırıyor. Çalışmayanlar da devletten ve/veya çeşitli kurumlardan "Minimum Evrensel Gelir" adı altında vatandaşlık maaşı alıyor. Kısacası herkes özüne dönüp insanca yaşıyor.

İşte tüm bu yaşadıklarımız ve olası gelecek senaryoları aslında iki alandaki müthiş ilerlemeden, buluşlardan tahrik alıyor; **Nano ve Genetik teknolojilerdeki gelişmeler.** Bu iki alan bizi hayal gibi gördüğümüz koşullara hızlıca taşıyor...

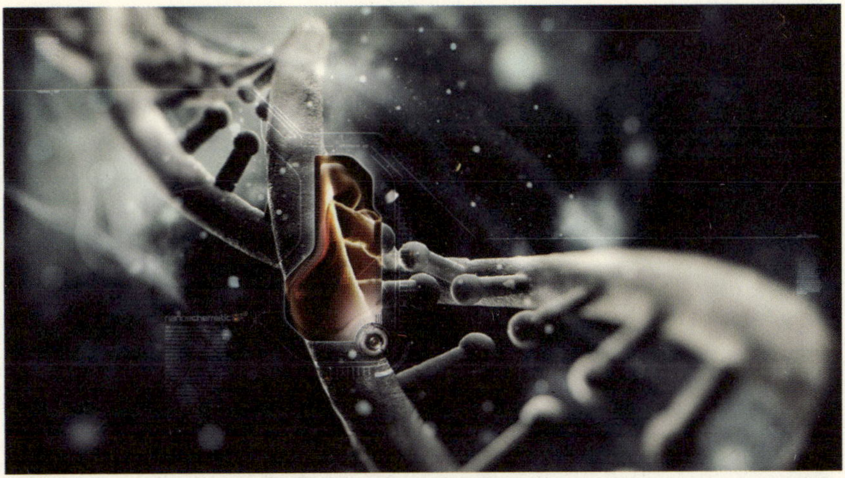

NANO TEKNOLOJİ NEDEN BU KADAR ÖNEMLİ?

Nano Yunanca cüce demek. Anlamı, en basit tarifle; **'milyarda bir küçültmek'** oluyor.

Nano teknoloji; doğadaki atomik dizilimi taklit etme ilkesine dayanıyor: 'Atomları hareket ettirebilecek boyutlarda aletler geliştirilebildiği takdirde her şey kopyalanabilir.' diyor.

İnsanlık olarak zaten pek çok cihazı, ulaşım, iletişim aracını doğadan ilham alarak geliştiriyoruz. Balıklara bakarak denizaltını, kuşlara bakarak uçağı yapıyoruz.

Şimdi bir de elimizde "Nano Teknoloji" gibi bir bilgi, kudret var. Düşünsenize daha neler yapabiliriz?..

Herhangi bir şeyi kopyalamamız için doğada var olması yeterli iken Nano teknolojinin gelişmesi ile doğa ötesi şeyleri dahi yapabilmeyi düşünebildiğimiz, gerçekleşeceklerini hayal edebildiğimiz yıllardayız.

> "Teknolojiyi tümüyle yermek, tuzdan arındırılmış deniz suyu ile yeşeren bahçeleri görmezlikten gelmek, onu gözü kapalı övmek ise Hiroşima'yı unutmak demektir." -*Steve Jobs*

Aklımızı iyiye yorarsak yaşamımıza kolaylık, kalite katacak pek çok şey yapabiliriz.

Örneğin, lotus çiçeğinin yaprakları özel bir yüzey yapısı ile her zaman temiz ve kurudur. Bu nedenle nerdeyse hiç kir tutmaz, yağmur ve rüzgârla kiri ve tozu rahatlıkla temizlenir. 'O halde ıslanmayan mayo yapmak da mümkündür' diyen bir firmanın çıkardığı nanoteknoloji ürünü mayo, lotus çiçeğinin yüzeyi taklit edilebildiği için birkaç saniye içinde kendi kendine kuruyabiliyor ve bu ürünler giderek yaygınlaşıyor.

Artık Türk firmaları dahi normalden çok daha ucuz fiyatlara nano gömlek üretip satabiliyorlar. Bu giysiler, nano kapsüller sayesinde sıvıyı emmediğinden, çay-kahve-şarap lekesi tutmuyorlar. Müthiş değil mi?

Nano Teknoloji ile yapılabilecek, yapılan şeylere sadece birkaç örnek:

Nano ile kirlenmeyen-ıslanmayan çatal kaşıklar da yapılabilecek. Hem de bugünkünden çok daha hafif ve dayanıklı olacak şekilde...

Valizler, çantalar, ayakkabılar, perdeler, yatak çarşafları, halılar, koltuk kılıfları... Düşünsenize sürekli yıkamak, ütü, sökük, dikiş, tarihe karışacak... Ohhh ne rahat!

Her şey ama her şey değişecek. Daha pratik, hafif, kullanışlı olacak.

Cep telefonları, akıllı, mobil cihazlar 100 kat daha küçülecek, insanı görünmez kılan giysiler olabilecek, ışıkla temizlenen dış sıvalar olacak, 3mm kalınlıkta ve 3 boyutlu görüntü veren TV'ler sıradanlaşacak...

Hali hazırda kullandığımız pek çok krem nano teknoloji ile üretiliyor. Kırışık kremleri ya da serumlar nano kapsüller içine konulduğunda cildin tamamına uygulanabiliyor. O yüzden insanlar giderek güzelleşiyor, daha geç yaşlanıyor. Bu iyice uçuk noktalara gidecek. Elveda sarkık, kırışık cilt!

Nano, engelliler içinse başlı başına umut: 10 yıl içinde, gelecekte, beyine yerleştirilen elektronik çiplerle yapay kola, bacağa vb. beyinden komut verilerek istenilen hareket yaptırılabilecek. Artık doğuştan veya kaza sonucu herhangi bir uzvu olmayanlara takılacak yapay/akıllı organlar, bu eksiklikleri giderecek.

Kısacası çoğunluğun hala ve ne yazık ki hayal egzersizleri diye baktığı, ancak çok yakın gelecekte hayatımıza gireceği kesin olan, hatta girmiş şeylerin olabilmesini mümkün kılan, işte bu **Nano Teknoloji** dediğimiz alandaki gelişmeler...

O yüzden her kim gelecekte başarılı olmak istiyorsa mevcut ya da olası, hedeflediği mesleğin, işin Nano Teknoloji ile nasıl gelişeceğini, değişeceğini çok iyi takip etmeli. O alandaki Nano Teknolojik gelişmeleri yakından takip etmeli.

YA GENETİK VE GELECEĞİN ALFABESİ?

Dünya tarihinde, ekonomik zenginlik ve egemenlik, daima, içinde yaşanan çağın bilgi ve teknoloji beşiği olan topluluklara akmış.

Tarihte daha fazla bilgi iletebilen ve kullanabilenler, daha çabuk ve çok uygarlaşmış, dolayısıyla daha fazla zenginleşmişler. Varoluştan bu yana insanları hayvanlardan ayıran en önemli beceri, soyut kavramları algılayabilmeleri ve bunları iletebilmeleri olmuş.

Somut şeyleri anlatmak kolaydı. Karşılıkları mağara duvarlarında çizimle aktarılıyordu. Ancak soyut düşünceleri aktarmak çok zordu. Çok miktarda bilgiyi hızla iletmek için dili ve iletilişimi standartlaştırmak gerekiyordu...

Çok miktarda bilgiyi, çok noktaya hızla iletmek ihtiyacıyla, yazılı ve sözlü iletişim başladı.
Çiviyazısı ve resimyazısı ile oluşturulan ilk basit alfabeler Mezopotamya'da (Irak) ve Mısır'da kurulan ilk büyük uygarlıkları yarattı.

Çinliler, ilkel çizimleri ve dilleri, stilize ederek sadeleştirilmiş karakterler haline getirdi.
Ses ve sözcüklerde, standartlaşmaya gidildi. Bunlar birleştirilerek, soyut düşünceler ifade edilmeye başlandı. Stilize ilk alfabe ortaya çıktı. Aşağıda Çince "kaplan" kavramının mağaradan alfabeye evrimini görmektesiniz...

MÖ 930 yılında, tahta kalıplarla binlerce kitap basılıyordu. Karakter dizeleri ile her türlü soyut veya teknolojik kavramı iletme işi çözüldü.

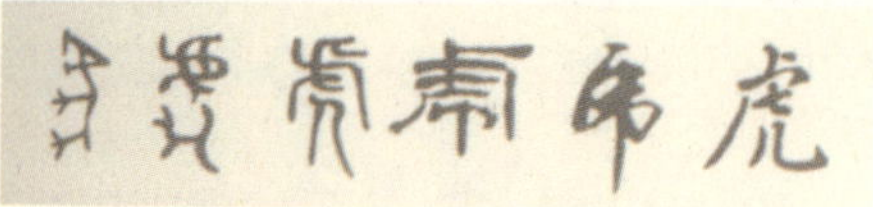

Bunu Yunanlıların, tüm kavramları birkaç harfe indirgemeleri ve farklı biçimlerde yan yana getirerek neredeyse tüm soyut ifadeleri iletebildikleri, bugün kullandığımız ABC alfabesinin de temelini oluşturan Latin Alfabesi'ni yaratmaları izledi.

Medeniyet; buluşlar bu harfleri değişik biçimlerde dizerek anlatmamız, diller, bilgiler yaratmamız ve paylaşmamızla hızlanmaya, yayılmaya başladı.

Harflerin değişik dizinimleri ile her şeyi ifade edebilir hale geldik.

Örneğin; **aramak** kelimesini yeniden dizerek **makara** ya da **kamara** gibi kullanabildik.

Bu konuda Juan Enríquez'in "Gelecek Peşimizde" kitabından çok şey okudum ve bu bölümlerde yer verdim. Baskısı çoktan bitmiş olmalı. Bulabilirseniz o kitabı mutlaka okuyun derim. Bu konudaki TEDx konuşmamın yer aldığı video ise burada > **http://goo.gl/YkRshG izleyin.**

ŞİMDİ 1 VE 0

Günümüzde ise artık, en soyut kavramları anlatmak için çizimlere dahi gerek duymuyoruz. Dünyanın büyük bir kesimi, iletişim kurarken, çok daha basit bir alfabe kullanıyor: **1 ve 0...**

20. yüzyılın ortalarında "transistör"ün icadıyla, iki harften oluşan yeni bir alfabe yaratıldı. Bilgisayarlar, mikro işlemcilerinin içindeki milyonlarca transistörden elektrik akımı geçiyorsa 1, geçmiyorsa 0 okur hale getirildi.

Şimdilerde, "ses, görüntü ve bilgi, hatta koku, tat gibi hisler" dünyanın ana dili haline gelen bu dijital alfabe kullanılarak, internet aracılığı ile müthiş bir hız ve doğrulukta kodlanıp iletiliyor.

Dijital olarak telefon, sesi ilettiğinde ve biz "merhaba"yı duyduğumuzda, geri plandaki kodlama sisteminde aslında;

Merhaba
01000100 00110110 11011011 00010110 11011011 10011000 11110011
İken, birkaç 1 ve 0 yer değiştirince ise aşağıdaki mesajı duyuyoruz.

Güle güle
11001100 10000010 11100011 10101000 10001010 00000011 11100111 00010001 00000001

Alfabe ve uygarlık, gelişmişlik, zenginlik ilişkisine göre incelediğimizde aşağıdaki çarpıcı ve inanılması güç gerçekleri görüyoruz:

Bugünkü uygarlığın beşiği aslında Irak-Mezopotamya'dır
1200 de Kamboçya dünyanın en zengin ülkelerinden biri idi
1500 de Avrupalılar Peru ve Meksika'ya gıpta ediyordu
1800'lerde - Sanayi Devriminin başladığı yıllarda, Hindistan ve Çin dünya ticaretinin % 40'ını elinde tutuyordu
Bu iki ülke dünyanın en iyi ve en pahalı el yapımı mallarını üretiyorlardı. İpek, mücevher, yeşim taşı adeta simgeleri idi...
1960'larda Ortadoğu'nun İsviçre'si Lübnan,
Afrika'nın İsviçre'si Uganda'ydı
1938 yılında Asya'daki kişi başı ulusal gelir açısından en zengin ülke Filipinler,
1954 te Dünya Bankası'na göre en iyi gelecek vaat eden Asya ekonomisi Burma idi.
Bugün bu ülke ve bölgelerdeki ortalama vatandaşlar yoksulluk çekmektedir.
Çin ve Hindistan ise yeniden yükselişte. Hepimiz nedense, hayretle izliyoruz...

Çünkü bilgi ve teknolojiye hâkimken güçlü olanlar, bu özelliklerini kaybettiklerinde her şeylerini kaybettiler! Bilgi ve teknolojiye verdikleri önem artıkça yeniden güçlenmeye başladılar...

Lafı şuraya getireceğim.
Alfabeye Kimler Hâkimse Dünyayı da Onlar Yönetiyor

Bilgi, bilim, teknoloji üretme, paylaşma, işleme gücü ile gelişmişlik, uygarlık, refah seviyesi arasında doğru orantı var. Alfabeye kimler sahipse dünyayı da onlar yönetiyor. Bu kadar açık ve net!

Şu anda dünyanın önde koşanlarına bakın. Tamamı, nano ve genetik teknolojilerden tahrik alan dijital devrimde, bilimde, bilgide de önde koşanlar!

Ama onlar da bu pozisyonlarını kaybedebilirler... Eğer geleceğin alfabesi olan ATCG'ye yani "genetik kodlara" hakim olamazlarsa!..

Kısacası hanımefendiler ve beyefendiler, bundan sonraki dönüştürücüler Gen Teknolojisine hakim olanlardan çıkacak. Yani geleceğin zenginleri, kazananları ATCG'yi yeniden dizebilenler olacak!

GELECEĞİN ALFABESİ "ATCG" NEDİR? NİYE ÇOOK ÖNEMLİDİR?

2005'de Craig Venter, insanın genetik şifresi, başka bir deyişle tüm yaşam biçimlerinin kodlarını içinde barındıran DNA'nın (deoksiribonükleik asit) yapısını çözmüştü.

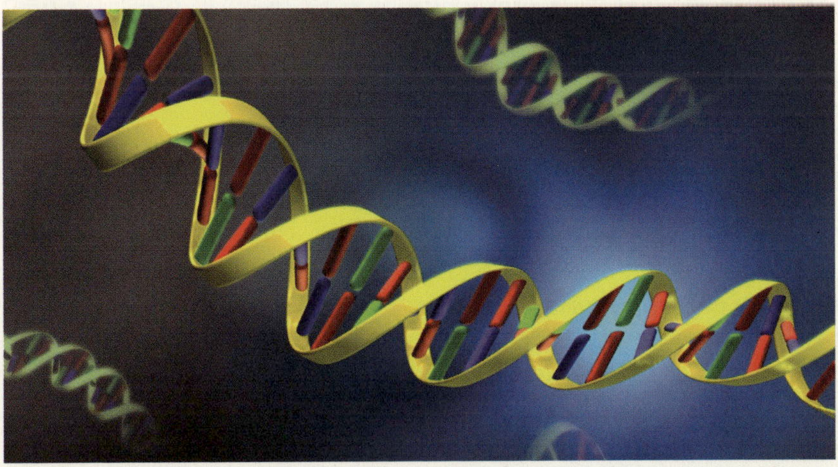

İnsanlardaki trilyonlarca hücre çekirdeğinde, insanın fiziksel ve sağlık durumunu belirleyen kromozomlar, kromozomlarda da DNA'lar var.

DNA, bir insanın göz renginden ten rengine, vücut yapısından boyuna kadar çeşitli fiziksel özelliklerini belirlemenin yanı sıra sağlığı ve yaşam süresi konusunda da önemli rol oynuyor.

Her DNA molekülünün yapısı, kendi ekseninde dönen ve iplerle bağlanan bir asma merdivene benziyor.

Merdivenin kenarları da şeker ve fosfattan oluşuyor. Merdivenin basamaklarını oluşturan ise 4 madde: **Adenin-A, Timin-T, Sitozin-C, Guanine-G.**

YANİ GELECEĞİN YENİ ALFABESİ: ATC VE G

İnsanın genetik kodunda, 3 milyar harf (A, T, C, G) var ve bu kod, sahip olduğumuz 50 trilyon hücrenin her birinde tekrarlanıyor. Nasıl SARP kelimesini yeniden dizip PARS kelimesini elde edebiliyorsak, ATCG dizisini de değiştirdiğimizde organizma tepeden tırnağa değişebiliyor! İnsan genleri, solucanınkinden üçte bir oranında fazla.

Genlerimizin % 99´unun karşılığı, bir biçimde farelerde var. Bu yüzden fare, en fazla kullanılan denek hayvanı.

Şempanzelerin bir türünün DNA'sı, insanınkiyle % 98,5 örtüşüyor.

Genomdaki küçük değişiklikler, insanları uzun, kısa, şişman, ince, sarışın, kızıl veya bazılarını sağlıklı, bazılarını çok hasta yapmaya yetiyor.

3 milyon harften oluşan sıtma kodunun içindeki bir A harfi yerine G harfi koyulursa, hastalık öldürücü hale geliyor.

Şunu anlıyoruz ki gezegendeki tüm canlıları kodlayan bu dilde okuma yazmayı bilmeyenlerin işi gelecekte çok zor olacak!

Genetik alfabeyi anlamayı ve kullanmayı başaran bireyler, kurumlar, topluluklar ve ülkeler, uygarlığı ele geçirecek; egemen ve zengin olabilecekler.

O zaman neymiş? ATCG'den anlamayan bireylerin, toplumların işi zor olacakmış!

Bu sevimli şey; labaratuarda geliştirilen ünlü "Harvard Faresi"

NESİL FARKLARI, KUŞAK ÇATIŞMASI

Bunca değişikliğin en önemli sonuçlarından biri, her büyük dönüşüm zamanında olduğu gibi: **"Çoklu, Farklı Nesil Yönetimi, Kuşak Çatışması..."**

Bu konuyu hali hazırda ve yakın gelecekte hem çalışma ortamlarının hem de sosyal yaşamın en önemli konularından ve sorunlarından biri olarak görüyorum.

Özellikle iş yerlerindeki mutsuzluk ve verimsizliğe neden olan en temel problemlerden biri: **"Nesiller arası farkın yönetilememesi ve farklı yaş guruplarının birbirine acımasız davranması."**

"Ast-üst çatışması var, ilişkiler sorunlu!" diye algılanan pek çok sıkıntının altında, üç, hatta dört neslin bir arada (BB, X, Y, Z), ortak amaç için, ekip olarak iş çıkarmaya çalışması yatıyor.

Özellikle bugünün ''kurumsal'' denen iş ortamlarında nesiller arası yetişme tarzları, ortamları nedeniyle, algı, yöntem, uygulama, iletişim farklılıklarından kaynaklanan problemler çok yoğun yaşanıyor.

Nedir bu nesiller?

1946-1964 - Baby Boomer Kuşağı (BB)
1965-1979 - X Kuşağı
1980-2000 - Y Kuşağı
2000 sonrası - Millennials, Milenyum nesli, Z Nesli

Babyboomer'lar (BB):
Devrimlere uyum yıllarını, Demokrat Parti'nin kuruluşunu, Nato'ya girişi, 61 İhtilali'ni, aya ayak basmayı yaşamış, işine ve eşine sadık olmayı öğrenmiş Baby Boomer kuşağı,

X'ler:
Cinsel özgürlük, televizyonun girişi, magazin, mizah ve kadın dergilerinin gelişmesi, batıya yönelme, anarşik olaylar gibi belirleyici gelişmelerle büyümüş, optimist X nesli ile

Y'ler:
80 İhtilali'ni, ithalatta patlamayı, yeni teknolojilerle bilgisayara geçişi, internetle tanışmayı, TV nin her şeye hâkim olduğu yılları, hızlı üretim, tüketim ve keskin rekabeti, küreselleşmeyi, global terör ve çatışma ortamını, darbe girişimini yaşayan Y neslinin birbirini anlaması çok da kolay olmuyor.

Z'ler:
Yeni teknolojileri, interneti, sosyal medyayı en yoğun kullanan kesim. Ne X'lerle ne de Y'lerle yıldızları barışıyor. Yeni teknolojilerin ve iletişim kanallarının içine doğdukları için sürekli bağlı, iletişim ve etkileşim halinde oldukları bir eko-sistemin yörüngesinde yaşıyorlar. **Aslında Z'lerden sonra bir de "Alfa" lar var ki onlar iyice başka bir âlem** ☺

Alfa Nesli

Y NESLİ DENMESİNİN SEBEBİ;

Ezber ve şablonlarla uyutulamayan, sürekli "Neden?" diye sorgulayan Y nesline böyle denmesinin nedeni; İngilizce'de Y harfinin okunuşunun "vay" olması. "Neden?" manasına gelen "Why" kelimesinin okunuşu ile ilintilendirilmesi...

Kanaatimce herkes Y Nesline fazla yükleniyor ve over dose (doz aşımı) beklenti ile onlara aşırı sorumluluk yükleyip, eziyor.

Y'leri iş hayatından, yaşamdan iyice soğutmadan bir hal çaresi bulmak BB ve X'lerin en önemli sorumluluğudur diye düşünüyorum.

Y'LER YÖNETİM KADEMELERİNE İLERLİYOR, HAZIRLANMAYANLAR YANIYOR!

Son yıllarda şirketlerdeki en popüler ve en sorunlu konulardan biri X'lerle yezit Y'ler arasındaki nesil farkı, bundan kaynaklanan iletişimsel ve yönetimsel sorunlar idi.

"X'ler Y'leri adam etseler, Y'ler de X'ler çekip gitseler hayat ne güzel olacak!" diye diye yıllar geçti.

Onca eğitim alındı. Nesil farklarına dair analizler yapıldı ama ortalık durulmadı ve birbiriyle geçinen BB, X ve Y'ye de pek rastlanmadı...

Müdür, direktör koltuklarını kapan, 1965 ve 1979 yılları arasında doğmuş olan X'lerle, onların yerine gözlerini dikmiş Y'erin mücadelesi henüz durulmadı, devam ediyor.

Ancak yıllar geçerken BB'lar ve X'ler yoruluyor, kurumsal hayattaki miyâdları doluyor. Y'ler de büyüyor ve giderek dijitalleşen dünyada yöneticilik basamaklarına adım atmaya hazırlanıyor... Baksanıza dünkü çocuk denen Mark Zuckerberg bile 30'larını geçti, **Alfa nesline mensup çoluk çocuğa karıştı...**

Kısacası dijital çağın iş dünyası, "Millennials" denen Milenyum Neslinin, yani Y'lerin, ardından Z'lerin ve hatta Alfa neslinin egemenliğine hazırlanıyor. Daha doğrusu henüz pek hazırlanan yok da, hazırlanması gerekiyor!

Bu kısım yeni nesille başa çıkamayanlara yardım için...

BİR DE BU VAR; SCREENAGERS - DİJİTAL NESİL

Kitabın bu bölümünü iş dünyasına **Screenager**'ların **(http://goo.gl/gOfkyK)** nasıl yönetici olacaklarına dair ipuçları vermek ve ona göre pozisyon almalarını sağlamak, yardımcı olmak amacıyla derledim.

Teenagers; İngilizce'de 13-19 (thirteen-nineteen) yaş arası gençler için kullanılır. **Screenager** ise ekranlarla yaşayan her yaştaki, çağımız insanını anlatıyor (screen, ekran, gösterge)... Oxford sözlüğe de girmiş, kabul edilmiş bir kelime. Kısacası BB, X, Y, Z, Alfa... Hepimiz ekranlarla beraber "ekran nesli" oluyoruz.

Sabah ekranı olan bir cep telefonu alarmı ile uyanıyoruz
Alarmı kapatmak için elimize alıp, ekranına bakıyoruz
Parmağımızı kaydıra kaydıra instagram'ı, videoları tarıyoruz
Bakmışken 1-2 mesaj, tweet, whatsapp, facebook, sms okuyoruz, ya da sesli, videolu yollanan mesajlarımızı dinliyoruz
Yüzümüzü bile yıkamadan ekranla iletişime geçmiş oluyoruz
Tuvalete gidiyoruz. Ekranlı cihaz (Artık her ne var ise... Bazen orada da yanımızda oluyor. Lap top, tablet vb ile tuvalete gireni de çok gördük)
Kahvaltı ederken gözümüz sürekli bir yandan da yine o ekranlı şeylerde oluyor
Yolculukta araba kullanırken bile tehlikeli-yasak olmasına rağmen birçok kişinin mesaj okuduğu-yazdığı malumumuz
Minibüs-otobüs-uçak vb artık her yer ekranla dolu. Çocuklar çizgi film izlerken büyükler haber, müzik, dizi, eğlence kanalları vb. seyretmiyor mu?
İşe, okula vb gidiyoruz, ekranların karşısına oturuyoruz.
İşten eve geliyoruz ekranların başına oturuyoruz. Ya TV, ya oyun, ya lap top, ya PC, ya iPad...
Ya da elde çeşit çeşit mobil cihazlar
En çok kullandığımız organımız ise "parmağımız"

Değil mi?

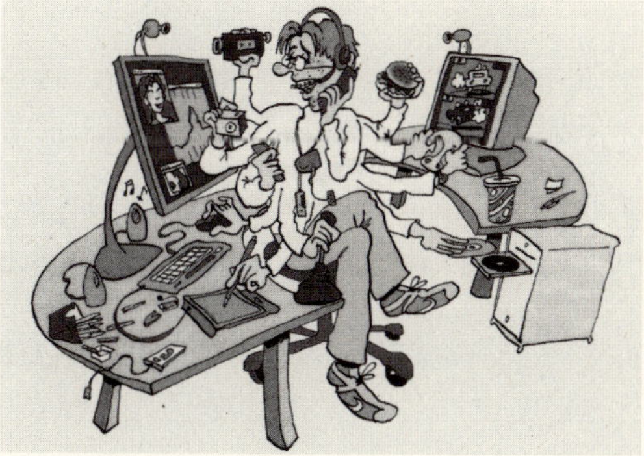

Tereddütsüz "Eveet!" dediğinizi duyabiliyorum...

O halde giderek artan oranda ve sayıda **"ekranlı-screen'li"** cihazla uyanıyor, eğleniyor, çalışıyor, üzülüyor, paylaşıyor, **gözümüzü ekrandan ayırmıyor, parmağımızı kaldırmıyoruz...**

Zaman zaman insanlardan çok ekranlarla yaşıyor, adeta parmağımızla dünyayı dönüştürüyoruz...

SCREENAGERS'LARIN ÖZELLİKLERİ?

Yukarıda özetlenen hallerimizle aslında farkına varmaksınızın düşünce sistemimiz, davranışlarımız, alışkanlıklarımız değişiyor ve screenagers, **ekran nesli, parmak jenerasyonu, dijital çağ insanı;**

1. Multitasking (aynı anda birden fazla iş yapan), paralel iş gören, kişisel uzmanlık alanları geliştiren

2. Görselleri yazıya tercih eden, düzlemsel okuyamayan

3. Hafızaları fazla şeyi tutmayan, ihtiyacım olursa Google'a sorarım diyen

4. Daha çok kendine odaklı, kendi başına çalışmayı tercih eden, yaptıklarını hemen kişiselleştiren ve kolayca yayabilen

5. Taahhüde girmekten, kendini bağlamaktan kaçınan ve bunun için çoğu zaman mobil cihazlardan yararlanan

6. Direkt kişisel kontaktan çok makinalar aracılığı ile iletişim kurmayı seçen, yani makinaları insanlara tercih eden

7. Reset (baştan başlat) nesli oldukları için hataların bir tuşa basılarak hemen düzelebileceğini düşünen

8. Dijital nesil oldukları için duyguları çok ve çabuk değişen, hemen anında reaksiyon bekleyen, derhal övgü ve ödül almayı isteyen

9. Şimdide yaşayan ve her şeyin GR8 (great demek, greight den türemiş) olduğunu düşünen, az okuyan-yazan, önceki nesillerden daha nümerik düşünen

10. Beyinleri üzerlerine akan binlerce bilgi ve mesajla aşırı (hiper) uyarılmış, dikkatleri, algıları ve konsantrasyonları sığ

11. Daha becerikli, daha akıllı ancak çoğunlukla geniş çaplı düşünmeyi ve kültürel derinliği ihmal eden
İnsanlar haline dönüşüyor...

Geleceğin iş dünyasını yönetecek ve yukarıda değişik şekillerde isimlendirdiğim, kısaca "Screenager"'ların dünyasını özetleyen en temel 10 faktör:

We are "Screenager"

2025 itibariyle iş dünyasının tamamını sosyal medya da çok çok aktif, ekranlarla büyümüş nesil (Screenager), farklı kafa yapısındaki, dijital yetkinlikteki, her an internete ve birbirine online bağlı geçiş nesli insanlar kaplayacak...

Onlar için ve onlarla şekillenen iş dünyasında aşağıdaki maddelerde özetlenen faktörler belirleyici olacak. Yeniçağın Screenager insanları;

1. Siyasilere ve CEO'ların samimiyetine güvenmezler, onları menfaatperest ve çıkarcı bulurlar. Ast üst ilişkisi istemezler. Pozisyona değil, "öz"e saygı duyarlar. Herkesin her şeyden haberdar olmasını isterler. Şeffaflık sahip oldukları en önemli özelliklerden biri olarak dikkat çeker.

2. Yaptıkları işlerin çalışanlar, müşteriler, paydaşlar vb. üzerinde iyi etkilerinin olduğunu hissetmek ve anında algılamak isterler. Sürekli ve neye hizmet ettiği belli olmayan koşuşturma ve meşguliyeti sevmezler. Böyle ortamlardan anında uzaklaşırlar.

"İnsanın hayatı, insanın hayalidir!"
-Andre Gide

3. Milenyum nesli yöneticiler; işbirlikçi, takım, ekip halinde ve proje odaklı iş görmeye yatkındırlar. Sosyal ağlara ve teknolojiye çok üst seviyede hâkimdirler. Kalem, klavye, mouse vb. yerine "parmak=dijit, ekran, akıllı şeyler" kullanırlar.

4. Sabahtan akşama kadar iş yerinde bağlasan da durmazlar. Evden, her yerden çalışmanın norm olduğu ortamlarda üretken olurlar. Formalite ve resmiyeti sevmezler, kasan/geren tarzdan hiç haz etmezler.

5. Diplomaya, deneyime, kıdeme vb. değil, becerilere, yenilikçiliğe, teknolojiye yatkınlığa güvenirler. Ünlü olmaya, çok tanınmaya heves ederler. Böyle olana saygı duyarlar. Seviye, derece, tecrübe vb. yerine proje/yetkinlik bazlı işe alımlara, takım kurmaya önem verirler.

6. Yüz yüze (face to face) görüşmekten anladıkları ille de aynı ortamda bulunmak değildir. Video konferans ve uzaktan iletişimi gayet etkin kullanırlar. Bu tür iletişimi, telepresence'i yeterli ve samimi bulurlar.

7. Cömert nesildir. Toplumsal, insani duyarlılıkları yüksektir. Rekabet değil, paylaşım ve fayda odaklı düşünürler, çünkü onlar sosyal paylaşım ağlarında büyümüşlerdir. Hemen hepsi kliktivist ya da slaktivist'tir **(Bkz. http://goo.gl/DpW6mF).**

8. Yıllık performans yönetiminden falan anlamazlar. Yaptıklarının geri bildirimini almak ya da vermek için bir yıl ya da aylarca beklemeyi kafaları almaz, kabul etmezler. Anında geri bildirim ve daha çok da takdir gelsin isterler.

9. İşi oyuna çevirirler. Sıkıcı, durağan şeylerden hiç hoşlanmazlar ve her şeyi oyunlaştırıp, görselleştirirler. Eğlence, yüksek enerji, değişkenlik, farklılık olmayan ortamlarda çalışamazlar.

10. Hiç bir seviyede hiyerarşiye gelemezler. Network insanları olarak pek çok bağlantıya ve güvene, paylaşmaya dayanan ilişkiler ağı ile çalışırlar. Kabile tarzı gruplaşmalar içinde aidiyet geliştirirler. Ana dil, öz-benlik takıntıları yoktur. Aynı cümlede 3-4 dilde, hatta henüz hiç bir dilde olmayan yeni kelimeler, tanımlamalar kullanabilirler. Kullananı yadırgamazlar.

University of California (San Diego) da yapılan araştırmaya göre;

2008 de dahi bir insana ulaşan bilgi, 1960'ta ulaşanın % 300 fazlası imiş.
Şimdilerde durum ne? Hesabın ucu iyice kaçtı galiba! Olay bu yani... Kimse birbirine, çoluğuna, çocuğuna "anormalmiş gibi" bakmasın, sarmasın. Hepimizi ekranlar değiştiriyor ve artık onlarsız yaşam mümkün değil...

Ne demişler, değişmemek mümkün değilse, değişimden zevk almayı öğreneceksin...

Screenager deyince şu videoları izlemenin tam sırası >

Hadi hemen bir göz atın ☺

http://goo.gl/p1Y1zE http://goo.gl/VFlHT8 http://goo.gl/exszKC http://goo.gl/VmWsL1

SİBERYONER BİR WEBRATÖR OLMAYA HAZIRLANMALIYIZ!...

Seminerlerimde yaşam öykümü, dönüşüp, **T'leşme** hikâyemi anlattıktan sonra daima, gelecek vizyonum olarak **"Siberyoner Webratör olacağım"** diye yazan bir slide kullanırım. **Webratör kelimesini vibratöre benzetenler** muzip muzip gülerler... Yanlış yazdığımı düşünürler...

Oysa ben; Dijital, Sanal Çağda, Web Ekonomisinde, Online Dünyada dijit dijit siber değer üretmeyi, siber alemin yeni nesil fabrikatörleri yani webratörleri olmayı kast ederim. ☺

İş sahibi olacağım, bir işten para kazanacağım diyen herkese de bu vizyonu benimsemesini şiddetle öneririm...

Böyle açıkladığımda da dinleyicilerimin, büyük ihtimalle şu anda da okuyucularımın çoğu hala pek anlamış gibi durmazlar.

Onun için **T-İnsan'a dönüşürken** bol bol kullanmamız gereken **"Dijit/Digit", "Siber/Cyber"** ve **"Sanal/Virtual"** kelimelerini, kavramlarını da bir parça açmak isterim...

Digit / Dijit:

Digit latince digitus dan geliyor, **"parmak"** demek. Parmakla sayan, Roma rakamı kullanan insanlar tarafından "sayı, sayma işlemi" için kullanılmış.
Bundan türeyen ve parmakla ilgili, parmakla yapılan manasına gelen "digitalis" de digital kelimesini türetmiş.

Zamanla digit, sayı, sayısal, dijital de sayısallaştırma olarak kullanılmış. **Şimdilerde çağa adını veren ve aslında "parmak" demek olan** bu kelime, antik çağların **"parmakla sayma"** eyleminden türemiş.

Şu anda ise ekranlara pıt pıt yaparak dünyayı dönüştüren çağı tanımlayan anahtar kelime haline gelmiş durumda...

Hep diyorum, bu milenyum insanları **"Screenager- Ekran Nesli"** ve **en önemli sorumlulukları "dijitalleşmek"...** Yani **"parmağını iyi kullanmak"...**

Hem çok değişiyor ve habire evrim geçiriyoruz hem de hiç değişmiyoruz değil mi?..
Taaa o zamanlar da parmak hareketi önemli imiş, şimdi de...
Screenagers – Ekran Nesli dünyayı parmağında dönüştüren, Dijital Nesil!..

İşte bütün mesele bu ☺

Siber:

Bu terim canlılar ve/veya makineler arasındaki iletişim disiplinini inceleyen Sibernetik Biliminin babası Louis Couffignal tarafından kullanılmıştır. İnterneti anlatan sanal âlem ve siber âlem kavramlarının ikisi de doğru önermelerdir. **İnternet, iletişim yöntemi açısından siber, yarattığı ortam açısından sanaldır.**

Sanal (Virtual):

Teknolojiden bahsettiğimizde ne kadar çok **"virtual > sanal"** diyoruz da kelime kökenini, gerçek anlamını hissetmeden kullanıyoruz...

Virtual > sözlükte; gerçek, asıl, gerçek kuvvetli olan demek...

Kelimenin kökeni > güçlü, kudretli olmak ya da stoacıların* dediği gibi "karakterin gücü" anlamından geliyor. Ve her erdem bize karakterin gücünü veriyor...

Yani virtual, sanal diye sanki sahte, yalan, sahici olmayan bir şeymiş gibi yerden yere vurduğumuz şey **aslında erdemli olmak demekmiş...**

---

* Stoacılık; doğaya uygun yaşamayı felsefi olarak benimseyenler ve dünya vatandaşlığını, mutluluğun dış koşullara bağlı olmadığını savunanlar.

Demem o ki siber, sanal, dijit laflarına alerji duyanlar bu kısmı tekrar okusunlar... Aslında her şeyin "insanlar tarafından, insanlarla, insan için" olduğunu hep akıllarında tutsunlar...

Bilgelerden erdem, sanallık tarifleri;

Sokrates; Erdem bilgidir.

Platon; Erdem iyiyi elde etme gücüdür.

Guzman; Erdemden başka güzellik tanımıyorum.

İbn-i Sina; Erdem anlaşılmaz olsa bile asla gizlenemez, aksine belirtilerini çevreye yayar. Layık olan herkes onu izlerinden tanır.

Seneca; Büyük adamsın ama nereden bileyim, yazgın sana erdemini hiç sergileme fırsatı tanımamışsa?

Jorge Angel Livraga; Sadece erdemli olan bireyler daha iyi, daha güzel ve daha adil bir topluma ulaşabilirler

Hepsi şunda birleşmiş; Erdem yani sanallık aslında > İnsanın ruhsal olgunluğu, faziletidir...

Çoğu insanın dünyanın sonunu getirecek zannettiği sanallık da aslında ve belki de kurtuluşumuz olacak... Farklı açıdan bakmaya ne dersiniz?

Erdemler sözlüğü;

Başucumda duran, ara ara baktığım bu güzel sözlüğü her gözden geçirdiğimde huzur, motivasyon dolarım... Yeri gelmişken sizinle de paylaşmak istedim. Ne olur sonuna kadar okuyun. İyi hissedeceksiniz...

Her şeyin virtual/sanal olmasına çalışıyoruz ya... Doğru yoldayız galiba ☺

Adalet, affetmek, alçakgönüllülük, anlayış, araştırma, asalet, aşk, azim

Bağlılık, bilgelik, bilinçlilik, birlik, boş şeyleri umursamamak,

Cesaret, cömertlik, çaba, çalışkanlık,

Değerini yüceltmek, değişim-gelişim-yenilenme, dengeli olmak, devamlılık, dikkat, dinamizm, dinlemek, direnç, doğaya uygun yaşamak, doğruluk, dostluk, duyarlılık, dürüstlük, düzen,

Eminlik, erdem,

Fedakarlık,

Gerçeği aramak, gözlemlemek, güçlü olmak, güler yüzlü olmak, güvenmek, güzel konuşmak,

Hayal kurmak, heyecanların kontrolü

İç güven, ihtiyat, ileriye bakmak ve ayrıntıları düzenleyebilmek, irade, istikrar, iyilik, iyi niyetlilik, iyimserlik

Kin gütmemek, korkularla mücadele etmek, kusur aramamak

Lütufkâr olmak

Merhamet, mertlik, mutluluk, mücadeleci olmak

Neşeli olmak, nezaket

Olgunluk, onur, ortak yararlar için çalışmak, ödev bilinciyle hareket etmek, örnek olmak

Öfkenin kontrolü, ölçülülük

Paylaşmak, pratiğe geçirmek

Rasyonel kararlar vermeye gayret etmek

Sabır, sadakat, saflık, sadelik, sağduyu, sağlık, samimiyet, saygı, sebat, sessizlik, sevgi, sınırlarını tanımak ve aşmak, sır tutmak, sorumluluk,

Şeref

Tahammül, tatlı dilli olmak, tecrübelerden yararlanmak, telafi etmek, tutkulara ve alışkanlıklara hakim olmak,

Umut, uyanıklık, uyumluluk

Vicdan, vefa

Yakınmak, yanılsamalara kapılmamak, yalnızlık, yapıcılık, yardımseverlik, yiğitlik, yorulmazlık, yüce gönüllülük

Zafer ruhuna sahip olmak, zahmete katlanmak, zaman ve mekân hakimiyeti, zeka, zihin kontrolü,

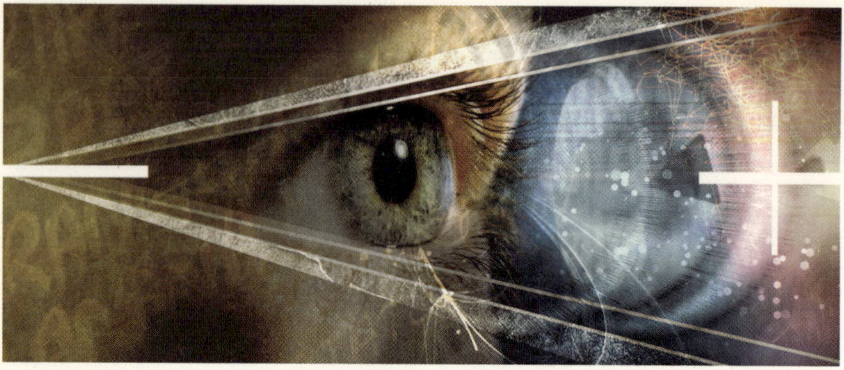

GELECEĞE UZGÖRÜ İLE BAKMAYA HAZIRLANMALISINIZ!..
Geleceğe hazırlanmak, fütürist bakabilmek için bir şey daha gerekli; Uzgörülü bakış açısı geliştirmemiz...

Uzgörü de fütürizmden yararlanabilmemize yardımcı olan, çok önemli bir başka kavram. Tam karşılığı yok. En çok **"foresight"**a benziyor ama benim kullandığım şekli ile **3U**'dan oluşan **"uzak, uzman ve uzlaşmacı görüş"** anlamında, biraz yorumlanmış bir kelimeye dönüşüyor.

Önceden geleceği tahmin (forecast) insanları başarıya götürüyordu; şimdi ise **uzgörü, uzakları kestirmek (foresight)** insanları başarıya götürecek demeye çalışmanın kestirme yolu.

Uzgörü'deki 3U'nun açılımı:

Uzak; 20-30 yıl ve daha ötesini düşünmeyi, tasarlamayı, çalışmalar yapmayı ifade ediyor.

Uzman ise tüm çalışaların, düşünmelerin bilgi temelli olmasını simgeliyor. Her neyi tasarlamaya çalışıyorsak bu nanoteknoloji ve genetikten geçmeli diyor.

Uzlaşma da

Tüm toplumlar, insanlar, canlılar, hatta şeyler arasındaki
Bilim dalları ve disiplinler arasındaki uzlaşmayı
Zamansal Uzlaşmayı (geçmiş, şimdi, gelecek) temsil ediyor.

Mesela nanoteknoloji ve genetik arasında uzlaşma gibi. Matematik ve sanattaki uzlaşma gibi. İnsanlarla hayvanların, doğanın uzlaşması gibi. Robotlarla, yapay zekâyla uzlamamız gibi... Geçmişle, şimdiyle gelecekle uzlaşmamız gibi...

Uzgörü; çok geniş, sınırsız bir uyumlanmaya işaret ediyor.

Dinlemek isterseniz bu linkve QR koddaki videoyu da izleyebilirsiniz >

http://goo.gl/2zllWZ

LİDERLİK, YÖNETİCİLİK TANIMLARINI RAFA KALDIRIP, "YÖNDER, LIKABLE (SEVİLEN)" OLMAYI HEDEFLEMELİSİNİZ!

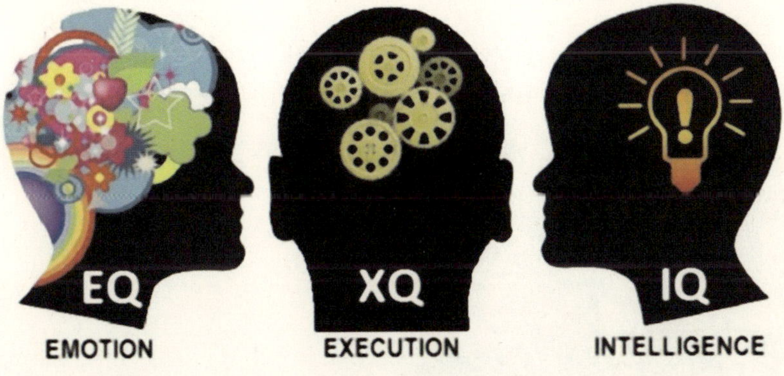

Yeniçağın başarılı insan tanımı >>> Yönderlik'ten geçiyor...

"Yönder = Yönetici + Lider" demek oluyor.

"Korku uzgörünün anasıdır."
-Thomas Hardy

"Sistemi, işleri sürdürenlere yönetici; insanları peşinden sürükleyene lider denir." tanımlamaları ile iki fonksiyonu birbirinden ayırmak bundan sonrası için pek mümkün ve yeterli değil.

Her kim gelecekte sürdürülebilir bir işi olsun istiyorsa hem işleri yönetmeli hem de insanları peşinden sürükleyebilmeli. Yani "yönderlik" edebilmeli.

Bu ikisini birbirinden ayırmak, bazı insanlar lider doğar, lider doğulur olunmaz, kimileri yönetici doğar vb. diye ayrıştırmaya çalışmak işlevsel ve anlamlı değil.

Bundan böyle; yetenek ve becerilerini yalnızca kendi başarıları için kullanmamak, üstünlükleri takımların parlaması, diğer çalışanların başarısı için kullananmak önemli oluyor.

İnsanlar ancak ve ancak diğerlerini yükselten, yüceltenler en sevilen, en gözde, en çok tercih edilen, gönüllü işbirliği kazanan "yönderler" olurlar.

Yönderler bir anlamda **"likable-sevilen liderlerdir"...**

Likable-Sevilen olmak da epey çalışmak, yönetmek, cezbetmek anlamına gelir ki içinde eskiden ayırmaya çalıştığımız tüm iyi, etkin özellikleri kapsar.

İyi yönderlik için önemli 3 ipucu;

1. Yeni fikirler her yerde olabilir.

Onları görün, övün; Taze ve yaratıcı fikirlerin nereden gelebileceğini bildiğinizi varsaymayın... İnsanları projelere pozisyon ve title'larına göre değil, verebilecekleri katkıya, farklılığa göre dâhil edin. Hatta buna müşterilerinizi, paydaşlarınızı da mutlaka ekleyin. Ve mutlaka her faydayı ödüllendirin, açık açık övün...

Örneğin; Geçtiğimiz yıllarda hayatımıza giren, çok ses getiren, şimdilerde herkesin uyguladığı kredi ve kredi kartı ödemelerinin ertelenmesi projesi, molalı taksit uygulaması; ilgili bankanın, kapıda bekleyen bir güvenlik görevlisinden çıkmıştı! Eğer bunu anlattığı müdürü pas geçip, toplantıya almasa idi, proje en azından o bankada hayata geçmeyecekti...

2. Açıklığı cesaretlendirin;
İnsanların rahatlıkla düşünüp, aksiyon alıp, konuşabileceğine inandığı güvenli bir ortam yaratın. Risk almaktan korkmayacakları şekilde yüksek tolerans sergileyin.

Örneğin; Birlikte çalışma yaptığım pek çok kurumdaki genç, fikir ve önerilerinin dinlenmediğinden çok şikâyetçi. Dinlenip, makul bulunsa bile "şimdi başımıza iş almayalım" diye korkan orta kademe yöneticiler tarafından üstlere taşınmadığından yılgın... İş kaybetme, risk alma korkusu büyük engel...

Örneğin; büyük bir bankada çalıştığı bölümle ilgili çok yenilikçi bir modeli önerip önerip püskürtülmekten bıkan 23 yaşındaki çalışan, en sonunda rakip bankanın yarışmasına girip ödül kazanmak ve ondan sonra fark edilmek durumunda kalmamalı...

Bu tip durumlarda o çok aranan yetenekler kaybolup, gidiyor. Yetenek avlamak önemli. Ancak asıl mesele yetenekleri tutmak ve serpilmelerine yardımcı olacak ortamları, olanakları sağlamak daha da hayati...

3. Daha iyisi için heveslendirin;
İnsanlara düşünce ve davranışlarını esnetecekleri önerilerde bulunun. Zihinlerini sürekli gıdıklayın, tetikleyin... Kendiniz dâhil, herkesin yetkinliklerini, becerilerini geliştirebileceğine dair beklenti, geliştirmeye dönük heyecan, istek yaratın...

Örneğin; yıllar önce üst düzey yöneticilik yaptığım bir şirkette tadilat nedeniyle santral tesisatı odamın tam karşısındaki bölüme taşınmıştı. O vesileyle lise mezunu resepsiyonist genç hanımın iletişim becerilerini yakından izleme fırsatım oldu. Kendisini derhal pazarlama birimine aldım. Eğitimlere yolladım. Adım adım çok başarılı bir kurumsal iletişim müdürüne dönüşmesini gururla izledim. Bu bir yol açtı ve ondan sonraki yıllarda hem kurumsal, hem bireysel pek çok ve her kademede farklı başarı hikâyeleri yarattık...

FARKINDALIK BÖLÜMÜNÜN SON ETABINDA BİR DE "BAŞARININ ve MUTLULUĞUN TARİFİNDE" ANLAŞALIM...

Gelelim kitabın, yani geleceğe hazırlanmak için kendimizi yeniden yapılandırma çalışmalarının, bence en önemli bölümlerinden birine... Başarı ve Mutluluk tarifine...

Sürekli **gelecekte daha başarılı, daha mutlu olmak için** şunu yapalım, bundan kaçınalım vb. diyoruz, deniyor. Reçeteler, modeller, önermeler havalarda uçuşuyor...

İyi güzel de... Peki her birimiz BAŞARI'dan, MUTLULUK'tan ne anlıyoruz?

Nedir bu başımızı göğe erdireceğini sandığımız, umduğumuz **BAŞARI, MUTLULUK?** Neye göre, kime göre? Kim belirliyor standartlarını, ölçütlerini?

Herkese göre farklı bir tarifi, algısı ve bu kadar hayati olan başarıya ve mutluluğa bu "genel" tanımlamalarla ulaşmak mümkün olabilir mi?

Olabilir!

Çünkü benim bu kitabı yazarken de hayatımı yaşarken de aşağıdaki iki kritik kavramdan, duygu durumundan anladığım şu;

> " Eğer yaptıklarınız başkalarını daha çok hayal kurmaya, daha çok yapmaya ve daha çok olmaya esinlendiriyorsa;
> siz bir yöndersiniz demektir." -*John Quincy Adams*

MUTLULUK: İYİ HİSSETME HALİ...

Mutluluk ve mutsuzluk yani iyi ya da kötü hissetme hali duygusal, değişken bir durum. Duygular çeşitli hormonların karışımlarının sonucu ortaya çıkan kimyasal, fiziksel reaksiyonlar...

Hormonlar bünyemize giren her türlü şeyden etkileniyorlar. Yediğimiz, içtiğimiz, soluduğumuz, duyduğumuz, dokunduğumuz her şey hormonları etkileyen girdiler. Ve aslında duygu durumu yani mutluluk, mutsuzluk bunların çıktısından başka bir şey değil!..

Olaya daha da pratik bakmak gerekirse; **mutluluk "hormonal bir çıktıdır, sonuçtur."** dememiz lazım. O halde bu sonucun oluşmasına sebep olan faktörleri kontrol edebilenler, yaratabilenler akıllı ve iyi insan olmayı becerenler mutlu olurlar diye toparlarsak sanki ortak bir noktaya varır gibiyiz.

Ne dersiniz?

O yüzden mutluluk ile ilgili konuşurken, düşünürken olayı şu anda insanların kafasına kazınmış, gelecek için anlamsız yarışlarla, ezber ve şablonlarla ilintilendirmekten, o seviyelere indirgemekten vazgeçmeliyiz!

Bir de özellikle büyükler, sanki çocuklarının mutluluğu, mutsuzluğu kendilerinden bağımsız, olabilirmiş gibi sorular sormayı, önermeler yapmayı, çareler aramayı bırakmalı.

Çocuklar için sorduğumuz her soruyu önce kendimiz için sorup yanıtlamalıyız.

Unutmayalım çocuklar ve onların duygu durumları "büyüklerin çıktıları" aslında! Çocuklar değil, önce bizler mutlu olmak için gereğini yapmalıyız! Ne ekersek o! Hiç kaçmayalım bu çıplak gerçekten... Ve mutluluğu okula, mesleğe vb. bağlamayalım. Kendimizi hayat amacımıza göre geliştirmeye, mutlu olmaya adayalım. O zaman her şey çok ama çok farklı görünecek gözümüze... Bu boyuta geçmeden yapılan her şey anlamsız! Patinaj!

> "Her konuda seni sen yapan iki şey; yokken sabrın, varken tavrındır."
> *-Mevlana*

BAŞARI: SIRF SEN VARSIN DİYE BİR BAŞKASININ MUTLU OLMA HALİ.

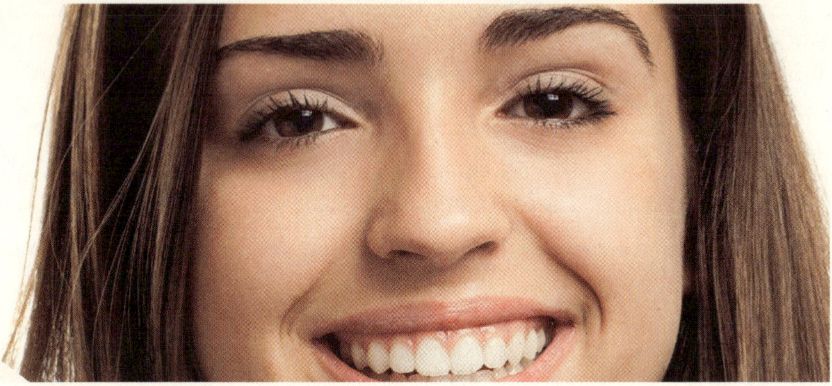

Şaşırdığınızı; "Bu mudur?" dediğinizi duyar gibiyim.

Evet, bu kadar yalın ve basit... En azından ben her "başarı" dediğimde bunu kast ediyorum... Burası çok net!..

Lütfen sessizce düşünün... Kendinizi başarılı hissettiğiniz anlara gidin.

O anlarda karşınızda mutlaka gülen, içtenlikle, ışıl ışıl bakan gözleri, olumlu enerji salınımı yoğun, olumlu anları hatırlayacaksınız... Çalışan olarak, anne olarak, eş olarak, sevgili olarak, evlat olarak, patron olarak, öğretmen olarak vb.

Her nerede, ne yapıyorsanız yapın; o olduğunuz durumda **size bakan gözler gülüyor, yürekler teşekkür ve minnetle atıyorsa,** üzerinize "hadi biraz daha yapalım, yap, devam et" enerjisi çağıl çağıl akıyorsa **"başarılı çalışan, anne, evlat, patron vb." sunuz demektir.**

Varlığınızla başkalarına iyi hissettirdiğiniz (mutlu ettiğiniz) her durumda "başarılısınız". Çünkü siz de onlar da mutlusunuz...

Güzel bir rapor, iş sonucu ile mutlu ettiğiniz patronunuz, yöneticiniz karşısında başarılı çalışansınız. Sizinle çalıştığı için mutluluğunu hissettiğiniz ekibiniz için başarılı lidersiniz. Sevgiyle bakan gözlerini gördüğünüz hayat arkadaşınızla ilişkinizde başarılı eşsiniz. İyi ki varsın diyen evladınızın karşısında başarılı ebeveynsiniz...

Örnekleri çoğaltmak mümkün...

Her şeyden önce gelecekte başarılı, mutlu olmak isteyen herkesin **"meslek" takıntısı ya da fetişine artık son vermesi gerekiyor.** Çünkü "meslek" odaklı kişisel ve kurumsal yapılanma sanayi devrimi ile sonrasındaki bilgi/bilgisayar/bilişim çağının idari sorunlarını çözmüş olabilir, ancak bundan sonrası için faydası yok.

O yüzden insanların kendilerini ve gençleri mesleğe değil; **"becerilerine, sevdikleri hizmet alanlarına, kişisel kabiliyetlerine, kendilerini sürekli geliştirmeye, hayat amaçlarına göre kesintisiz araştırmaya, öğrenmeye..."** yönlendirmesi gerekiyor. Bunun için de öncelikle kendilerini tanımaları; sevdiklerinin, en çok yapmak istediklerinin, çözmekten hoşlandıkları sorunların farkında olmaları gelecekteki başarıları için en önemli belirleyici.

Artık beyin araştırmaları, genetik yapının her gün daha fazla çözülmesi, sosyal deneyler çok net bilgiler verebiliyor ve anlaşılıyor ki **insanlar yeteneklerinin yüksek olduğu şeyleri yapmayı seviyorlar ve bu konularda daha başarılı dolayısyla "mutlu"** oluyorlar.

Eğer bir şeyi yapmayı daima çok seviyorsak, kendimizi o yaptığımız, olduğumuz şeyin içinde mutlu, doygun hissediyorsak, yani insanlar o yaptığımız işten, verdiğimiz hizmetten, sunduğumuz üründen, olduğumuz durumdan vb. mutlu oluyor, yararlanıyorlarsa; **demek ki o alanda yeteneklerimiz daha yüksek!.. O şeyi yapmayı ondan o kadar çok seviyoruz...**

Bu yüzdendir ki bir takım alanlarda üstün başarı göstermiş herkes ama herkes ilk şunu söyler: **"Neyi seviyorsanız, mutlaka onu yapın, çünkü ancak çok severseniz, zorluklarına katlanabilirsiniz! Sevmeden yapılacak şey değil!"**

Ezbere dinlediğimiz, öylesine veriliyor sandığımız bu tavsiyeler aslında olayın özünü izah ediyormuş da farkında değilmişiz. **Meğer insanlar teknik olarak, genetik formülleri gereği ancak yeteneklerinin yüksek olduğu işleri severler, o işlere eğilim gösterirler ve yıllar içinde üzerine çok ve disiplinli çalışarak yetkinlik eklerlerse; o alanda başarılı olurlarmış!..**

Olay bu kadar basit bir denklem üzerine kurulu iken, buna değil de **"daha çok para kazandıracak, rahat ettirecek vb. mesleklere"** eğitimle, testlerle, sınavlarla zorlanan, sevmediği işler yapmaya; sırf para kazanma olasılığı yüksek diye zorlanan nesiller de ancak bu kadar bir dünya yaratabildiler işte! Ekolojik, ekonomik, sosyolojik açıdan "sürdürülemez, huzursuz, psikopat, sosyopat bir dünya!".

Fakat hala vaktimiz var. Hala "sürdürülebilir bir gelecek için" çok şey yapabiliriz. Eğer bu temel gerçek konusunda kendimizin ve çocuklarımızın farkındalıklarını artırırsak...

Özetle anne-babalar ve büyükler olarak en büyük sorumluluğumuz;

Bugüne kadar dayatılan, ezberletilen ve doğru diye belletilen, sürdürülemez çerçevenin dışına çıkmamızdır. Bunu önce kendimizin, büyüklerimizin yapmasıdır. Önce kendimizi, sonra onları bu konuda bilinçlendirmektir. Şablonik düşünceden kurtulup, geleceğin, insanlığın gerçek ihtiyaçlarına odaklanmak ve orada hangi sorunları çözmeye adanabileceğimizi bulmaktır.

Biraz önce okudunuz; gelecekte başarının formülü çok para kazanmak ya da çok güçlü olmak değil artık. Çok daha yalın, özlü bir tarifi var;

Geleceğin başarı tarifi: "Sırf sen varsın diye bir başkasının mutlu olma hali." Kendin dâhil olmak üzere ne kadar çok insanı mutlu edebiliyorsan, o yaptığın işte olduğun durumda, her nerede, ne yapıyorsan, o rolde o kadar çok "başarılısın" demektir.

Eğer çocuklarımızı bu temel felsefe, bu başarı tarifi ile yönlendiremezsek "meslek, ona hazırlanmak için, hangi bölüm/ staj vb." sorular ne onları, ne de bizi iyi bir yere götürür! Götürmüyor zaten!..

Burada kesiyorum ve diyorum ki: **"Anladınız siz onu..."**

Hayatımızın her adımını onlara göre kalibre ettiğimiz bu kavramlar (başarı ve mutluluk), haller, duygu durumları... Ne dersek diyelim **birer varış noktası değil, bir yolculuktur...**

Değişken ve ilerleyen bir süreçtir... İnişleri, çıkışları olan, tamamen bizim onlara atfettiğimiz şekilde oluşan hislerimizdir... Bizi bir yerlerde beklemezler.
Bizimle olurlar. Biz nasıl istersek, nasıl tercih edersek, karar verirsek öyle şekillenirler...

Onları dışarda aramayın... Hemen içinizdeler. Beyninizde, yüreğinizdeler ve komutlarınızı bekliyorlar... Merakla size bakıyorlar... İyi mi olalım, kötü mü? Diye...

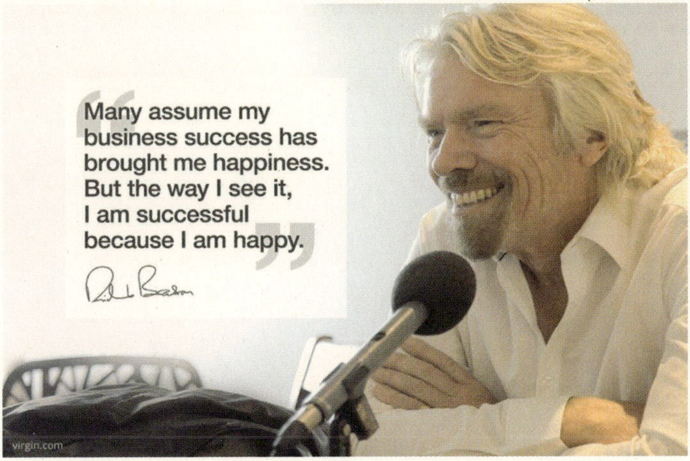

"Pek çok kişi beni iş başarılarımın mutlu ettiğini sanıyor. Oysa yaptığım işten mutlu olduğum için başarılıyım."
–Richard Branson

ŞİMDİYE DAİR BAZI NOTLAR DÜŞELİM,

FARKINDALIK İÇİN BAZI ŞEYLERE, BİR BAŞKA GÖZLE BAKALIM!

GELECEKLE SEVİYELİ İLİŞKİ GELİŞTİRMEK İÇİN...

Eskiden gelecek daha sinsiydi. Nasıl geleceğini daha az insan seziyor, kestirebiliyordu.

Çoğunlukla dünyanın düzeni darmadağın olup, iş, güç, yaşam dengeleri, şekilleri değiştikten, her şey olup bittikten sonra **"kriz patladı, buhran geçirdik, felaket oldu"** diye teşhis konuyor, bir daha bunlar başımıza gelmesin düşüncesine, geçmişi anlamaya odaklanılıyordu.

Olan olduktan sonra, iş işten geçmiş oluyor, yaşanan olumsuzlukların artçı etkileri gelecekten daha çok korkulmasına neden oluyordu...

"Ya yine aynısı olursa, aman olmasın!" korkusu ile ilerleniyordu.

Onu nasıl hizaya getiririz diye değil de, daha çok bir daha geldiğinde hazırlıklı olalım diye kafa yoruluyordu. Sanki bir dahaki gelişi, önceki gibi olacak sanılıyordu...

Oysa şimdilerde geleceğe pek öyle bakılmıyor...

ARTIK FÜTÜRİSTLER VAR!

Geleceğin neye benzeyebileceğini erkenden kestirenlerin, ortak akılla, bilgi, teknoloji kullanarak **"gelecek neye benzeyecek?"** diye çalışma yapanların, onu faka bastırmaya, **"hep senin mi dediğin olacak, bizim de istediklerimiz var!" diye dik duranların, asilenenlerin** sayısı epeyce arttı!

Geleceğin dayatmalarına katlanmak yerine: "onu şekillendirebilir, istediğimiz hale-yola getirebilir, daha iyi bir gelecek yaratabiliriz." diyenlerin fikirleri, sesleri, planları yükselmeye başladı.

İşte bu kitapta, hem kendi fikir ve çıkarımlarımı hem de bu şekilde düşünen, olası olumsuzluklara teslim olmayıp, gelecekle uyumlu ve seviyeli bir ilişki **geliştirmeye çalışan,** sayıları artık hiç de azımsanmayacak kadar çok olan, kendini gelecekten sorumlu kabul eden pek çok cesur, iyi ve akıllı insanın **kendilerine artık resmen "fütürist, futurecaster" denen olumlu gelecek tasarımcılarının, gelecek uzmanlarının, gelecek mühendislerinin, trend takipçilerinin** de gayretlerinden, fikirlerinden özetler paylaşacağım...

Pozitivist bir fütürist ve cesur bir trendist olarak, gelecekte gerçekleşmesi olası tehditleri de dikkate alarak daha iyi bir gelecek yaratmak için önemli fırsatları önünüze sereceğim.

Kullanabileceğiniz, kolayca geliştirebileceğiniz, **bolca gelecek bilgisi, önerisi paylaşacağım.**

Ve sonunda **T-İnsan** modelini kullanıp, **"daha mutlu bir insana"** dönüşmenize,
Sürdürürülebilir gelişim için bunlardan daima yararlanmanıza,

Aslında geleceğin nasıl sonsuz bir olasılıklar denizi olduğunu fark etmenize, hatırlamanıza,

Hayata, işlerinize, sevdiklerinize hevesle asılmanıza, tutunmanıza sebep olacağım. ☺

Yalnız önce farkındalık ve bilgiyi biraz daha derinleştirelim... Önce; bazı noktalara biraz daha bakalım;

Sebep, sonuç ilişkisi kuramazsak yaptıklarımız kalıcı olmaz... Kuralım şu ilişkileri ve ilerleyelim o halde...

KORKU, HIRS EKONOMİSİ, GÜÇ OBEZİTESİ İLE BURAYA KADAR!

- Şunu alın daha iyi hissedeceksiniz...
- Bunu giyin daha güzel görüneceksiniz...
- Bizimkinden yiyin daha sağlıklı olacaksınız...
- Berikini kullanın uçacaksınız...
- Az daha alın mutluluktan ampul gibi ışıldayacaksınız gazları verilerek ...

Tüket, daha çok tüket, hep tüket, durma tüket...

"İnsanlar geçmişi satar, geleceği alır."
–Söylenen bilinmiyor ya da ben bilmiyorum

Yetmez daha daha daha dahaaaa... Biraz daha, hadi azıcık daha... Tüket kiiiiiiiiii-iiiii...

Ekonomi canlansın...

İstihdam artsın... Para kazanalım... Harcayalım... Yine tüketelim...

Kazandır ki sen de para kazan, o da para kazansın, win-win yapalım,
Biz, hepimiz para kazanalım, hep beraber ve hep daha da çok harcayalım...
Tüketmeden olmaz!

Harcayalım... güzelleşelim! Al Gülüm-Ver Gülüm... Hadi hoppaaa!..

Durmak yok...

Aaa! Bak Çinliler de oyuna giriyor, onu Hintliler ve Afrikalılar takip ediyor.
BRICS (Brezilya; Rusya, Hidnistan, Çin, Güney Afrika) ülkelerine yapılacak satışlar ağız sulandırıyor...

Hadi aslan dünyalılar, hadi bakalım daha tüketecek çoook şey var. Durma, çalış, kazan, harca...

Bolca savaş. Silah ve uyuşturucu al, petrol sat. Durma! Durursan ekonomi çöker! Sistem kitlenir! İşsiz kalırız!

Finansal modellerle, sıcak para/düşük faiz, rüşvet, savaş-sömürü teknikleriyle "gelişmekte olan ülkelerin" genç ve tüketime azdırılmış, eğitimsiz nüfuslarına gözler dikiliyor.

Acımasız soyup soğana çevirme mekanizmaları, sömürgen politikalar, "kalkınıyorsunuz" kandırmacaları ile harıl harıl bu toplumların, hepimizin insanlığını bitiriyor!..

Bu şuursuz kurgu içinde adeta uyuşmuş gibi akın akın şehirlere taşınıyoruz. Kentleşiyor, sözde medenileşiyoruz. AVM'ler açıyoruz, sonuna "Y" ekleyip "AVMY; artık alışveriş merkezleri yaşam merkezlerimiz" diye ilan ediyor, plazalar dikiyoruz, fabrikalar kuruyoruz.

Ve giderek dünyayı, kendimizi adeta balon gibi şişiriyoruz...

Tüm bunların temelinde yatan en büyük faktör; petrole bağımlı enerji kaynakları ve ham maddeler bitecek korkusu.

Enerji, doğal kaynaklar dünyaya yetmeyecek kandırmacası...

Bir yandan hep artsın diye **beynimizde satın al kamçısı ile kudurtulan tüketim obezitesi,** öte yandan o tüketimi sağlayan enerjinin biteceği korkusu.

Sonuç: **Bu korku ile dünya duracak diye sindirilen, aslında savaş-silah endüstrisinin pazarlama yöntemi olan terör korkusu ile birbirine düşürülen, savaşan, göç eden, huzur arayan insanlık...**

Dünyanın dörtte üçü sularla kaplıyken, kanalizasyonu bile arıtma teknolojileri bulunmuşken,

- Su sıkıntısı olacak!

Güneş, rüzgar, denizlerin/okyanusların altı, üstü, dalgası her yeri enerji kaynağı iken,

Dünya kocaman bir evrende, onca gezegenden sadece bir tanesi iken ve keşfedilecek daha birçok gezegen, uzayda enerji kaynağı var iken,

- Petrol biter, enerjisiz, susuz kalırız, dünya durur!

Teraneleri ile beyinlerimizi kilitliyor, çaresizlik sarmalına kapıldıkça sersemliyoruz...

Ağaçsız, beton duvarlar arasında, doğa mahrumiyeti çeken, tıkış tıkış insan, çer-çöp, sıkıntı, bunalım içinde her geçen gün daha yüksek dozda korkuya kapılıp, koşarak kaçmaya çalışıyoruz...

Ne yaman bir çelişkidir? Ne derin bir aptallıktır bu içine düştüğümüz...

Farkında mıyız?

E farkında olalım artık...

Bunca yaşananlardan, deneyimlerden, akıl, bilgi, teknoloji gelişiminden sonra
Bi durup, düşünelim...

Bi akıllı olalım...

Sömürtmeyelim, sömürmeyelim birbirimizi...

Geleceğin tepesini daha fazla attırmayalım...

Birbirimizin üstüne çullanmayalım...

Birbirimizi köleleştirmeyelim, ululaştırmayalım... Herkes aynı yerden gelip, aynı yere gidiyor...

Oyunu, yaşam denen yerde biz bozuyoruz, bizler mızıkçılık yapıyoruz!
İnsan ve sadece insan olduğumuzu hatırlayalım...

Yeni, daha iyi, daha akıllı yaşamsal modeller bulalım... T'ler yapalım...

Hatırlayalım Lenardo'nun "Altın Oranını", o müthiş çizimini...

"Küçük bir hakikat, büyük bir yalandan iyidir."
–Leonardo da Vinci

T-İnsan Modelinden başlayabiliriz mesela... İlerleyin... Az sonra...

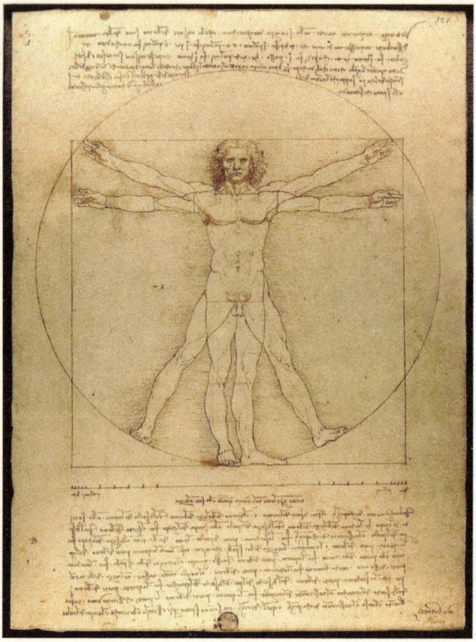

POST MODERN KÖLELİK ÇAĞI'NIN SONUNDA MIYIZ İNŞALLAH?

Sanal ansiklopedilerdeki tarifle **kölelik; "bir insanın başka birinin malı ve mülkü olması".**

Başka bir kişinin malı ve mülkü olan kişiye köle, memlûk veya kul;

Köle sahibine ise efendi veya mevla, kadın kölelere cariye deniyor.
Bazı durumlarda uşak ve hizmetçi de köle anlamına geliyor.

Tarihte köleliğin tadını, suyunu çıkaran ülkelerin başında da tabii ki Amerika ve İngiltere geliyor. 19. yy başlarında bu ülkelerde kölelik sancılı savaş ve karmaşalarla, Osmanlı'da 1847'de yasaklanıyor. Milletler Cemiyeti 1926'da tüm dünyada köleliği resmen yasak ilan ediyor.

Son yıllarda giderek artan hatta Oscar kazanan pek çok film ile özellikle zenci kölelere yapılanları öğreniyoruz. İnsanın insana ne kadar azap çektirdiğine şaşırıyoruz ama hala hız da kesmiyoruz...

Ortadoğu'daki diktatörlerin yarattığı ortamları utanarak izliyor, çaresizlik içinde sistemin parçası olmayı sürdürüyoruz.

Kendimizi kölelik bitmiş gibi kandırıyoruz. Birbirimize abanmayı, zulmetmeyi sürdürüyoruz.

Adına değişik isimler versek de aslında hepimiz dünya nüfusunun sadece %1 i kadar olan egemen güçlerin ordular halindeki köleleri olarak çalışıyoruz... Onların rahatı kaçmasın, kurdukları para kuleleri yıkılmasın diye birbirimizle didişiyor, insanlığımızı, dünyayı feda ediyoruz.

Şu anda dünya insanlarının maaş karşılığı yaptığı aslında modern kölelik değil de nedir?

Ha madende, boğaz tokluğuna belki 2-3 kuruş paraya taş kırmışsın, ha bir fabrikada makina başında tuşa basmışsın, ha bir ofiste, plazada bilgisayar başında klavye tıkırdatmış, kasa başında müşteri beklemişsin...

Ne fark eder?
Ne fark ediyor?

Eğri oturup, doğru konuşursak; kölelerin başındaki rütbesi daha yüksek kırbaççı kölenin yerini, ekipleri yöneten müdürler, üst düzey yöneticiler almamış mı?

Eskiden kırbaç, dayak varmış, şimdi mobing, performans kriterleri vb. var.

Birinde mağaraya, yer altına tıkılıyorduk, şimdi ofislere, duvarlar arasına tıkılıyoruz... Birinde fiziksel şiddet görüyorduk, şimdi zihinsel, ruhsal eziyet...

- Ne farkı var? Daha mı medeni?

- Daha mı insanca? Şimdi daha mı mutluyuz?

- Özgür müyüz? Özgürleştirdi mi bizi bu değişimler?

- Daha mı sağlıklıyız?

- Uzun yaşıyoruz, geç ölüyoruz, geç öleceğiz diye daha mı umutluyuz?

- İş bulabilecek miyim? Nasıl iş bulacağım? Ya işimi kaybedersem?

- Kirayı, taksiti, borcu nasıl ödeyeceğim?

- Elalem ne der?

- Her sabah "yaşam amacım ne? Niye uyanıyorum, ne halt edeceğim, nasıl sürdüreceğim?" endişeleriyle uyanmak güzel mi?

Hiç sanmıyorum? Pek de öyle görünmüyor...

Tipik bir şehirli insan, çalışıyor ve/veya okuyorsa, sabahın köründe, 6'da 7'de yollara dökülüyor. Ya toplu taşıma araçlarında sıkış-tepiş, itiş-kakış, ayakta veya uyuklayarak ya da trafikte saatlerce arabanın içine tıkılı vaziyette bir ofise, iş yerine, güruhlar halinde giriyor...

Oturuyor bilgisayarın başına tıkır da tıkır akşama kadar bin türlü stres, bağrış, çağrış, koşturma içinde debelenip duruyor, mutluluk, başarı kovalıyor!..

Neden?

Ee maaş alacak ya!

Daha yüksek maaş almak için terfi kovalayacak ya!
Daha doğrusu hiçbir zaman tam olarak göremediği o "ücret" denen rakamın ekranda belirmesi için uğraşacak...

Peki görebilecek mi?

KÖLELİĞİN ÖNCESİ

KÖLELİĞİN SONRASI

Hayır!
Çünkü o rakamın ifade ettiği maaş çoktaaaan harcandı, bitti!
Hatta üstüne esnek hesap, destek hesap diye bankaların "bireysel kredi" sarmalına girilip, en yüksek faizden alınarak borca bile girildi.

Yani aslında bir anlamda boyuna, ellere kollara, ucu bankalarda, alacaklılarda, patronda, müdürde olan ve adına "nakit akşını sağlama zorunluluğu" denen modern çağın kölelik halkaları takıldı.

Modern plazalarda, depolarda çalışanlara, kibarca "kurumsal çalışan, işçi, bilgi işçisi" denen güruhlara epeydir "modern köleler", sisteme de "Post-Modern Kölelik" deniyor.

Bu linkten ve QR koddan **(http://goo.gl/zga2sb)** erişebileceğiniz yazı ve fotoğraflara bir bakın, çarpıcı değil mi?

Sabah saatlerinde gürühlar halinde madene, fabrikaya giren köle ya da işçilerle...

Plazalara, metroya giren milyonlar arasında ne kadar fark yaratabildik bunca "tüketim ekonomisi" gazıyla... İnsanlık adına?..

Madende taş kıranla, bir plazanın bilmem kaçıncı katında ya da yerin dibine tıkılıp bir başkasına ayakkabı deneten, kasa başında bekleyen insanlar arasında: "aslında ne fark var ki???"

Bence hiç!

İkisi de havaya, ışığa hasret... Ama birinde ortalık daha parıltılı görünüyor, klimalar hava basıyor ve biz sanıyoruz ki böylesi daha iyi, daha medeni....

Aslında özünde ikisi de kısıtlılık, kölelik, insanın, insana hizmet kisvesi altındaki eziyeti, işkencesi.

Ya dünyaya ettiklerimiz?

Yarattığımız ve yaratmakta olduğumuz çevre sorunlarıyla dünyayı da çıtır çıtır yiyoruz, tüketiyoruz!..

Yaklaşmakta olan çevre felaketleri!.. Dünyanın kuraklaşacak ya da seller altında kalacak bölgeleri?..

Çevreciler yırtınıyor;

- Eğer 2050'ye kadar yenilenebilir enerji kaynaklarına geçebilirsek dünya sadece 2 derece ısınacak.

Yok olur da beceremezsek, bu yüzyılda toplam 6 derece ısınma bekleniyor, o zaman kaçacak delik, başka evren arayacağız, diye...

Yanıt: "koskoca dünya 2 derece ısınsa ne olur yahu?" diyen umarsız, idrak kanalları tıkalı hepimizden geliyor... Gelmese de sanki öyle düşünerek bildiğimiz gibi ilerliyoruz.

Sormak istiyorum ve düşünüyorum; vücut ısımızın normali 36-37 değil mi? İki derece artıp, 39 olunca, ateşimiz çıkınca biz bile ne hale geliyoruz? Koskoca dünya ne olur o halde, bir düşünsenize?...

Güzel mi oldu şimdi yaptıklarımız? İyi mi geleceği düşünmeden, hesaplamadan, planlamadan yarattığımız olası gelecek tehlikeleri?..

World Bank'ın çevre raporları bölümüne bakmak dahi silkelenip, kendimize gelmemiz için yeterli. **http://goo.gl/QZXidl** Ya da Doğal Hayatı koruma derneğine göz atmak... **http://www.wwf.org.tr**

Olmadı, olmuyor, olmayacak... Böyle geleceği kendi haline bırakarak sürdüremeyeceğiz...

O yüzden hemen, hiç vakit kaybetmeden değişmeliyiz!

Bu konuda sadece Al Gore'un **"An Inconvenient Truth – Uygunsuz Gerçek (http://goo.gl/m41z04)** belgeselini izlemek bile kafasında soru işaretleri olanlara soğuk duş etkisi yapacaktır, eminim... Ya da Dünyamızın 100 milyon yılda ne olacağını anlamayı amaçlayan bir değer belgeselin videosu da çarpıcı farkındalık için birebir; "Planet Earth 100 Million Years In The Future - What will happen to our world?" **(http://goo.gl/FN5MLG)**

Peki neler yapmalıyız? Ne yapabiliriz ki? Sorunları o kadar çok büyüttük ki artık çözemeyiz çaresizliği için de çok güzel çalışmalar, esinlendiren, motive eden örnekler var...

Bu videodaki gibi...

Oyunun kurallarını değiştiren değişiklikler... Game Changing Solutions, Çözüm hikayeleri - Story of Solutions. Bu videoları izleyin. Küçük dokunuşların nasıl da büyük farklar yaratabileceğini yaratabildiğini hatırlayın...

Annie Leonard **http://goo.gl/D9DaQo**

Böyle devam edemeyiz!

Einsetin "Sorunları yarattığınız düşünce düzleminde çözemezsiniz. Yeni, farklı bakış açıları gerekir.",

Mevlana "Şimdi yeni şeyler söylemek lazım." demiş...

İkisi de pek güzel söylemişler...

İşte biz de aynen öyle yapmak üzere burada buluştuk. Yeni düşünce şekillerine ihtiyacımız var.

Onun için sorguluyor, bilgileniyor ve derinleşiyoruz...

Eskiden "ama bilmiyordu ki, ölçemiyorduk ki..." falan diyebilirdik...

BÖYLE OLMAZZ!

Şimdi bilim, teknolojideki gelişmeler, her an birbirimize bağlı beyinlerimizle bu mazeret de ortadan kalktı. Artık biliyoruz. Eğer aklımızı başımıza almazsak, üstümüze neler gelebileceğini hesaplayabiliyoruz. Eğer dünyayı sürdürülebilir biçimde kullanmazsak, korumazsak, her şeyden önce üzerinde yaşanabilir bir dünyamız olamayacağını görebiliyoruz...

O halde, daha iyi bir gelecek için konuları çeşitli açılardan anlamak, üzere okumaya, düşünmeye devam...

FOMO, BURN OUT, JOYO...

Eskiden savaş, şiddet daha kanlı... Kırbaç, bıçak, silah ile oluyormuş. Şimdi içten yanmalı oluyor. İnsanların dışı değil, içi yanıyor, kanıyor, kanser oluyor. Sıkıntılar urlar halinde içimizde büyüyor...

"Burn Out - İçten İçe Yanma" sendromu **"FOMO-Fear of Missing Out - Eksik, Geride Kalma Korkusu (http://goo.gl/Sfdc9h)"** tıp literatürüne giriyor...
JOYO (Joy of Missing Out - Eksik Kalma Zevki) akımı başlıyor...

FOMO; hemen hepimizin hissettiği o meşhur ve son derece rahatsız edici: **"bir şeyleri kaçırıyorum, geri kalıyorum."** endişesinin adı. Şu sıralar özellikle yurt dışında üzerinde araştırmalar yapılan, raporlar yayınlanan popüler konu, sosyal medya etkisi ile iyice köpüren durum.

FOMO; akranların, benzeşlerin yaptığından, aldığından, yediğinden, içtiğinden, giydiğinde, kullandığından vb. geri kalmamaya, olabileceğinden, olduğundan daha iyi olmaya çalışma hali.

Sürekli bir sorgulama, karşılaştırma ve "ya bu yaptığım, aldığım, sahip olduğum vb. den daha iyisi varsa?" ya da "herkeste şu var, herkes bunu yapıyor ben de almalıyım, ben de yapmalıyım" rahatsızlığı. Özellikle anlık paylaşımları sınırsız kılan sosyal medya ile başkalarının yaptığını, ettiğini o kadar fazla ve anında bilmeye başladık ki bu **"eksik kalma korkusu"** tavan yapmış vaziyette.

JWT Intelligence Raporuna göre **(https://goo.gl/mhQ61L)**; Sosyal medya FOMO'yu %42 artırıyor. 10 kişiden 8'i kişilerin sosyal medyayı övünmek, nispet yapmak için kullandığını düşünüyor. Bu konuya ve neler yapılabileceğine değineceğiz. Şimdilik farkında olalım, bilelim ki anormallik sadece sizde, bir kaçımızda değil, hepimizde. Alayımız FOMO maduruyuz!..

"Geçmiş, şimdi ve gelecek arasındaki ayrım
sadece bir yanılsamadan ibarettir."
-Albert Einstein

DEĞİŞMEYE NEDEN MECBURUZ NEDENN? HAY ŞU ENTROPİ'YE!

Tamam işte, istediğimi elde ettim, şu anda çok mutluyum, kalsın böyle değişmesin!

İyiydik böyle! Hep böyle kalayım... Hep öyle kal vb...

Olmaz mı? Duramaz mıyız? Kal gelemez mi? Kalamaz mıyız?

Değiş değiş nereye kadar... Bi duralım, zaten çok yorgunuz, bıkkınız ..

Niye olmuyor, niye bunları yapamıyoruz?

Çünkü diye bir yasa var!

Einstein'e göre evrenin birincil yasası "Entropi" ve hiç durmaksızın işliyor.

Entropi aslında termodinamiğin İkinci yasası; **izole bir sistem içindeki düzensizlik derecesi.**

Entropiye göre; evrende kendi haline bırakılan tüm sistemler, zamanla düzensizliğe, dağınıklığa ve bozulmaya doğru gidiyor. Düzensizlik sürekli olarak tek yönlü bir şekilde akıyor ve artıyor.

Entropi Yasası, evrendeki tüm maddelerin, bilinçli bir düzenleme olmadıkça, hep düzensizliğe ve bozulmaya doğru sürükleneceğini anlatıyor.

İlk kullanan Clausius adlı termodinamikçi. Einstein´a göre entropi, bilimin birincil yasası. Onu yerçekimi Yasası´ndan ve kendi bulduğu Görecelilik Kuramı´ndan bile daha kalıcı ve önemli buluyor.

"Suyu tersine akıtamazsın", "her şeyin bir bedeli vardır", "karşılıksız hiçbir şey olmaz", "almadan vermek Allah´a mahsustur" gibi deyişler, aslında entropik bakış açısının bilimsel olmayan ama içselleştirdiğimiz ifadeleri. İnsanoğlu Entropi Yasası´nı resmen veya bilimsel olarak bilmese de, sezgisel olarak hep farkındaymış.

Çevremizde, kendi haline bırakılmış bir sürü şey; kişi, olay, yer, sokaklarda, çalıntı, terk edilmiş ve zamanla çürüyen arabalar, evler, insanlar, hayatlar görüyoruz ya; işte onları o hale getiren Entropi yasası denen şey. Bu yüzden istesek de istemesek de iyi ya da kötü, hiçbir şey aynı kalamıyor.

Kısacası, bir şeyler, içimiz çürüsün, bozulsun istemiyorsak, daha iyisi için sürekli yeni şeyler bulmamız ve çalışmamız gerekiyor.

Entropik yaklaşım bir Fütürist olarak bana, kendi haline bırakmayıp, bilinçli olarak düzenlememiz gereken en öncelikli şeyin kendi yaşamımız, kendi geleceğimiz olduğunu söylüyor!

Öylesine bırakılan, salıverilen yaşamlar, hiç kuşkunuz olmasın, metruk ev veya sokaklarda çürüyen arabaların akıbetini paylaşıyor...

Aksini gören, bilen var mı?..

Her daim **"geleceğini kendin yarat"** yani **"her şeyden önce kişisel geleceğini planla"** diyorum ve demeye devem edeceğim. Ve Entropi Yasası ile kişisel gelecek planı yapılmasının, revizyonların ve kişinin önce kendi geleceğine sahip çıkmasının neden hayati olduğunu bir kez daha anlıyorum...

Suyu tersine akıtamaz, geleceğinizi kendi haline bırakamazsınız!

"Tanrının evrenle kumar oynadığına inanamıyorum."
-Albert Einstein

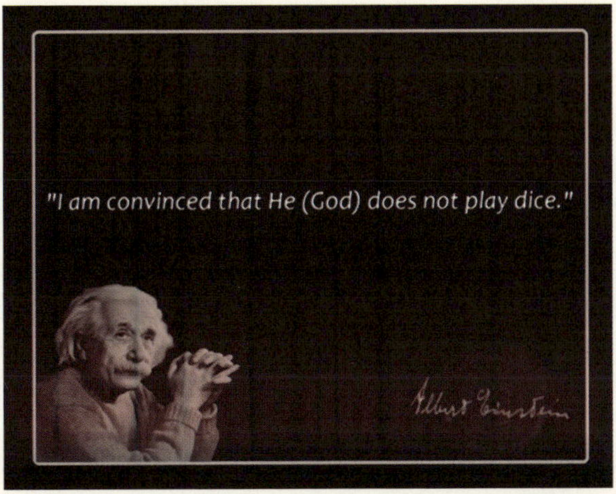

BİR DE NEANDERTAL'LER VE ÖN/FRONTAL LOB MESELESİ VAR...

Prof. Yankı Yazgan'ın çıkarımını dinleyince "hımmmm demek mesele buymuş..." demiştim.

Yaptığı açıklamalar, "neden değişime hem bu kadar dirençli hem de bu kadar mecbur olduğumuzu" iyice anlamama sebep olmuştu.

İnsanlardan önce, insana en benzeyen ve mağara adamları olarak da geçen cins;

Neandertal'ler...

200 ile 100 bin yıl önce ortaya çıkan, 28 ile 35 bin yıl önce soyları tükenen, **insana geçişten önceki, insana en benzeyen canlılar.** Hatta Modern insana geçişin göreceli olarak geç yaşandığı batı 'da Neandertaller ile ilk modern insanların çiftleştiğine dair kanıtlar olduğu bile söylenir.

- E niye insana eni-konu benzemelerine rağmen onlar başaramadılar, sürdüremediler soylarını... Yok olup gittiler? diye soracak olursak...

Prof. Yazgan der ki yapılan son araştırmalarda: **"kafatasları incelendiğinde çok önemli bir şey fark edildi. Neandertal'lerin alınları içe çökük, insanların dışa doğru şişkin, kavisli. İnsanlarda alın çıkıntısı var."** Diyor.

Ve bunun anlamı, **insanlara Neandertal'lerden farklı olarak "ön/frontal" lob ilavesi** konmuş olması.

Ki o ön/frontal lob; **"planlama, strateji"** işlerinin yapıldığı bölge demek oluyor... İnsanlarda "Böyle gelmiş, böyle gider'e" ilaveten bir de **"Ya böyle gitmezse! Eğer?"** gibi düşünmenin yani **"gelecek algısının"** konduruldluğu bölge yer alıyor.

Benim anladığım "Yaradan" bakmış olmayacak, insana benzeyen bir sürü canlı gelip gelip gidiyor. Yeryüzünde bir türlü tutunamıyor. Donanım ve yazılımı upgrade edeyim bari demiş ve **beynimizin önüne bir ilave işlemci koyup hep daha iyiyi, farklıyı arama sistemini hayata geçirmiş** ☺

Diyeceğim şu ki;

Bir tarafta evrensel Entropi Yasası, öte taraftan ön/frontal loblarımızdaki **"ya, eğer, olmazsa?"** diye sorup duran **"gelecek, yarın algısı"** nedeniyle sistem ve bünye durmaya müsait değil. Sistem ve bünye sürekli değişim ve daha iyisini farklısını aramaya programlı. Farkında olup, boşuna debelenmeyelim...

GELECEK KORKUSUNU ANLADIK! YA DEĞİŞİM KORKUSU? ONUN SEBEBİ NEYDİ Kİ?

Madem hem bünyemiz hem evren değişmeye, evrime programlı, o zaman gelecekten korkmamamız lazım. Bak anlattın ya;

- **Ön/frontal lob ilavesi var!**
- **Entropi var!**

Hala neden **"değişiklik, gelecek"** lafını duyduğumuz anda irkiliyoruz, savunmaya, korunmaya, direnmeye geçiyoruz?"

"Değişmeyen tek şey değişimin kendisidir." –Heraklitos

"Panta Rhei – Her şey akar, aynı nehirde ikinci kez yıkanamazsınız." –Heraklitos

Gibi özlü sözler yüzlerce, binlerce yıldır söylenir, **çünkü insanlar değişime direnir.**

Vee "acı çekmekle, değişmek" arasındaki ilişki!...

Son yıllardaki bulgulara göre fiziksel ve duygusal acı ile değişme korkusu beyinde aynı bölgelerin aktive olması ile ortaya çıkıyor. Buradaki linkten daha detaylı okuyabilirsiniz **(http://goo.gl/UxZ52N)**

Yani **değişim korkusunun ve fiziksel acının hissedildiği yer aynı. Sosyal ya da duygusal acı aynen fiziksel acı gibi gerçek ve yoğun hissediliyor.**
Duygusal yaralanmalarda da fiziksel yaralanmalarda da aynı beyin ağları aktif hale geliyor.

> "Uyum sağla ya da ortadan kaybol, şimdi ve daima olduğu gibi."
> *-Herbert George Wells*

Beynimiz, fiziksel ve duygusal acı arasındaki ayrımı yapamıyor!..

Demek ki neymiş?

Değişim sinyalini aldığımız, **"havada değişim kokusu var"** dendiği anda insanlar tıpkı kolları burkulmuş gibi, **duygusal acı çekmeye başlarmış.**

Bundan sonra birbirimize duygusal olarak eza etmekle, kolunu kırıp ceza vermek arasında acı açısından fark olmadığını düşünüp efendi olacakmışız...

Empati yapmayı, neler hissediyor olabileceğini daha fazla düşünecek, ona göre davranacakmışız...

Çünkü; daha iyi hisseden insanların oluşturduğu her yerden, kısa vadede tersi zannedilse bile uzun vadede melanet değil nezaket, bereket ve iyi geleceği doğru yoldaşlık çıkar...

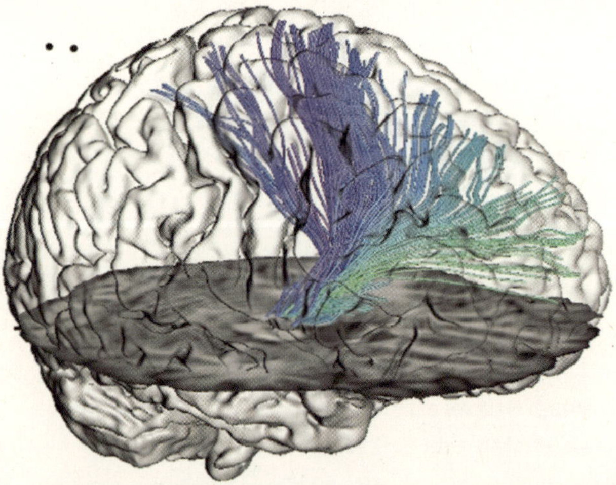

"Dünyayı anlayışla göreni, dünya da anlayışla görür."
-*G.W.F.Hegel*

DEĞİŞİM KAÇINILMAZSA ZEVK ALMAYI BİLECEKSİN!

Tıpkı ağrı eşiğinin yüksek ya da düşük olması gibi, insanların değişime adaptasyon eşikleri de daha düşük ya da yüksek.

“Neden bu böyle?” bir önceki bölümde okudunuz.

Ve iddia ediyorum ki **ağrı eşiği yüksek olanın değişime adaptasyon eşiği de yüksek!..** Yok öyle değil diyenler buyursun, araştırsınlar ☺

Mesela ben hem ağrı eşiği, hem değişime adaptasyon eşiği yüksek olan şanslı gruba giriyorum. En azından kendimi öyle görüyorum. ☺

İki kez anestezi olmaksızın, gereklilik yüzünden ayak tırnağım çekilmişti ve daha lisede idim. Ağzıma sadece havlu sıkıştırdılar, 1-2 inledim ama daha fazlasını da yapmadım. Etrafımdaki herkes neredeyse ayıldı bayıldı, ben gıkımı çıkartmadım. Aksi takdirde kangren olacaktım. Olduğumuz tatil yöresinde başka da çare yoktu. Doktor hemen iltihaplı bölgeyi temizlemek zorunda idi.

Fiziksel acı ile duygusal acının aynı merkezi harekete geçirdiğini öğrendiğimde hemen bu bağlantıyı kurdum. Çünkü kendimi bildim bileli değişim için en önde koşan, değişime direnenlerle canhıraş cenk eden, bir şeyler değiştiğinde en çabuk uyum sağlayanlardan biri oldum. **Kuşkusuz avantajları ve dezavantajları var, ancak faydalarının daha çok olduğunu belirtmeliyim.**

Bunu hem kendi bireysel deneyimlerimden hem de hayatına eşlik ettiğim, gözlemlediğim kişilere bakarak, kendimden çok emin biçimde söylüyorum.

Bu kısmı teknolojiye, değişime karşı tepkili, reaksiyonel yaklaşanlara yardımcı olmak için yazdım. Olmuş mu? ☺

Çünkü resmen ve gereksiz yere acı çekiyorlar. Sanki değişim, gelişim (iyi ya da kötü daha bilemeyiz, o ayrı) durdurulabilirmiş zannediyorlar. Çektikleri sıkıntının normal ve çareli olduğunun farkında değiller. Debelenip, duruyorlar. İşin fenası kafaları bulandırıp, tekneyi sallıyorlar. Daha kolay olabilecek bazı şeyleri hayli zorlaştırıyor, zaman zaman bir şeyleri farklı yapmaya çalışanları canından bezdiriyorlar...

Sürdürülebilirlik için değişim, evrim şart! Değişim eşiğini yükselt, geleceği fethet! Eğer ileriki sayfalarda anlatacağım değişim, dönüşüm ve tarnsformasyonu yaşayamasaydım, kendimden bir başka Ufuk yaratamasaydım, belki de şu anda **pek çok yaşıtdaşımın yaşadığı gibi, oyun dışı kalacak, çok erken yaşta "emeklilik, çaresizlik, sinmişlik vb." moduna geçecektim.**

Bunu dert etmeyenlere, keyfini çıkaranlara bir diyeceğim yok. Ama isteyip, ya da zorunlulukları olup da oyuna giremeyen ve çoğunlukta olanların hali de epey üzücü... Fakat umutsuz değil! **Çünkü T-İnsan olmayı öğrenecekler** ☺

Değişim eşiği yüksek olanlar geleceğe ve gelecekte daha rahat ilerliyorlar.

Entropi bölümünde de yazmıştım, Darwin Usta da belirtmiş; **"En güçlüler değil, değişime en fazla uyum sağlayanlar ayakta kalır."**

Aynen böyledir. Sürdürülebilirlik için değişim, evrim şart! Başka yol yok!
O zaman yeni bir özlü söz türetelim: **"Değişim kaçınılmazsa zevk almayı bileceksin!"**

İşte bu kitaptan sonra hem değişim eşiğiniz yükselecek hem de zevk almaya başlayacaksınız. Kesin bilgi, yayalım ☺

"Değişim istiyorsanız, sebeplerini yaratın."
-Dalai Lama

ARTIRILMIŞ İNSANLIK DERKEN? (AUGMENTED HUMANITY)

Bunları yazdığım sıralarda hallerimiz bu sayfada yer alan çizimlerdeki gibi...

Henüz elimizde taşıdığımız, masamızın üstünde klavye ile yazabildiğimiz cihazlara alışmaya, onlardan yararlanmaya çalışıyoruz.

Giyilebilir teknolojileri spor ayakkabılarımızdaki chip'ler,

Google Glass benzeri aletler, VR (Virtual Reality – Sanal Gerçeklik) gözlükleri ve yeni yeni takmaya başladığımız dijital bileklikler kadar sanıyoruz...

Onlardan gelen datalara **"ay ne akıllandı bu teknolojik aletler!"** diyor, **"her şeyimizi nasıl da biliyor keratalar!"** tadında şaşıyor, bir taraftan da bu kadar bizi bilmelerinden, izlemelerinde ve paylaşılmaktan **tırsıyoruz...**

Google'ın başmühendisi Ray Kurzweil;

- Birkaç yıla kalmaz Google sizi, içinizi dışınızı eşinizden daha çok bilir hale gelecek,

dediğinde hissettiklerimiz **"ikircikli bir ruh halini"** ifade ediyor. Hem karşı koyulmaz biçimde arama robotlarına data, bilgi saçıyor ve onlardan gelenleri aç gözlülükle kullanmaya çalışıyor...

Hem de

- Teknoloji en sonunda bizi yutar mı?" diye ürküyoruz!

Eskiden tanrısal güçler olarak kabul edilen bir sürü şeyi, ufacık cihazlarla yapabildiğimizi,

Daha da yapabileceklerimizi,

Ve tüm bunların henüz buz dağının üstündeki kısım olduğunu keşfettiğimiz, algıladığımız ilk yıllardayız...

Dünyanın öbür ucundaki insanları görebiliyor, işitebiliyor, bir click, bir pıt pıt ile her şeyi duyup, bilir hale geliyoruz.

İnsani özelliklerimizi, kapasitemizi artıran, garip garip cihazlarla yaşamaya,
Onlara ve onlarla yaşamaya alışmış kendimize, birbirimize alışmaya çalıştığımız dönemlerdeyiz!

Kısacası, 2014, 2015 ve 2016'larda daha **"Artırılmış İnsanlık = Augmented Reality"** provaları yapma aşamasındayız.

Dijital ok, hedef belli olmasa da yaydan çıktı. Sanki "Singularity = Tekilliğe" doğru uçuyor!..

"İnsanların hayatına, faaliyetine egemen olan kuvvet,
yaratma icat yeteneğidir."
-Atatürk

SINGULARITY = TEKİLLİK

Pek çok fütürist bu yüzyıl insanına **"saf insan olarak, insan insana yalnız yaşayan son insanlık nesli"** diyor.

Çünkü gidişat açıkça gösteriyor ki bundan sonra yola kendi başımıza devam etmemiz hem zor, hem imkânsız.

Bundan sonra yanımızda insan kardeşlerin yanı sıra, bir de giderek akıllanan hatta duygusallaşan "makinelerle, şeyler" olacak.
Bize eşlik edecekler, bazen de önden gidecekler.

İnsanlarla, şeyler (Yapay Zeka / Artificial Intelligence-AI) 30-40 yıl içinde iç içe geçecek, bütünleşecek.

Makineler, şeyler insanlaşacak; insanların içine de bir sürü nano-makine, chip kaçacak. Oralarına buralarına gözle görülemeyecek küçüklükte chipler takılacak, sürülecek, gömülecek vb. İnsanlarla makineler bütünleşecekler, tekilleşecekler.

İşte bunu savunan ve bu konuda çalışanlar, bahsi geçen ve gelecekte mutlaka gerçekleşeceği uzgörülen duruma; Singularity = Tekillik diyorlar.

İcatçısı Ray Kurzweil. Hatta Üniversitesini bile kurdu. İmkânı olan çocuğunu oraya mutlaka bir kere yollasın. Bildiğimiz üniversiteler gibi değil, farklı. Gezip, gelmek bile müthiş etkiler, eminim. Yapılacak işler listesine almanızı öneririm. Ben bunları kendisinden dinleme şansına sahip olan kısmetli fütüristlerdenim. Darısı başınıza...

Efendim Mr. Kurzweil diyorlar ki; Ölüm bir hastalıktır, 2050 lere kadar falan biz bu işin üstesinden gelir, insana dair her bir geni artık keşfetmiş ve yeniden yapılandırabiliriz. Dolayısı ile de ölüm falan tarih olur!

Nokta!

Olabilir mi?

Neden olmasın?

Şu ana kadar yapabildiklerimize bakınca, hiç de imkansız görünmüyor!

Ha iyi olur, kötü olur, nasıl olur???

Onlar tabii ki tartışma konusu. Hatta dindar ve muhafazakâr kesimler tarafından da taşlanma sebebi...

Ama bilim teknik açısından bakılınca hiç de olamaz gibi gelemiyor!..

Tarihe dikkatiniz çeker, şunun şurasında kaç sene kaldığını hesaplayıp, ayağınızı denk almanızı, hızla değişim eşiğinizi yükseltmenizi tavsiye ederim...

DİJİTAL KARDEŞLERLE UZLAŞMAYA ALIŞMAK ZAMANI...

Bundan böyle, insanlar arası uzlaşmak kadar ve belki de daha fazla "şeylerle, insansı robotlar, akıllı sistemlerle, Yapay Zeka (Artificial Intelligence-AI)" ile uzlaşmayı becermemiz gerekecek.

T-İNSAN

"2035'de bir insanla konuştuğunuzda, biyolojik ve biyolojik olmayan aklın bileşiminden oluşan biriyle konuşuyor olacaksınız."
-Ray Kurzweil

Yıllardır, hele de "kurumsal hayat" sarmalında isek başarılı olmak için insan ilişkilerini yönetmenin, iletişimin ne kadar önemli, belirleyici olduğunu acı tecrübelerle de olsa öğrendik. O konudaki maharetimizi artırmak için tonlarca ders, koçluk alıyor, kitap okuyoruz.

Şimdi üstüne bir de makinelerle uzlaşmak mecburiyeti eklendi. Onların da tamamen dijital olan dilinden, halinden anlamak gerekiyor!

Misal; bir müşterinin siparişini mi onaylayacaksın? Önce sistemden, yani dijital amirden gelen uyarılara dikkat kesilecek: "Bunlar eksik, tamamla da gel!" dediği şeyleri tamamlayacaksın.

Bir yerden mi gireceksin? Kapıda içinden geçtiğin cihazlara saklanmış dijital bekçi abiye senin sen olduğunu ispatlayacak, üstünde tehlikeli bir şey olmadığını dijital olarak anlatacak, bipletmeyeceksin hazreti... Yoksa geçemez, giremezsin.

Örnekler çok basit ama **"dijital kardeşler" dediğim, insan dışında ama insan gibi davranan şeylerin,** şu anda bile hayata ne ölçüde sızdığını canlandırın diye yazdım.

Şimdi etrafınıza, yaptığınıza, ettiğinize bir bakın bakalım... Neredeyse sahici insanlar kadar, dijital kerdeşlerle de iletişim, ilişki halinde değil misiniz?

2014'de "En Orijinal Senaryo" Oscar ödünü kazanan **"Her"** **http://goo.gl/Jh9jD1** filmini izlemeyenler, hemen izlesin.

Daha bu yıllarda bile işletim sistemine aşık olan insanları seyrediyor, meşgur "Sight" videosundaki gibi **http://goo.gl/PD1tDD** sanal durumları bilim kurgu değil de her an olabilirmiş gibi (istemeden de olsa) kabulleniyorsak, Singularity = Tekillik o kadar uzak değil demektir...

QR kodları da aşağıda. Hemen izleyin bence...

ÖLÜMSÜZLÜK MÜ? DÜŞÜNCE DİNLEMEK Mİ? YOK ARTIK!..

Makinalarla, robotlarla, hologramlarla, yapay zekayla bütünleştiğimiz, kısaca **"Singularity = Tekillik"** denen, neredeyse ölümsüzlüğün mümkün olabileceği yıllara ön hazırlık yaptığımız yıllardayız demiştik.

Biraz daha ilerleyelim; bu linkten ya da QR koddan blogumdaki yazıya girip **http://goo.gl/bEhQT6** "ölümsüzlüğe giden yolculuğumuzun yani **"2045 Projesinin"** Türkçe alt yazılı videosunu, hala izlemediyseniz mutlaka izleyin...

Eminim bir kez izlemek yetmeyecek. Birkaç kez hatta aklınıza geldikçe tekrar seyredecek, her seferinde başka bir detaya takılacaksınız...

Videoda 2045 Evrim Partisinin Başkanı Dmitry Itskov'un başlattığı 2045 Hareketi ni göreceksiniz. 2011'de yayınlanan Video, 2045 yılında hologram bir vücuda beyin transferinin, bilişsel kabiliyetler dahil olmak üzere, gerçekleştirileceğini iddia eden çalışmaları yansıtıyor.

2045.com'da yayınlanmış olan ve burada paylaştığım infografikte ise adeta ölümsüzlüğü tanımlayan yeni, holografik insan modelinin uzgörülen evrimi anlatılıyor.

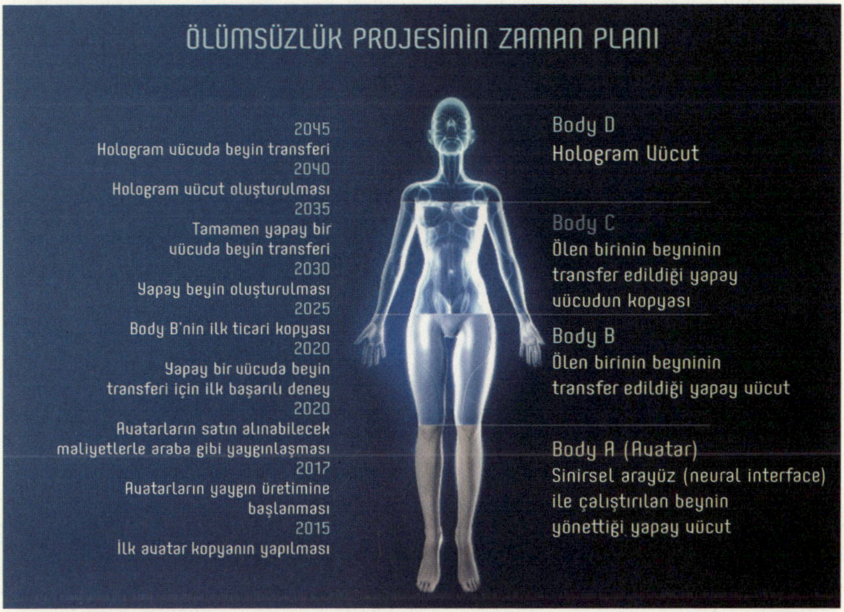

Proje aslında Ray Kurzweil tarafından Amerika'da yıllar önce ortaya atılan ve ben dahil pek çok fütürist ve bilim insanı tarafından desteklenen Singularity kavramının Rusya´da hareketlenen bir benzeri, yansıması niteliğinde. Yer verilen iddialar her halükarda dikkat çekici ve olasılığı yüksek.

Beni en çok etkileyen kısım ise videoda sık tekrarlanan:

- Artık yeni teknolojik gelişmelere ihtiyacımız yok. Şimdi insanlığın yeni formunu bulmak üzerinde düşünmeliyiz ve

- Şu son yüzyılda yaşadıklarımızı ve yaşayacaklarımızı yalın biçimde ve sadece "değişim içindeyiz, değişiyoruz" diye izah etmemiz mümkün değil. Bu olanlara ve olacaklara **"İnsanlığın Transformasyonu / Trans Humanism"** demek daha doğru türünde çıkarımları oldu...

Hakikaten de öyle... Tamamen katılıyorum.
Teknik olarak insanı dahi yaratabiliriz diyebildiğimiz, bugüne kadar eşi, benzeri görülmemiş şeyler yapabildiğimiz bir sınırsızlık hissi ve hali içindeyiz.

Dur durak bilmeden çılgınca, dijitalleşerek ve bir taraftan bağlanarak bir taraftan da koparak ilerliyoruz.

Ancak tüm bunları neden ve neye hizmet etmek için yaptığımızı bilmediğimiz için kafamız karışık. Arayış içindeyiz. Bu arayış ne zaman sonlanır? Dünyaya neden geldik, neden/ nereye gidiyor, neye dönüşüyor ve neyi kotarmaya çalışıyoruz? Henüz bilemiyoruz...

Ne zaman bileceğimizi de bilmiyoruz ama ilerliyoruz... İlerlemek zorundayız. Ön/ frontal loblar ve entropi gelecek diye bir şey var, onu daha iyi yapman lazım, "yürü, durma" diyor...

Yürüyelim o zaman...

Düşünceleri dinlemek, **"Konuşmadan Düşünce Söylemek"** ve **"Telekinazi..."** **Düşüncelerin joystick gibi komut verebileceğini konuştuğumuz, telekinaziyi deneyimlediğimiz** bir dünyadayız...

Neden böyle diyorum, buyurun devamını okuyun, seyredin ve düşünün...

2045.com adresinden kitlelere açık, yeniçağın ortak çalışma modeli **"Crowdsourcing / Ortak Kaynak Kullanımı"** ya da **"Strategic Social Initiative – Stratejik Sosyal İnisiyatif"** olarak lanse edilen proje **yaklaşık 30 yıl sonra insanlığın neye benzeyeceğini düşünmeye çalışıyor... Ve bunu yıl yıl, tarihleri vererek yapıyor.**

Mesela; videonun yayın tarihi 2011!..

2013, 2014 için uzgörülen toplumsal karmaşalar kısmını aynen yaşadığımızı, dünyada çığ gibi yayılan "Occupy" hareketlerini (aktivistlerin çeşitli direnme hareketlerinin kod adı)," iç savaşları, sivil itaatsizlik hareketlerini vb. görünce

- Aaa sahiden adamlar önceden bilmiş! diyorsunuz!

Bu yazıya da bir göz atın; **http://goo.gl/Pd6ml7**

Bir başka örnek;

Itskov'un oldukça iddialı hatta dini çevrelerce çılgınca görülen olası evrim planında, 2020 için uzgörülen **"yapay bir vücuda beyin transferi"** hali hazırda yapılan deneyler göz önüne alındığında o kadar da çılgın görünmüyor!..

Bu videoda **http://goo.gl/0UEpHl** ve QR kodda **"Beyin Okuma – Mind Reading"** üzerine yapılan çalışmaları ve deneyleri hafif ürpererek izleyeceksiniz.

Üstüne bir de maymunlar ve felçli insanlarla yapılan bu videodaki **http://goo.gl/hRH1qj** deneyleri izlediğinizde (QR kodda video linki var)

"PES!" diyeceğinizden eminim...

AKIL OKUMANIN BAŞLADIĞI, BEYNİN EN GELİŞMİŞ ARAMA MOTORU OLDUĞUNUN KEŞFEDİLDİĞİ YILLARDAYIZ...

1949 yazında Avustralya'dan İngiltere'ye gelen ve BBC'de "akılokuma" programı yapan Piddington çifti, büyük sansasyon yaratmışlardı. Radyoda bir gecede 20 milyon insanın dinlediği karı – kocanın **"akıl okuma"** işini nasıl yaptıkları asla çözülemedi. **Ama bunu yapabildikleri tarihi kayıtlara geçti.**

Taa o zamanlardan beri beynin kapısı aralanmaya ve düşünce gücüyle makinalar kontrol edilmeye, ya da tam tersi yapılmaya çalışılıyor.

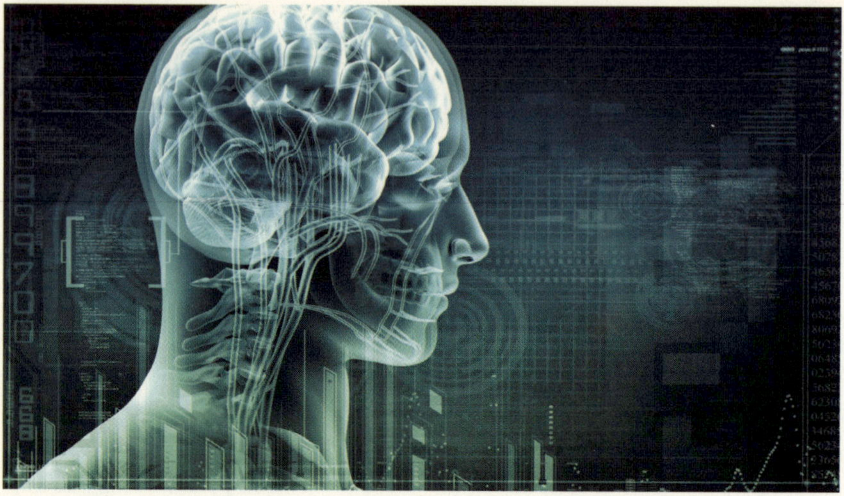

Beyne **"telepatik askercikler"** göndererek insanlara bir şeyler yaptırmak veya beyin dalgaları ile dış dünyada işler çevirmek insanlığın en çok uğraştığı konuların başında geliyor.

Eh normal! Beyin dünyanın en gelişmiş arama motoru. Çok kıymetli, herkes onu ele geçirmenin, yönetmenin peşinde...

Son yıllardaki teknolojik gelişmeler, özellikle maymunlarla, farelerle ve nihayetinde felçli insanlarla yapılan deneyler, **hassas sensörlerle beyin sinyallerinin, komutlarının dijitalleştirilmesini yani dataya / bilgiye dönüştürülmesini** mümkün kıldı.

"Konuşmadan düşünce ile söylemek" konusunda pek çok uygulama yapılabilir hale geldi. Bedensel engelli insanların, vücutlarına takılan protezlere komut verebilmesi ve işlerini düşünce güçleriyle görmeleri artık hayal ya da sihir değil.

Neymiş?

Zaten, halihazırda ve şimdiden **düşüncelerin joystick gibi komut verebileceğini konuştuğumuz, telekinaziyi deneyimlediğimiz bir dünyadaymışız...**

Tüm yukarıda verdiğim ve daha onlarcasını basit bir internet araştırması ile dahi bulabileceğiniz örneklerle anlıyoruz ki **2045 için verilen takvimin 10 yıl ilerisindeyiz!..**

Derken... IBM´in 5 in 5 videosu **http://goo.gl/nisQDu** ise **bu gelişmenin neredeyse 5 yıl içinde olabileceğine** dair ipuçları veriyor.

YANİ TÜM BU ÖRNEK, İSPAT ÇABASI FALAN ŞUNUN İÇİN:

Yakın denebilecek bir gelecekte beyin dalgaları dahi okunabilir, tüm duygu ve birikimler beyinden beyine transfer edilebilir hale gelecek.

Amacım; "Sen nerdesin?" i düşünmeye zorlamak...

- Sosyal medyaya karşıyım!
- Teknolojiye karşıyım!
- Dijitale karşıyım!
- Çocuklara bilgisayarı, akıllı telefonu, tableti ne kadar kullandıralım?
- Bilgisayar bağımlılık yapıyor, fena bişey!
- Tamam ben de artık teknolojik gelişmelerin önlenemeyeceğini kabul ediyorum ama yine de sevmiyorm, istemiyorum!
- Ben her şeyin bu kadar çabuk olacağına inanmıyorum!
- Katılmıyorum
- Reddediyorum!

Vb... diyenleri de takıma almaya çalışmak... Alabildiğimiz kadar artık... :)

Olacaksa uyanmalarına az da olsa bir katkı verebilmek...

Ne demişler?
"Akacak kan damarda, gelişecek teknoloji chip de durmaz!" ya da "Dijital ata atlayan siber dünyaya çoktan geçmiş!"
(Aslında bu benim lafım da bu şekilde söylemek daha havalı oluyor. ☺ Özlü sözler'e girerse kayıtlara düşülsün lütfen! ☺)

HER ÇAĞIN KLASİK SÖYLEMİ: TEKNOLOJİ BİZİ A-SOSYALLEŞTİRİYOR!..

"Aaaa bu kadarı da fazla!" diyenler... Hemen silkelenin daha bir şey görmediniz, görmedik, oyun başlamadı dahi...

Uzay Yolu (Star Treck) dizisi ile **http://goo.gl/WhJOwp** büyüyen bir neslin ferdi ve üstelik **ülkemizin kendini cesaretle fütürist olarak tanıtan ilk örneklerden olan ben** bile **Azınlık Raporu'na (Minority Report)** **http://goo.gl/4XyooU** o kadar da inanamamıştım.

Uzay Yolu Amerika'da 1966 yılında gösterime girmiş olmasına rağmen Türkiye'de ancak 6 yıl sonra TV dizisi olarak 17 Ekim 1972'de gösterilmeye başlanmıştı.

3. Dünya savaşı sonrası insanların Galaksi'de diğer bilinçli canlılarla birleşip kendilerine yer bulma çabalarını anlatan bilim kurgu filminde kullanılan cep telefonlarına, bızzt bızzt diye açılan otomatik kapılara şaşıp kalırdık. Gerçekten öyle şeyler olacağını düşünemezdik bile...

Oysa insanlık Kaptan Kirck'ünki kadar şık ve küçük olmasa da ilk takoz gibi, hala analog ama mobil ve 1.1. Kg ağırlığında, 10 saatte şarj olabilen, 30 dakikalık konuşma omru olan ilk mobil, taşınabllir telefonu 3 Nisan 1973'de, yani 7 yıl sonra Motorola'nın kıdemli mühendisi Martin Cooper'ın elinde gördü. **http://goo.gl/xaw2YE**

Takozdan sonraki kullanılabilir ve taşınabilir ilk telefon yani Dyna TAC 8000X'i Motorola 1983'de yaklaşık 4.000 $'a piyasaya çıkardı. Ancak bugünlere gelen yolu 1997'de üretilen efsane model Nokia 6110 açtı...

Motorola Star TAC

Uzay Yolu'nun telefonu

Yine aynı yıl Motorola Uzay Yolu'nun telefonundan esinlenerek yapılan StarTAC'i piyasaya sundu. 2G, 3G teknolojilere geçildi ve 2003'de Black Berry bugün salgın hale gelen "akıllı telefonların" ilk örneklerinden biri olarak müthiş bir performans sergiledi. Cep telefonlarının kullanım alanlarını değiştirdi.

2008'de Apple iPhone ile olayı bambaşka yerlere taşıdı.

Dokunmatik ekranlarda gezinen parmaklar "Azınlık Raporu" filminde gördüğümüz uçuk kaçık, parmak hareketleriyle bağlanma olayına ilk köprü oldu. Şimdi bu kitabı yazdığım sıralarda bunların hepsi artık normal. Hatta Google Glass'la başlayan furya, dijital bileklikler vb. giyilebilir teknolojileri hızla hayatımıza soktu.

GSM'DEN HOLOGRAMA GEÇİŞİN İŞARET FİŞEKLERİ ATILDI!

Şunun şurasında yaygın kullanıma geçileli daha birkaç on yıl olmasına rağmen bakın neler yaşadık, hangi noktalara geldik?

İletişimde ve sonra her şeyde oyunun kurallarını değiştiren internet-mobil teknolojilerinin gelişim tarihi ve kabiliyetlerine kısaca göz atalım:

1980'ler > 1G > Analog
1990'larda > 2G > Dijital
2000'lerde > 3G > Multi-Media - 200 kbit/s
2011'de > 4G All-Internet-Protocol, Ultra-Geniş Bant/Gigabit hız

Bu kitabı yazarken Türkiye ve dünyanın pek çok ülkesinde hala 3G hâkim yaygın ve zaten asıl sıçrama da 3G ile oldu. Anlık text-ses-fotoğraf-video (Multi-Media) paylaşımını mümkün kılan 3G, dünyanın şeklini, şemailini değiştirdi!.. Her şeyimiz, işimiz, özel hayatımız, tüm davranış ve tercihlerimiz etkilendi, farklılaştı. Bugünlere gelişi aslında bu etap tetikledi.

3G çıktığında o kadar sevinmiştim ki "**3G**'yi ben **"Gelecek Güzel Gelecek"** diye tercüme etmiş, her yerde bunu söyleye söyleye de yaymıştım. ☺ Hala da söylerim. Hatta sayı artıkça umutlarım, coşkum arttığı için şu hallere dönüştürürüm:

4G: Gelecek Geliştikçe Güzel gelecek
5G: Gelecek

Ne demek 4G? 3G ile erişilen hızın 10 kat daha fazlasına çıkmak demek!..

Ve biz daha 4G ye geçemeden, 5G nin ayak sesleri duyulmaya başladı. Güney Kore Hükümeti 5G'ye geliştirme ve 2020 ye kadar yaygın kullanıma geçiş için 1,5 Milyar Dolar başlangıç yatırımı yapacağını açıkladı. Bu kitap 2016-17 yılında yazıldı. Daha sonraki yıllarda okuyanlara zaman ayarı için hatırlatıyorum.

Peki 5G nin farkı ne?

40 dakikalık bir filmi 4G ile 40 saniyede download edebiliyorken,
5G ile 1 saniyede indirmek mümkün.

Anlayacağınız 5G, 4G'den 1000 kat daha hızlı bir teknoloji demek...

3G ile video izleyebilmeye başlamıştık. Ancak hız hala yeterli değildi. Sık sık kesilmeler yaşıyor, aynı anda başka video falan açamıyorduk. Skype düzgün çalışmıyordu. İşte 4G ile 3G de yaşadığımız tüm bu video indirme ve izlemedeki hız, kapasite sorunları halloluyor. Şimdi dakikalar süren video indirme süreleri 40 saniyelere iniyor.

Olay 5G ile tam kopuyor, kopacak! Düşünsenize 1000 Kat daha hızlı diyoruz... İndirme hızı 1 sn'ye düşecek diyoruz... Farkında mısınız bu nelere yol açar!

5G ile neler olabilir?
5G'nin dünyaya 2020'lerde iyice yayılması bekleniyor.

O hızda bir iletişimle nelerin, nasıl değişeceğini düşünmek bile zor... Düşünce hızımız, teknolojinin gerisinde kalıyor... Yine de hadi bir egzersiz yapalım...

40 dakikalık filmi 1 sn'de indirebildiğimiz dünyada neler yapabiliriz, hayal edelim;

+ Aklıma ilk gelen 3D uygulamalarıyla, holografik görselliğin getireceği, masal dünyasına benzer yepyeni bir evrene uçacağımız oluyor... 2045 Videosunda bahsedilen aşamalara doğru ilk adımları atacağımızı düşünüyorum... Şu videoyu da bu linkten **http://goo.gl/onIXqJ** veya QR koddan izleyerek **hologramlı dünya neye benzeyecek** diye hayallarinizi genişletebilirsiniz...

+ Çocuklarımızın mama sandalyesinde TV ya da tabletten tek boyutlu çizgi film izlemek yerine, ortalıkta sıçrayan tavşanları seyredeceğini hayal ediyorum. Hologram Mickey Mouse'ların odada dolaştığını, 3D oyunlarda oyuncularla omuz omuza savaşacaklarını görür gibi oluyorum...

+ Holografik müşteri servislerinin, teknik destek ekiplerinin bir saniyede yanı başımızda biteceklerini, bozulan cihazımıza bizimle birlikte eğilip bakacaklarını hesaplayabiliyorum.

+ Çağrı merkezlerindeki görevlilerle yan yana konuşacağımızı sanıyorum. Bu tür servisleri verenlerin artık sadece seslerinin değil, tüm görselliklerinin, duygu, enerji salınımlarının da iyi olması gerekecek. Daha üst seviyede kriterlere uyum sağlamak durumunda kalacaklar.

+ Sürekli aynı şeyler söylemek, yapmak için belli mekânlara sıkışıp kalan görevliler yerlerini hologram hizmetlilere terk edecek ve aileleriyle, sevdikleriyle daha fazla zaman geçirip, özledikleri şeyleri yapabilecekler diye umutlanıyorum.

Hatırlatırım; ben pozitif bakan bir fütüristim. Teknoloji bize insanlığımızı geri alacağımız kolaylıkları sağlasın isterim... Onun için de sürekli, yılmadan böyle şeyler düşünürüm:)

Kuşkusuz tüm bu gelişmelerin hologramların kötü amaçlar için kullanılacağına da aklım eriyor. Hologram hırsızların, uğursuzların, tacizcilerin olacağını da kurgulayabiliyorum. Ve zaten de onları düşünebildiğim için bu uğraşlar içine giriyorum...

"Aman millet! Bu gelişmeler kötücül kafaların, yüreklerin eline geçerse yanarız. Hadi gelin dünyada iyilik halinin çoğalmasına yayılmasına çalışalım. Yoksa film kopar, bunca emek bir kez daha boşa gider. Dünya, bir dünya savaşı daha kaldırmaz!" diye yırtınıyorum...

Çünkü eğer akıllı olmaz isek, Einstein'ın ünlü benzetmesindeki gibi; "Diyelim 3. Dünya savaşını yaptık, 4.sü kesin taşla sopayla olur!" Dünyayı o kadar sıfırlarız yani...

"Geleceği hiç düşünmem, nasıl olsa gelecektir."
-Albert Einstein

BELKİ DE ROBOTLAR BİZİM İNSAN OLMAMIZI SAĞLAYACAK!

Yakında robotik zekâ, insan zekâsıyla eşitlenecek, 10 kişiden yedisi işini kaybedecek ama bu durum insani değerlerin yükselişini sağlayacak. Daha doğrusu sağlayabilir...

Son dönemde yayımlanan pek çok araştırma önceki bölümlerde de belirttiğim gibi, **en geç 2050 yılına kadar insan zekasıyla robotik zekanın eşitleneceğini uzgörüyor.** Hâl böyle olunca, bilim kurgu filmlerinde gördüğümüz türden robotların gündelik hayatımızın parçası haline geleceğini tahmin etmek güç değil.

Tabii bu **"dost ve kardeş"** makina ırkının aramıza katılması, gündelik hayatımızı ve mevcut sosyo-ekonomik düzeni ciddi bir dönüşüme uğratacak.

Dünyanın en büyük elektronik imalat şirketlerinden Foxconn´un işçi çıkararak **bir milyon robot istihdam edeceğini** açıklaması ve ABD´deki bir araştırmanın **yakın gelecekte her 10 kişiden yedisinin robotlar nedeniyle işsiz kalacağını** ortaya koyması, dönüşümün boyutuna dair ilk göstergeler.

YERİNİ ROBOTLARA KAPTIRACAK YA DA YENİLENMEZSE İŞİNİ KAYBEDECEK OLANLARA BİRKAÇ ÖRNEK;

+ Şimdiden eğitim, ikram, ağırlama, sağlık gibi alanlarda pek çok insansı robot deneniyor. Bunlar, 10 sene içinde enikonu alıştığımız ve beraber yaşamaya başladığımız **"türler"** arasına girecekler. Diğer yandan tıpkı Sanayi Devrimi´nin ardından olduğu gibi, robotların devreye girmesiyle de insan emeği gerektiren işlerin çoğu yok olacak. **Gelecekte ancak meslek ve becerilerini yeniçağa uyarlayabilenler ayakta kalabilecek.**

+ **Giyilebilir teknoloji** alanı hızla gelişecek. Bir mont üreticisi hava sıcaklığını anlayan, ona göre ısıtıcı ya da soğutucu fonksiyonları devreye alan mont tasarlayamazsa, gelecekte satış yapamayacak.

+ **Eğer bir meşrubat ya da gıda üreticisi,** gelecekte kolestrolü düşüren, tansiyona iyi gelen, bir sürü vitamini içeren nano ve biyoteknoloji şaheseri bir takım içecek ve yiyecek üretimine geçiş yapamaz ise oyun dışı kalacak.

+ Kısacası **başta gıda ve ilaç sektörleri olmak üzere** pek çok sektör bütünleşecek, iç içe geçecek. Her şeyin dijitalleştiği yeni dünyada en çok ihtiyaç duyulacak mesleklerse kod yazarlığı, developerlık, dijital grafik tasarımcılığı, kreatif/artistik tasarımcılık olacak."

+ **Beyaz yakalılarda, kurumsal çalışanlarda "işsizlik" 2020'lere doğru ciddi şekilde hissedilecek.** Hatırlatırım, 2012´lerden beri Batı'daki **"gelişmiş"** dediğimiz bölgelerdeki en sıcak gündem, bazı ülkelerde yüzde 25´lere varan işsizlik oranları yaşandı. Oranlar daha da artacak. Aslında son yıllarda yaşanan toplumsal karmaşaların, milliyetçilik, dikatatörlük, göç dalgalarının altında yatan neden de bu. Dünya değişiyor, daha doğrusu dönüşüyor, inanılmaz bir evrim geçiriyor. **Sosyo ekonomik, jeo politik fay hatlarında kırılmalar, çatlamalar başladı.** Biz bunları "hepimiz delirdik", "dünyanın çivisi çıktı" vb. diye yorumluyoruz. **Oysa hepsi değişimin, dönüşümün sancılı devinimleri...**

+ **Eskiden filmlerde robotların insanlığı yok etmeye çalışacaklarını anlatan senaryolarla karşılaşırdık.** Şimdiyse robotlar pek çok filmde, reklamda insana dost, sevimli arkadaşlar, yardımcılar olarak yansıtılıyor. Açıkçası ben insanların robot gibi çalışması yerine, robotların insanlara hizmet ettiği bir dünyayı yeğliyorum. Böylece tekrar özümüze, insan olmaya dönebileceğimize inanıyorum. Umarım insani değerleri ön plana alan kişiler olmayı başarabilir, kaynakları adil bölüşerek çabalarımızı insanlığı sürdürülebilir yükselişine kanalize edebiliriz. Çok geç olmadan...

+ Dünya değiştikçe, bedensel olarak yeni koşullara uyum sağlayacağız. İnsan ömrünün bundan sonraki nesiller için 30-40 sene uzadığından bahsediliyor. Sadece bu bile ne kadar çok bünyesel değişikliğin bizi beklediğine dair bir işaret.

RİNSANLI DÜNYA

Her şeyin robotlar tarafından yerine getirildiği bir dünyaya ne kadar yakınız?

Rinsan, başına Robot'un R sini koyarak oluşturduğumuz bir kelime. Robot, insan bütünleşmesine gönderme. **"Rinsan"**laşan geleceği algılamaya yardımcı olmak için uydurduğumuz bir tanım.

Bilgisayar, internet ve GSM tüm yaşamımızı uzgöremeden değiştirdi. Onların ne yapacağını pek hesaplayamadan ilerlemek zorunda kaldık ama bu sefer öyle değil!

Robot devrimi göstere göstere geliyor... Her yanımız hızla **Rinsanlarla** doluyor, dolacak.

Bu sefer daha akıllı olup, önlem alıp, geleceği bizim istediğimiz gibi şekillendirme inisiyatifimizi kullanmalıyız...

Gazeteci Şule Güner; çok güzel ve değerli bir aktarım yapmış, aşağıda aynen paylaşıyorum. Dikkatlice okumak lazım... **https://goo.gl/2fKFsD**

İnsansı robotlar, sinek robotlar, ameliyat yapan robotlar...

Bu konudaki araştırmalar, 2025´te ABD´lilerin yarısının, yaptıkları işi robotlara devredeceğini gösteriyor. En sevdiğim film **Wall-E**´de eski model bir robot, uydu ve metal çöplüğüne dönen insansız dünyada "kendi dünyasında " yaşıyordu. Gönlünü kaptırdığı ileri teknoloji robotu Eve´in peşine düşüp uzay boşluğunda sürüklenirken, kendini başıboş gezinen uydulardan sakınıyordu.

Çok değil, birkaç yıl önceki kurgu, takip eden yıllarda gerçekleşti. Önce NASA´ya ait UARS Kanada´nın Calgary kenti yakınlarına ve bir ay sonra da Alman uydusu ROSAT Asya´nın güneydoğusunda bir yerlere düştü.

Bu aklıma şu soruyu getirdi: Wall-E´de olduğu gibi, her şeyin robotlar tarafından yerine getirildiği bir dünyaya ne kadar yakınız?

Bir insan gibi şarkı söyleyen, mimik yapan; iz süren, ses ve görüntü kaydetme gibi ajanlık işlerini yerine getiren sinek robotlar; Vinci isimli ameliyatlara giren; bir suşi restoranında garson olarak hizmet veren robotlar var.

Benim de robotların dünyamıza veya günlük yaşantımıza ne kadar dâhil olacağı kehanetinde bulunmam yanlış olur ama robotlarla ilgili istatistikler tutan, piyasa analizinde bulunan, örnek olay incelemesi yapan ve **robotlara yapılan yatırımın kârlılığını araştıran Almanya´da IFR İstatistik,** ABD´deyse Focus ve Smart Planet isimli dünya teknolojileriyle ilgili bilgi veren internet sitelerine ait bazı veriler var.

Smart Planet´in öngörüsü şu: Dünya bir robot devriminin eşiğinde...

Çünkü artık tüm dünyada robot teknolojisi araştırma maliyeti düştü. İşte bu nedenle robotların önümüzdeki on yıl içinde yarattığı değişim, son 30 yıldır gelişen bilgisayar ve internet teknolojisinin yarattığı etki kadar öngörülemez olacak.

İşleri Kapacaklar!

Ekonomik adaletsizlik ve işsizlikten şikâyet eden Occupy Wall Street hareketinin öncüsü Amerikalılar, belki de değişimden en çok etkilenen millet olacak. Tahminler o ki **2025´te Amerikalıların yarısı işlerini robotlara devredecek.** Robotların bizim için çalışacağı fantezimiz belki de tersine dönecek, biz robotlar için çalışabiliriz. Sizi korkutmak falan istemiyorum.

EN ÇOK ÇİN VE GÜNEY KORE ROBOT ALIYOR...

+ **World Robotics raporlarına göre, endüstriyel alanda kullanılan robot satışı, her yıl katlanarak büyüyor.**

+ Asya'da rekor seviyede artışlar gözlemleniyor. En çok Çin, Güney Kore, Hindistan, Ruysa ve Güneydoğu Asya ülkelerine robot satılıyor.

+ Robot şirketlerinin piyasa değeri ekponansiyel biçimde artıyor.

+ Robot teknolojisinde en büyük teknolojik devinim otomotiv ve elektrik - elektronik sektöründe etkili oluyor.

ENERJİ DEVRİMİ

Buraya kadar olan bölümlerde daha çok dijitalleşme, robotlar, hologram sistemler, yapay zekâ vb. den bahsettik. Nano ve genetik teknolojilerin tetikleyici, dönüştürücü etkilerine değindik.

Ve ufak ufak ön hazırlığı tamamlayıp, lafı şuraya getirdik;

Dünya eş zamanlı 3 büyük, devrimsel dönüşüm geçiriyor:

1. Dijital devrim
2. Robot devrimi ve
3. Enerji devrimi

Aslında bir 4. sü daha var: Yeni Uzay Çağı... Artık onu kapsam dışı bırakıyorum, çünkü bir de oralara girersem bu kitap bitmez. Ancak şu yazıyı **http://goo.gl/CyyaXf** okuyarak ufak bir giriş yapabilirsiniz ☺

Şimdi hatırlayalım: **Büyük Fütürist Alvin Toffler ne demişti?**

3. Dalga Hepimizin bu meseleleri daha net görmesini, daha sağlıklı analiz yapmamızı sağlayan müthiş bir kaynaktır.

"21. Yüzyılın cahilleri,
okuma-yazma bilmeyenler değil;
okumayanlar, öğrendikleri yanlış
bilgileri değiştiremeyenler
ve yeniden öğrenemeyenler olacaktır.
Alvin Toffler

YENİ GELECEK ALGISI

Yenisinden önce, bildiğimiz, kabullendiğimiz, **eski gelecek neymiş, nasıl algılıyormuşuz** üzerinde konuşalım biraz...

Bugüne kadar geleceğe şöyle bakardık; sanki bir yerlerde oluşmuş, bizi bekliyor. Biz de ona doğru gidiyoruz. Onu daha erken görenler, gidip bakıp gelenler ve gereklerini erkenden yapanlar daha başarılı oluyor!

Daha zengin, daha ünlü, sıra dışı, "WOW!", ya da kısaca başarılı dediklerimizse:

- Onlar kazananlar, çünkü geleceği okuyorlar, geleceği görüyorlar vb.

türünde bir sürü tanım atfediyoruz. Ve bunu yaparken aslında;

- Gelecek zaten olmuş, biz de ona katılıyor ya da katlanıyoruz...

türünde edilgen bir kabulleniş içinde oluyoruz.

Adeta: "O, yani gelecek, zaten kendi kendine oluyor ki, geliyor ki... Ben/Biz ne yapabilirim/z ki?.. Elden ne gelir ki?.." gibi çaresizlik ifadeleri sıralıyoruz. Bir anlamda meşhur "Urfa'da Oxford vardı da gitmedik mi?" söylemi gibi "sanki gelecek değişebiliyor da biz değiştirmiyoruz?" açıklamaları ile geleceğe etki edebileceğimiz olasılığını yok saymak istiyoruz... Kaderciliğe "ama-fakat-lakin" lerin konforlu kolaycılığına sığınıyoruz.

Oysa öyle mi? Gelecek değişmez mi sahiden?
Tamam, geleceğin etkileyemeyeceğimiz tarafları var. Henüz ne olduğunu çözemediğimiz evrensel bir sistem çalışıyor ama tercihlerimizle etkileyebildiğimiz tarafları olduğunu da anlatan pek çok bilimsel çalışma, örnek biliyoruz artık.

En önemlilerinden biri: **"Çekim Yasası..."** Buradan izleyeceğiniz video ile **https://goo.gl/43v7wd** (yanda da QR kodu var) tercihlerimizin yaşamımızı hatta evrensel boyutta hayatı nasıl değiştirdiğini, değiştirebileceğini fark edeceksiniz. Benim en etkilendiğim ve düşünce sistemimde sıçramalara sebep olan önemli kaynaklardan biridir. Dikkatle izlemenizi, önceden seyrettiyseniz, tekrar seyretmenizi hararetle öneririm.

EĞER GELECEĞİ ETKİLEYEMİYOR OLSA İDİK...

Tercihlerimiz, bilinçli kararlarımız ve onlarla olumlu ya da olumsuz değişen hayatlarımızı nereye koyacağız o zaman?

İçimizden bir ses: "Onu yapma, şunu yap – oraya gitme, bu tarafa git – öyle davranamamalı, böyle olmalısın vb." diye sessiz çığlıklar atarken verdiğimiz kararlar, seçimlerimiz ve attığımız adımlarla iyiye, kötüye doğru değişen geleceğimizi nasıl izah edeceğiz?
İnsanlık daha doğru, iyi, yararlı yapacağından, adımlarını atmadan önce emin olabilmek için **antik çağlardan bu yana; pek çok bilim, parapsikoloji ya da bilimdışı, henüz izah edilemeyen bir takım yollarla** çıkarımlar yapmaya, bu çok hayati bilgiye erişmeye çalışıyor.

Ünlü komutanların, iş adamlarının, sıradan insanların, politikacıların sanatçıların astrologların; kâhinlerin, falcıların kapısını arşınladıkları bin yıllardır sır değil. Bu alanlar çoktan, kocaman sektörlere dönüşmüş durumda. İlerlemeden önce geleceği bilmek istiyoruz...

Bu bilgiye ihtiyacımız olduğunu daima hissediyoruz... Bir yanımız geleceğin değiştirilemeyen oluşmuş bir şey olduğunu söylerken, öte yanımız da geleceği değiştirebilecek bilgileri keşfetmeye çalışıyor...

Eğer değiştiremeyeceğimizi kesin olarak kabul etmiş olsa idik bu kadar bilgi toplayıp ona göre hareket etme gayretimiz de olmazdı. Demek ki geleceği, hayatlarımızı değiştirme olasılığımız var...

İşte Fütürizm geleceği değiştirebiliriz, etkileyebiliriz olasılığından yola çıkarak, olumlu – olumsuz ihtimalleri anlamaya ve paylaşmaya gayret ediyor.

GELECEK BİLGİSİ NASIL BİR BİLGİ, FÜTÜRİSTLER NEDEN ve NE YAPMAYA ÇALIŞIYOR?

Tüm çabalara rağmen, insanlık henüz "gelecekte neler olacağını" tam olarak bilme meselesini çözemedi; bu bir gerçek, ancak özellikle son 100 yılda, geleceğin değiştirilebilen, etkilenebilecek kısımlarının olduğunu da artık bilimsel olarak keşfetmeye ve kabul etmeye başladı. **Ki bunun üzerinde çalışanlara "Fütürist-Gelecekçi" deniyor.**

Kısacası, tam olarak bilinemese de Fütüristler için **gelecek, tarihte yaşananlar için yaptığımız gibi,** bir takım çıkarımlarla "ön" değil, **"uzgörülmeye"** çalışılıyor. Daha iyi bir gelecek için planlar, stratejiler bunları esas alarak geliştiriliyor.

Fütüristler: **"Gelecek tahmin değil tarif edilebilir."** ilkesini benimsiyor.

Fütüristler **"uzgörü** (foresight)" ile **uzak geleceğe, uzmanca, uzlaşı**** ile bakarlar ve buluşçu fikirlerle çıkarımlar, trendler, stratejik planlamalar yapmaya yarayacak bilgiler üretirler.

Bu linkten ve yandaki QR koddan
uzgörünün ne demek olduğunu
izleyebilirsiniz
http://goo.gl/XnEHHT

Bunları daha iyi bir gelecek kurgulamak için bireysel, kurumsal, toplumsal ve evrensel ölçekte kullanılabilir hale getirirler. Bir anlamda bu kitap da bu çabalardan bir tanesi, hatta Türkiye'deki ilk örnektir.

Her şeyden önce gelecek algınızı ve bilginizi değiştirmelisiniz...

Buraya kadar olan kısımda değişim, değişmeye mecbur olduğumuz, bundan neden korktuğumuz, korkmamıza rağmen değişme çabalarımız, geleceği oluşmuş, statik zannedişimiz ve geleceği bilme gayretlerimiz hakkında yazdım.

**Burada "uzlaşı" ile kast ettiğim; disiplinler arası, zamanlar arası ve insanlar + şeyler arası uzlaşıdır.

Bugüne kadar geleceği sanki oluşmuş ve bizim tahmin edebileceğimiz statik bir şeymiş gibi düşünüyor, karşısında el pençe divan, edilgen duruyorduk. Başarı tariflerimizde hep **"geleceği görmek, öngörmek, tahmin etmek, okumak** vb." yeteneklerden bahsedip, bunlara sahip olanları avantajlı diye kabul ediyorduk. Daha çok kaderci yaklaşıp, geleceği değiştirmenin pek mümkün olmadığına inanıyor ya da öyle sanmanın kolaycılığına kaçıyor, sığınıyorduk.

Oysa şimdi, eriştiğimiz bilgi, akıl seviyesi ve teknolojik olanaklar ile anlıyoruz ki gelecek pek öyle bizim sandığımız gibi, bizi bekleyen bir yer, varış noktası değil. Kuşkusuz geleceği hala tam olarak bilemiyoruz. Değiştiremeyeceğimiz ya da anlayamadığımız, henüz keşfedemediğimiz faktörlerle işleyen, kontrolümüzün dışında kalan kısımları var. **Ancak artık geleceğin kontrol edebileceğimiz, tasarlayıp istediğimiz şekilde geliştirebileceğimiz bir tarafı olduğunu da anlıyor, öğreniyoruz.** Geleceğin tercihlerimizden müthiş etkilendiğini, sürekli, akışkan ve bizim tarafımızdan gidişatı etkilenen dinamik bir süreç olduğunu fark ediyoruz...

Hala pek çok bilinmeyeni, karanlık noktası olan geleceği, yapılan fütürist çalışmalarla sisli, puslu, karanlık, yağışlı bir yolda giderken sis lambalarıyla önümüzü aydınlatmaya çalıştığımız **gibi aydınlatmaya, tehditlerini, fırsatlarını, olasılıklarını görmeye** çalışıyoruz. Senaryolar kurgulayıp gelecek üzerinde çalışmalar yapıyoruz.

Amaç: Daha iyi bir gelecekte daha mutlu insanlar haline gelmemiz.

Şu yazıları da okumanızda yarar var:
http://goo.gl/jZCUwr ve http://goo.gl/nZJNTx

" Benim gibi fiziğe inananlar geçmiş, şimdi ve gelecek arasındaki ayırımın kalıcı ve inatçı bir yanılsama olduğunu bilirler...
-Albert Einstein

BİR TEK ÖLÜME ÇARE YOK! O DA HENÜZ...

Kazıyın parıltılı ambalajları... Görün o en özendiklerinizin altından bile çıkacakları... Akan katranları, utançları, pişmanlıkları, mutsuzlukları, gözyaşlarını, keşkeleri...

Bir tek ölüme (o da henüz) çare yok! Eğer ölmediyseniz hayatta iseniz demek ki hala yapabileceğiniz çok ama çok şey var. O halde davranın, silkelenin ve okumaya devam edin. Yeterince istersek her şey mümkün...

İnanmıyorsanız QR kodu okutun ya da bu linke **(http://bit.ly/1ijhGA3)** gidin ve şu videoyu seyredin.

Umarım ve dilerim herkes ciddiye alır, daha iyi bir geleceğe sıçrar...

Şans, fırsat ve sıçrama tahtası...

Ve bence bu fırsatı kesinlikle kaçırmayın, dikkate alın! **Anthony Robins'in şu sözünü hatırlatmak isterim; "Hazırlıklı olarak fırsatla karşılaşmak, şans dediğimiz sıçrama tahtasıdır..."**

İşte belki bu kitap sizin için o sıçrama tahtasıdır.

Belki şu anda bunu okuyor olmanız o kadar da tesadüf değildir...

Belki o hep beklediğiniz fırsattır! Hayatınızı değiştirecek dönüm anınızdır...

Çıkın üstüne, zıplayın ve aslında sizi müthiş fırsatlarla bekleyen yeni geleceğinize sıçrayın!.

"Benim için hazırlıklı olarak fırsatla karşılaşmak,
şans dediğimiz sıçrama tahtasıdır ...
-Anthony Robins

T-İNSAN

GELECEĞE HAZIRLIK...

MEGA, HİPER ve TEKNOLOJİK TRENDLER
GELECEKLE GELECEKLER
GELECEK PEŞİMİZDE!

KRİZ EDEBİYATINA, MAZERETÇİLİĞİNE SON VERMELİSİNİZ!

Buraya kadar anlattıklarımın amacı zihinsel mayalanmaya yardımcı olmak idi:

Değişimin kaçınılmazlığını anlamaya,

T-İnsan olmak için gerekecek temel, kavramlara, tanımlamalara ve yeniden anlamlandırılacak konulara, ortak bakış açılarına ve yöntemlere girizgâh

Ön hazırlık

Daha iyi bir gelecek inşa ederken farkındalık dediğimiz subasman katını oluşturmak idi...

Değişimin nitelikleri ve nedenlerine dair pek detay yoktu...

Buradan sonrasında, önce gelecekle geleceklere ve tüm bu hazırlık telaşına neden olan faktörlere:

İşin bu kadar hızlı ve ani gelişmesine neden olan sebeplere

Dönüşümü, evrimi hatta transformasyonu tetikleyen unsurlara durumlara **bakacağız...**

"Geçmiş, bir başlangıçtır."
-Shakespeare

Çünkü hepimiz biliyoruz ki **nelerin, neden olup, bittiğini anlamadan, geleceğe dair sağlam adımlar kurgulamak** pek de mümkün değil.

BİZİ BUGÜNLERE GETİREN EN SON GELİŞMELER, HER ŞEY YAKIN TARİHİMİZDE ŞÖYLE BAŞLAMIŞTI;

2008 yılı tüm dünyanın büyük finansal krize girdiği, kriz lafının ağzımıza pelesenk olduğu, ruhumuzda depresyon katsayısının arttığı bir dönemdi.

Resmi başlama vuruşu ünlü Lehman Brothers'ın iflası ile yapılan ve 25 bin kişinin bir gecede işsiz kaldığı büyük trübülans zamanı olarak Wikipedia da yerini alan zamanlardı...

Tarihe; **Kara Pazartesi** diye geçen günlerin yaşandığı, borsa oyunlarının, finans cambazlıklarının, Wall Street balonlarının çöktüğü yıl olarak yazıldı.

2008 ve sonrası önce büyük finans kuruluşlarının ve sonra da başka sektör devlerinin binlerce kişiyi işten çıkardığı, orta ve küçük ölçekteki, özellikle sanayi sektöründe faaliyet gösteren yüzlerce şirketin peş peşe iflas ettiği, binlerce kişinin ser sefil olduğu büyük ekonomik çalkantı dönemidir...

Günah Keçisi: Her şeyin sebebi "Global Finansal Kriz" dendi ve kurtulduk mu?

Global finansal kriz 2008'de Amerika'da patladı ve hızla tüm dünyaya yayıldı 2009'da işsizlik dünyanın en önemli ''ortak'' sorunu haline geldi. (ki hala öyle ve giderek de artacak!)

Krizin günah keçisi olarak "finans sektörünün türev piyasalarda yaptığı oyunlar ve bu sektörün parlak liderleri" ilan edildi.

Kriz tescillendi, kabul edildi. 2009'da teğet geçiyor, U yapıyor, V gibi, yok yok daha çok W gibi görünüyor, L'ye benziyor, I şeklinde çakılıyor derken, onunla ve ona rağmen yaşamaya da zaman içinde alışıldı.

Yaklaşık iki-üç yıl süren kurtarma operasyonları, çare arayışları pek işe yaramadı. Ne ABD'de ne de diğer ülkelerde, ekonomiye can suyu olmanın ötesinde ivme kazandırılamadı.

Üzerinden yıllar geçti, bir daha asla eski seviyelerde istihdam yaratılamadı.

Eski model işlere, yeni işe alımlar mümkün olamadı. Sürdürülebilir modeller üretilemedi. Evlerdeki ocaklar söndü, zengin-fakir uçurumu büyüdü, evsizler ordusu en gelişmiş ülkelerde bile ulusal sorun haline geldi. Yüreklerdeki ateş iyice harlandı, güçlendi. **Tükenmişlik (Burn Out Syndrome)** ve **FOMO (Fear of Missing Out Syndrome)** Sendromları gelişti **(http://goo.gl/fRIOU8).**

Hemen her ailede en az bir kişi işini kaybetti ya da potansiyel işsizlik korkusu ile kıvranmaya başladı. Her dört kişiden biri iş arar hale geldi.

Kriz sonrası avunmalar, klasik savunmalar...

"Tamam, bu seferki öncekilere hiç benzemeyen çapta, şekilde ve derinlikte bir kriz, ama ohhoo!.. Dünya ne krizler gördü, hepsinden de çıktı, bundan da çıkacak, sabırlı olmak lazım..." ya da

"Her kriz fırsattır, şimdi bak ne fırsatlar çıkacak, onları kollayalım, yakalayalım."

Diyerek büyük vole vurmaya ya da ağabeylerin istihdam yaratacak çareler bulacağına inançla, çaresiz ve huzursuz bir bekleme durumuna geçildi.

Çoğunluk, krizden ne zaman çıkılır tahminlerini kaçırmamaya çalışarak yaşamaya devam etmeyi benimsedi...

Oysa bu sefer işler pek de önceki krizlerde olduğu gibi bir türlü, alışılagelmiş eski usul yöntemlerle, "old school – eski okul" öğretileriyle çözülemedi. Dünya bir türlü durulmadı.

Güç dengeleri el değiştirmeye "gelişmekte olan ülkeler" denen ve başı Çin'in çektiği, içinde Türkiye'nin da olduğu bir gurup ülkede **sıcak para trafiği ile hormonlu büyümeler** gözlenmeye başlandı.

VE SONUNDA HERKES FARKINA VARDI; YAKIN GELECEKTE TOPUN AĞZINDAKİLER BEYAZ YAKALILAR OLACAKLAR!..

İleri sanayi ve bilgisayar devriminden sonra gelişen bilişim çağında mavi yakalıların canı yanmış, pek çok mavi yakalı işsiz kalmıştı.

Şimdi de sıra beyaz yakalılara, bilgi işçilerine, plaza çalışanlarına, kurumsal kölelere geldi.

Dijital Çağa geçerken, robotlarla iş tutarken, yenilenebilir enerjilerle tüm üretim, dağıtım, satış ve maliyet süreçlerini başkalaştırırken işini kaybedenler arasında maddi, manevi en büyük hasarı alacak olanlar; **üst ve orta gelir grubu, kurumsal şirketlerde çalışan profesyoneller olacak.**

Bundan sonraki süreçte de ve üstelik artarak kitleler işsiz kalacaklar...

Eğer hazırlık yapmazlarsa... Eğer bu kitapta anlatılanları, **T-İnsan** olmayı ciddiye almazlarsa...

Neden "üst ve orta gelir grubu, kurumsal şirketlerde çalışan profesyonellerin canı daha çok yanacak" diyorum?

Çünkü bu kesim oldukça borçlu. Ayrıca statü ve maaşa bağımlı bir yaşam kurgusuna sahip. Ekonominin ve hayatın yükünü aslında onlar taşıyor.

Daha düşük seviyelerdeki çalışanların ise borçluluk, yatırım miktarları çok daha az, beklentileri mütevazı, işsizlik sigortası olanaklarına daha yakınlar ve ufak rakamlara dudak bükmüyorlar.

Yerel belediyelerin, STK ların geçim destek imkânlarından (yiyecek, yakacak, barınma vb.) yüksünmüyorlar. Bu yüzden, onlar zaten eskiden de pek parlak durumda olmadıklarından kayıpların etkisi bu kesimlerde daha uzun döneme yayılarak hissedilecek görünüyor.

Bu nedenlerle tam anlamı ile topun ağzında olan beyaz yakalıların ekonomiye katma değer sağlayan işler edinmeleri, gelecekteki her türlü gelişme ve huzurumuz için en kritik faktör.

Onun için özellikle kurumsal alanda çalışanların ya da kurumsal şirketlere iş yapanların olanı biteni ve geleceği çok daha sağlıklı değerledirmesi, geleceğe hazırlık yapma meselesini çok önemsemeliler.

Mavi yakalılar zaten yıllardır iş kaybetmeye alışık. Şimdi sıra beyaz yakalılarda...

Şunu demek istiyorum: Örneğin, tekstil sektöründe 200,000 mavi yakalı işini kaybettiğinde nispeten hafif bir dalgalanma olurken, aynı büyülükte bir işsizliğin bankacılık veya beyaz yakalıların yoğun olduğu sektörlerde olması halinde **satın alma gücündeki büyük azalma, ortalığı darmadağan eder.**

Ve bu kaçınılmaz biçimde olacak... Beyaz yakalıların pek çoğu işsiz kalacak. Çünkü onlara ihtiyaç kalmayacak. Ya da onlar kendilerini yenileyemedikleri için ihtiyaçları karşılayamayaklar...

Ve girişimci, kontrat bazlı servis, hizmet sağlayan olmak zorunda kalacaklar...

İşte bu kitaptaki amacım; herkesin "zorunda kalmadan" değişip, dönüşebilmesi...

PEKİ O ZAMAN: NELER OLUYOR, OLACAK? NELER YAPILMALI?

"Yanlış soruya, doğru cevap bulamayacağımız." gerçeğinden hareketle:

İlk önce **"istihdam nasıl artar?"** kafasını değiştirmemiz, kök nedene, soruna inmemiz lazım. **"İstihdam, iş sahibi olmak neden sorun oldu, olacak? Bu sorun nasıl çözülür?"** dememiz lazım.

Artık yeni bakış açılarıyla: Neler değişti, değişecek? **Yaka renkleri ne anlama gelecek?** Daha doğrusu **yaka rengi kalacak mı?** Gibi soruların yanıtlarına odaklanmalıyız.

Bence kendisi de tipik bir **T-İnsan olan Sevgili Serdar Kuzuloğlu'nun** aşağıdaki link ve QR koddaki yazısını okumanızda büyük yarar var. Diğer yazılarındaki gibi, bunda da neler yapılması gerektiğine dair pek çok yararlı işaret, saptama bulacaksınız.

İlerleyen bölümlerde ise zaten ne yapmanız gerektiğini çok net anlatacak ve çıkış yoluna dair çok somut ipuçları vereceğim. Ancak önce buraları okuyarak konunun önemini ve aciliyetini iyice anlamalısınız.

Kendinizi yeni bir size dönüştürmek, hayatınızı, geleceğinizi yeniden ve daima hep daha iyiye doğru yapılandırmak için çok disiplinli çalışmanız gerekecek.

Bu da ancak: "Tam inanır ve odaklanırsanız!" olacak. O yüzden nedenler içinize iyice sinmeli, içselleşmeli...

Bir an önce: "Genel dünya kriziymiş, son trendmiş işte! Siz söylüyorsunuz... Bir bana mı? Herkes etkileniyor... Elle gelen düğün bayram..." kafasından çıkmalısınız!..

http://goo.gl/tpNNtN

ÇÜNKÜ KRİZ YA DA BASİT BİR TREND DEĞİL, RESMEN EVRİM GEÇİRİYORUZ!

Bir kere bu olup bitenlerin **kriz değil, nano ve genetik teknoljilerin tetiklediği çok radikal, devrimsel, yeni bir evrim ve uzun sürecek dönüşüm çağının trübülansı** olduğunu artık algılamak ve fark etmek gerekiyor.

Her türlü çalkantıyı, finansal piyasalardaki çalkantılara, dünyanın sosyo politik devinimlerine endekslemek veya kriz nedeniyle dar boğaza girildi, onun için şimdilik iş olanakları daraldı, ama kriz geçince yine her şey düzelecek zannetmek ya da devlet büyükleri mutlaka istihdam yaratacak ekonomi programları, finansal, ticari formüller bulacak diye düşünmenin kolaycılığına kaçmak büyük hata ve yanılgı olur.

Yaşananlar ve daha da yaşanacaklar çok büyük bir çağ değişiminin doğal gerçekleridir. **Bilgi Çağının, Dijital- Siberbasyon-Akıl-Zeka çağı ile yer değiştirmesinden dolayı oluşan gerginliğin** sonuçlarıdır.

Ve bu ilk değildir. Değişim, evrim, süreklidir...

Hatırlayalım:

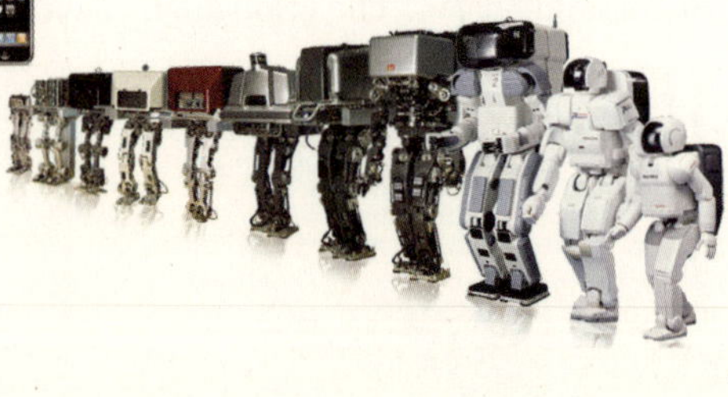

Tarımdan sanayiye geçerken, mavi gömlekli sanayi çağı işçileri, tarım çalışanlarının yerini almıştı ve çiftçilerin çoğu yeni yetkinliklerle fabrika emekçilerine, tüccarlara, şehir insanlarına dönüşmüştü.

Sanayiden, ileri sanayi ve sonrasında bilgi toplumuna dönüşürken de beyaz yakalı ofis, kurumsal alan çalışanları, üretim, montaj makineleri ve teknoloji; mavi yakalıların yerini almış, onları fabrikaların dışına taşımıştı.

Tüm bu yer değiştirmelerde dünya birbirine girmiş, sıcak/soğuk savaşlar, 1929-30 buhranı, büyük çalkantılar yaşanmıştı. Yeni düzeneklere adapte olamayanlar, yetkinliklerini geliştiremeyenler istihdam piyasasının dışında kalmıştı. **Mavi önlüklü emekçilerden beyaz yakalı bilgi işçilerine dönüşemeyenler işsiz kalmıştı.**

ŞİMDİ DE AYNISI OLUYOR BİR FARKLA...

Artık işe akıllı sistemler, robotlar da karışıyor... İnsanlık Singularity'e (Tekillik) dönemine ilerliyor...

Bu iş transferleri, yaka rengi değişimleri hızlanacak, etkileri daha da büyüyecek ve yaygınlaşarak gelişecek. Çünkü bu seferki yer değiştirme sadece insanlar ve yaka renkleri arasında değil; **tarım işçileri, mavi gömlekli emekçiler, beyaz yakalı çalışanlar, robotlar ve dahi akıllı sistemler** diye sayabileceğimiz oldukça farklı ve kozmopolit bir kalabalık arasında olacak.

Nano teknoloji ve genetik gelişmeler; bugün insan çalışmasını gerektiren, kol-bilek gücü, **alın-akıl teri gerektiren tüm işleri** robotik, akıllı sistemler ve yazılımlarla yapılır hale getirecek. **Yetkinliği değişmiş insanlar yalnızca birbirlerinden değil, robotlar da insanlardan rol çalmaya başlayacak!..**

Ray Kurzweil'in başını çektiği Singularity ile 2050'lere kadar; yapay zekânın insan zekâsının ötesine geçerek, medeniyeti ve insan doğasını radikal bir biçimde değiştireceği düşünülüyor. Bunu enine boyuna, önceki bölümlerde anlatmıştım. Dönüp tekrar bir bakın isterseniz.

Bizzat T-İnsanların geliştirdiği zekânın insanlığın tasavvur edebileceğinden daha üstün kabiliyetli olabileceği, insanlarla şeylerin bir arada uzlaşarak yaşamak durumunda kalacağı ifade ediliyor. Tersini ise kimse düşünmek dahi istemiyor...

GELECEĞİN FABRİKALARINDA 1 (BİR) KİŞİ ÇALIŞACAK

2008 küresel krizini önceden tahmin etmesiyle ünlenen 'kâhin' lakaplı New York Üniversitesi Profesörü Nouriel Roubini üçüncü sanayi devrimi (ki bazıları da dördüncü diyor) ile birlikte **geleceğin fabrikalarında 1 (bir) işçi çalışacağını sık sık söylüyor...**

Roubini **doğru politikalar uygulanmazsa dünyanın büyük bir işsizlik problemi ile karşı karşıya kalacağını savunuyor.**

Project-Syndicate sitesinde yazı kaleme alan Roubini **Üçüncü Sanayi Devrimi olarak adlandırdığı yeni üretim tekniklerinin sanayi üretimini kökünden değiştireceğini** uzgörüyor. Ki bunu ve takip eden satırlarda yazanları aslında sadece o değil, benim de içlerinde olduğumuz hemen tüm fütürist çalışma yapanlar, uzmanlar, akademisyenler yıllardır vurguluyor.

Özellikle robot ve otomasyon alanındaki gelişimlere dikkat çeken Roubini "Geleceğin fabrikalarında sadece 1 işçi ve binlerce robot olacak. 3D yazıcı teknolojisiyle birlikte gelişecek yazılımlar yetenekli çalışanlara kapıları açacak. Ancak istihdam yaratma odaklı ekonomik stratejiler uygulanmazsa işgücü talebinin yönü belirsiz olacak." diyor.

Dünyanın ilk kez bu problemi yaşamadığını 19. ve 20. yüzyılda yaşanan gelişmelere karşı endüstrileşmenin kötü yönlerinin minimize edilmeye çalışıldığını belirten Roubini; Üçüncü Sanayi Devrimi ile aynı problemlerin yeniden karar vericilerin karşısına çıkacağına dikkat çekiyor.

Roubini, işini yazılım ve robotlara kaptıracaklara gelir yardımı desteğinin önemli bir politika olacağını belirtiyor. Doğru politikalar uygulanmazsa dünyanın büyük bir işsizlik problemi ile karşı karşıya kalacağını savunuyor.

%1000 katılıyorum. Zaten onun için bu kitabı yazıyorum... Hazırlanmanıza yardımcı olmak için...

Aşağıdaki videoları lütfen izleyin, yazıları okuyun.
Ve daha şimdiden işe alınan robotlarla tanışın...

http://goo.gl/Hmd7Bc http://goo.gl/RxsmkU http://goo.gl/5jl5bg

KAFALARI RESETLEMEK LAZIM...

Tüm bu gelişmelerin yansımaları çok çok kısa özetlerle aşağıdaki gibi olacak:

- Artık tek bir yerden ücret alarak, maaşlı çalışmak out! Halen olanlar doyurmuyor, olsa da sürekliliği garanti değil, olmayanlar ise zaten yok!

- Bundan sonra; **"iş çeşitliliğini, becerileri artırmak", "yeni alan, konu, kendi işini yaratmak"** para kazandıracak. Bir konuda uzman olan, fark ve benzersiz değer üreten; bunu, tek bir yere ücretle vermeyecek de pek çok yere esnek zamanlı, kontratlı, proje bazlı, saatlik, günlük, aylık, yıllık, dönemsel vb. modellerle satacak.

- Ev ofis, ortak ofis, geçici ofis, sanal ofis, her-yer ofis, her ekran toplantı ortamı, birlikte çalışma mekanı olacak. Kısacası elveda ofis denecek ve yeni çalışma şekilleri, yerleri, **beynimizin olduğu her yer ofis; yüreğimizin derinlikleri, buluşçuluk mabedimiz olacak.**
- Kısacası bundan sonra artık, **küçük, bireysel girişimcilik, ekmeğini taştan değil ama internetten, siber dünyadan ve hizmet sektöründen** çıkarmak zamanı.

- Bunları yaparken de **gelişmiş teknoloji algısı, bilgisi, kullanım düzeyi, İngilizce,** (Bir süre daha... Sonra otomatik tercüme sistemleri ile buna da gerek kalmayacak) yaratıcılık, projecilik, gözlemcilik, sürdürülebilir, rasyonel iş bitiricilik şart!

Bu şartlar; ister kendi işinizi yaratın, isterseniz de hala kurumsal alanlarda kalabilen, kalmak isteyenlerden biri olun; gelecekte başarının tartışma kabul etmeyen zorunlulukları olarak daima gelecekle aranızda aşılması gereken etaplar olacak.

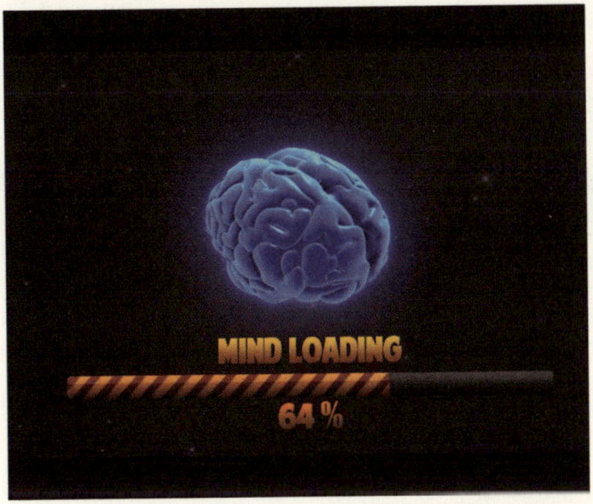

Güncel banka, verimli iş reklamlarının neredeyse tamamı insansız bankacılığı, robotlarla iş görmeyi teşvik ediyor. Tüm mesajlarında müşterilerine **"daha çok teknoloji kullanın, daha kolay, hızlı ve ucuz iş yapın"** mesajları ve gazı veriliyor

Ee peki tüm bunlar ne demek oluyor?

Bir ATM kiosk reklamının, mobil bankacılık uygulamalarının "ben artık neredeyse tek başıma bir banka şubesiyim, perakende noktasıyım. İnsanlı şubelerle, mağazalarla aşık atarım. En az onlar kadar hatta onlardan daha verimli çalışırım" demesi neye delalet?

Arçelik'in Çelik'inin, Vestel'in Robotunun, Garanti'nin Ugi'sinin evimizin sevimli, becerikli çocukları, oyuncakları gibi algılanır olması neye işaret?

Ya akıllı telefonların bir parmak dokunuşumuzla hatta sesimizle hatta hatta hareketimizle verdiği hizmetler? Siri ile muhabbetler?

Bunların hepsi bangır bangır ve hızla üstümüze gelen yeni dünyanın, geleceğin iş, para kazanma düzeneklerinin en somut ve tartışılmaz işaretleri değil de nedir?

Bir kere bu olan bitenler, **kriz değil, bir evrim ve uzun sürecek dönüşüm demek olmuyor mu?**

Tüm bu işaretlerdeki robotlar, akıllı istemler; **"yanınızda yer açın veya siz çıkın gidin biz geliyoruz"** demiyor mu?..

Nereye gideceksiniz? Ne yapacaksınız? Kendinizi hali hazırdaki işinizde veya dışarda hala talep edilen, bir değer ifade eden hale nasıl dönüştürecek, gelişeceksiniz?

Bunları düşünüyor musunuz? Daha doğrusu sebeplerinin bunlar olduğunu ve kaçınılmazlıklarını fark ederek düşünüyor musunuz?

İster bir kurumda çalışın, ister iş arayın bir an önce bu gerçeklere göre kendinize yeni vizyonlar oluşturup, gelecek planlarınızı yapın. **Kendi kişisel senaryolarınız üzerinde çalışın ve tıpkı iş projesi yapar gibi kendi yaşam projenizi oluşturmalısınız.** Vakit kaybetmeden... "Daha vakit var, elle gelen düğün bayram..." demeden...

İŞTE GELECEKTE HER KAPIYI AÇACAK TEMEL MOTTOLARINIZ:

Paralel Kariyer
Yeni Kariyer
Ömür Boyu Kariyer
Nasıl Öğreneceğini Öğren / Learn How To Learn
Nasıl Yapacağını Öğren / Learn How to Make
Kendine Yatırımı Keşfet / Invent To Invest Yourself
Her şeyin Hemen Şimdi, Burada Olduğunu Bil / Know that NoWhere is Now Here

Alışmanız gereken hibrid kavramlar, durumlar:

Ticat > Ticaret+İcat => İcat yapamayan ticaret de yapamayacak. Hangi çapta, formda ya da modelde iş yapılırsa yapılsın, sürekli yeni fikirler, yöntemler bulmak gerekecek. İnovasyonsuz gelişim mümkün olmayacak.

Ticanet > Ticaret+İnternet => Hangi çapta, formda ya da modelde iş yapılırsa yapılsın, internet, mobil, online dünyasına adım atmayanlar, yavaş, yetersiz ilerleyenler geride, hatta oyun dışı kalacaklar.

Glocalization > Global + Local => Globalleşme ya da yerelleşme diye ya biri ya öteki şeklindeki tercihler geçerli olamayacak. Her ikisine de uygun çözümler, uygulamalar benimsenecek. Bunu başaranlar, evrensel doğrularla iş yapabilenler kazanacak.

Webolution > Web + Revolution => Her kişi, kurum ya da yapının öncelikle kendi bünyesinde web dünyasına uygun yetkinlikleri kazanacak şekide devrimsel nitelikte evrim geçirmesi ve bunu kesintisiz sürdürmesi gerekecek. Aksi ise bir seçenek dahi olamayacak.

"Yukarıdakileri şöyle anlayacağımız şekilde anlat Allah aşkına, Türkçe mealini ver!" Derseniz;

- Gelecekte başarılı olmak için klasik iş ve hayat tariflerine bel bağlamayacağım.

- Kendimi, hayat amaçlarımı, yetkinliklerimi, gelecek trendlerini iyi analiz ederek belirleyeceğim.

- Ne işe yarayıp, ne değer üretebileceğimi keşfetmeye çalışacak, hali hazırda bir işim olsa bile sistemli ve disiplinli bir şekilde kendime yeni bir hayat hazırlayacak koşullara odaklanacağım.

- Sürekli değişip, dönüşerek, gelecekte geçer akçe olacak faaliyetler, buluşlar, beceriler geliştireceğim.

- Çabalarımı ve buluşlarımı yerel-küresel ihtiyaçları göz önüne alarak, internet üzerinden, web tabanlı iş modellerine dönüştüreceğim.

Diye kısa bir tercüme yapabilirim ☺

GELECEKLE GELECEKLER - İŞ HAYATI. OFİSLER NASIL DEĞİŞECEK? İŞ HAYATINDA NELER, NASIL EVRİLECEK?

Ofis, etimolojik olarak Latince (görev, resmi vazife), (iş yapmak, çalışmak), (iş) + (yapmak) kelimelerinden türemiş.

Bunlara bakarak ofis kelimesinin anlamını, iş yapılan yer diye özetleyebiliriz. Bugün ofis, iş yeri, çalışma hayatı dediğimiz yerler, süreçler, kullanılan araçlar Sanayi Devrimi sonrasında, doğal olarak o çağın ihtiyaç ve gelişmeleriyle şekillenmeye başlamış oluşumlar.
Bilgisayar, internet ve GSM çağında bugünkü hallerine dönüşmüş şimdi de gelecekteki hallerine doğru eviriliyorlar...

Bugüne kadar yaşadıklarımızı ve 5-10-15-20 yıl içinde kademeli olarak yaşayabileceklerimizi şimdiden rahatça gördüğümüz teknolojik, sosyolojik, psikolojik, ekolojik, ekonomik gelişmelere göre değerlendirecek olursak rahatlıkla;

Dünle birlikte gitti cancağızım ne varsa düne ait.
Şimdi yeni şeyler söylemek lazım.
-Mevlana

- ✓ Geleceğin ofisi beynimiz,
- ✓ Beyinlerin buluşabildiği her yer ofis,
- ✓ Yaptığımız iyi, yararlı, bir ihtiyaç karşılayan, talep gören her şey de iş olacak diyebiliriz...

Çünkü...

Finlandiya yakın gelecekte el yazısı derslerini kaldırıp, klavye ile okuma-yazma öğretimine geçmek üzere çalışmalara başladığını açıkladı. Belki de bir devrin kapandığını ilan eden ilk ülke oldu.

Yapamazlar diyenler çoğunlukta ama açıkçası artık dijital ok çoktan klavyeden çıktı. Bu yıl olmazsa, gelecek yıl, o da olmadı bir dahaki sene. Ama mutlaka bu dönüşüm gerçekleşecek. Gerçekleşmek zorunda. Tıpkı hokkadan, dolmakalemden buralara geldiğimiz gibi...

Bundan sonra insanlık kâğıdı, kalemi hızlıca bırakıp, önce ekranlara parmaklarla yazarak ve bilgi paylaşarak yola devam edecek. 20 yıl içinde onu da bırakacak gibi görünüyor. Şu anda bile el yazısı kullanan kaç kişi var ki? Ya da bilgi paylaşımlarımızın ne kadarında kalem, kâğıt kullanıyoruz? Gidişat belli...

En sonunda öyle bir yere varacağız ki (bu da max. 2050'lere kadar olacaktır) **yalnızca ses, düşünce gücü ile ve bir takım jest/mimiklerle bilgi paylaşım evresine** geçeceğiz. **Telekinazi tıpkı mail atmak gibi hayatımızın normali olacak.**

Verdiğim tarihler "icat, buluş" zamanları değil. Çoğu zaten denenmiş, başarılmış fikirler, buluşlar. Benim kast ettiğim yaygınlaşması... Tıpkı elektrik, bilgisayarlar, internet, akıllı telefonlar gibi herkesin kullanmaya başlaması.

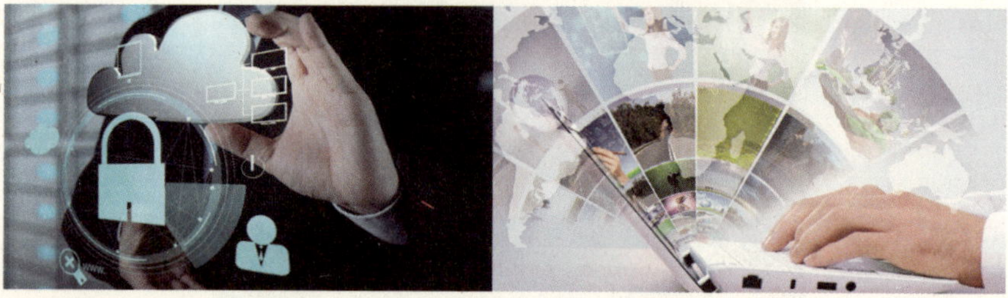

O HALDE HİÇ UZATMADAN SIRALAYAYIM, MUHTEMELEN 20 YIL SONRA:

Mekâna, ofise, masaya vb. bağlı, bir yerde olmayı zorunlu kılan işler giderek azalacak. İşe hâkim, uzman, yetenekli elemanlar hizmetlerini gelişmiş mobil, giyilebilir vb. **teknolojilerle her yerden, her zaman, her yere, her şekilde** verebilecekler.

Ofisler ve yaşamsal ortamlarda kâğıt, kalem tamamen ortadan kalkacak. Tüm ortamlar, giysilerimiz, eşyalarımız, hatta vücudumuz... Sensörlerle donanmış masa, duvar, pencere, yüzey, giysi vb. ile dolacak.

Her an online, mobil ve hem insanlar hem de robot, hologram ve sanal kişilerle bir arada olacağız. Hayatı ve işi birbirimizle ve şeylerle paylaşacağız.

Dil, kültür bariyerleri tercüme sistemleri, akıllı asistanlar sayesinde önemsizleşecek. İyi, akıllı, paylaşımcı ve dünya vatandaşı olmak önemsenecek.

Girdiğimiz mekânlar, bağlandığımız yerler bize sorular soracak, hatırlatmalar yapacak, yanıtlar verecek. Ortalıkta fiziksel olarak görünmeyen ama hep bizimle olan, ne yaptığımızı izleyen, tepki veren, alan pek çok sanal ofis yöneticisi, müdür, asistan, hizmetli, çalışma, eğlence arkadaşı ile yaşayacağız. Şimdilerde bunları **iBeacon, Physical Web Beacon** vb. **(http://goo.gl/xSp3N5)** diye ufak ufak kullanmaya başladık zaten.

Örneğin: Toplantı noktasına gelmekte olduğumuzu haber veren aracımızla bağlantıdaki kahve makinası kulağıma takılı nano ölçekteki iletişim cihazına (belki bir küpe, aksesuar şeklinde) erişerek "Ufuk Hanım her zamanki gibi Chai Tea Latte içecekseniz, üzgünüm bitti. Başka bir şey isterseniz onu hazır edeyim, yok ille de Chai Tea Latte diyorsanız hemen sipariş verebilirim." diyecek.

Ya da akıllı toplantı masası: "Ufuk Hanım toplantıda tartışılacak tasarımlarınızı bana yükler misiniz, zaman kaybetmeyelim." diyecek. Masa toplantı sırasında sürekli şu kadar kaldı, bu kadar kaldı diye hatırlatma yapacak. Bitiminde katılımcılara toplantı verim raporunu, skoru gönderecek. Kim ne kadar konuştu, kimin konuşması daha efektifti değerlendirmelerini otomatikman yapacak, önerilerde bulunacak.

YENİ DÜNYAYA GÖRE DONANMIŞ YETENEKLİ İNSAN EN KIT VE MALİYETİ EN YÜKSEK KAYNAK OLACAK!

İşverenler nitelikli çalışan ihtiyacı o kadar fazla, maliyetler o kadar yüksek olacak ki tam istedikleri gibi adaylar bulduklarında; ille de şurada, şu şartlarda olsun gibi koşullar dayatamayacaklar. Yetenekli insanı nerede bulurlarsa oradan çalışacaklar. Israr ederlerse de bedelini ödeyecekler.

Siber dünyaya uygun yetenekleri, becerileri olan insanların ücretleri müthiş artacak. Şirkete ortak olmayanları tutmak güçleşecek.

Kontrat bazlı son derece esnek koşullarda çalışanlar giderek artacak. Her alanda servis, hizmet sektörü gelişecek. Servis hizmetleri kişiselleşecek. Kişisel koçluk, antrenörlük, avatarlık ve asistanlık artacak. Free lance, saate, sayfaya, projeye, döneme dayalı parçalı, esnek zamanlı hizmetler, danışmanlıklar çoğalacak.

Bir kişi aynı anda birkaç şirkette çalışabilecek. Birden fazla konuda, birden fazla şirkete, kişiye hizmetini, becerisini istediği kadar, istediği zaman, istediği yerden kiralamak, satmak normal olacak ve bağımsız danışmanlık daha çok tercih edilecek.

Zamana, projeye vb. göre farklı ücretlendirme yapılarına geçilecek. Proje bazlı kurulan karma takımlar esas olacak. **"Hollywood modeli"** **(http://goo.gl/1Lz-Ngk)** iş deniyor ya, işte bu onun gibi bir şey olacak. ☺

Her türlü iş uzaktan, herhangi bir yerden çalışan robot, hologram insanlar tarafından telepresence (video aracılığı ile) yapılacak.

Uzak ofisler, mekanlar arası teleporter (ışınlanma) ziyaretler gerçekleşecek. Örneğin çağrı merkezi, müşteri hizmetleri gibi işler ya önceden kaydedilmiş ya da online bağlantılarla, görüntülü olarak gerçekleşebilecek.

Şirketlerin merkezi satış departmanları küçülecek. Saha satışları bağımsız bireysel doğrudan pazarlamacılarla network marketing modelleri ile yapılacak. Her türlü ürün ve servis bu yolla satılacak.

Vasıfsız ya da düşük vasıftaki işçiler (yaka renksiz, gömleksiz kalanlar) işsizlik sigortaları, filantropi kuruluşlarının fonları ile yaşarken, onların yaptıkları işlere dahi sıradan üniversite mezunu işçiler geçecek.

Bilinen, klasik sanayi işletmeleri dünya devleri tarafından alınacak, orta ölçekte, yerel sanayici olarak devam etmek mümkün olmayacak.

Küçük, yerel, kişisel işler, hizmetler, değerler önem kazanacak, örgütlenecek. Bunlar devasa dünya şirketlerine kontratlı, fason işler yapacaklar.

Kadınlar iş piyasalarındaki etkinliklerini artıracaklar. Kadınların bilime, teknolojiye ilgisi, bu alanlara katkıları, başarıları artacak.

Teknoloji ve İngilizce öğreten işler, alanlar gelişecek.

Her yerden iş yapılabileceği için bedensel engellilerin iş hayatına katılımında da bir artış gerçekleşecek.

Üniversitede çift dal kaçınılmaz olacak. Psikoloji veya Hukuk her meslek için olmazsa olmaz alanlar haline gelecek. Kodlama da mühendislik gibi temel bilimlerden sayılacak.

Kişisel girişimcilik artacak, herkesin fatura kesebileceği bir vergi numarası olacak.

Eğitim modelleri değişecek. "Yeni Eğitim Uzmanları" oluşacak. Internet üzerinden özel ders verme yaygınlaşacak.

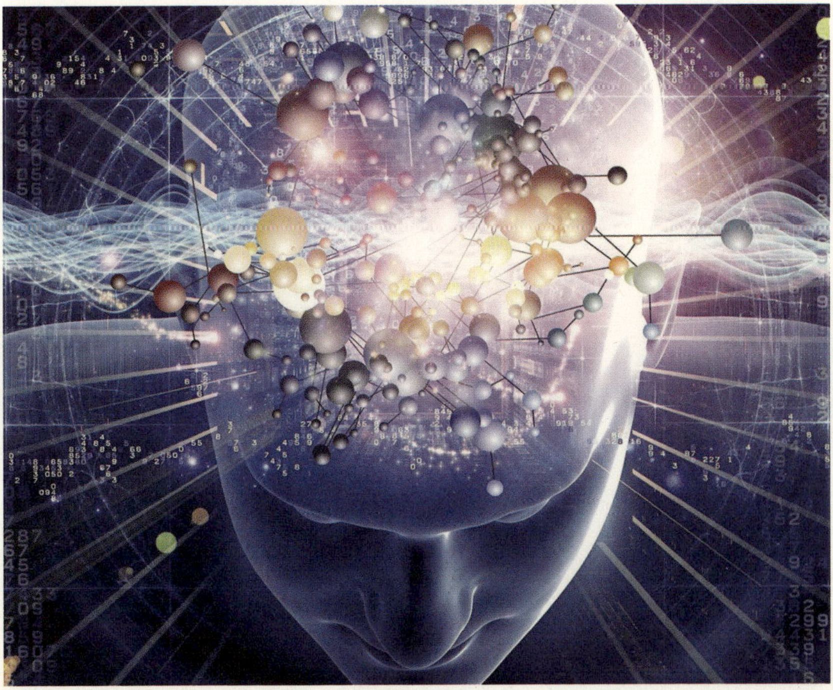

KISACASI 2020'DE İŞ DÜNYASI İNANILMAZ FARKLILAŞACAK. BUGÜNKÜ İLE ALAKASI KALMAYACAK.

Akıllı ve yeni çağa uygun **donanımdaki sahici insan beyinlerinin, yapay zekanın, 3D görsellikte hologram çalışanların, artırılmış gerçeklik uygulamalarının, insansı robotların** hep bir arada, bir karma takım gibi çalıştığı çok farklı ortamlar olacak.

Belki geleceğin ortamlarındaki tek alet, yapı her yere çığ gibi yayılacak **3D baskı, çizim sistemleri** olacak. Tasarlanan her şeyin hemen bir 3D prototipi yapılıverecek. Tasarım, modelleme, üretim vb. kısacası imalata dayalı sektörlerde de devrimsel değişimler yaşanacak.

İnsanların ve akıllı şeylerin birlikte, paylaşarak ve tabii ki rekabet de ederek çabaladığı çok ama çok farklı, hibrid iş, yaşam modelleri, ortamları yepyeni iş tanımları, meslekler, uzmanlıklar bizi bekliyor...

20 yıl sonra (ve oraya giderken hali hazırda) sürekli upgrade ettiği, güncellediği en son teknolojilerle versiyon yükselttiği, **gelecekle sync. ettiği bir beyni ve gerekli teknolojik alet edevatı olanlar için her yer ofis, her şey iş olacak.** Onların gelecekten de iş hayatından da korkmasına gerek yok!

Bunlara sahip olmayanların ya da bu zorlu koşullar bana uymaz, yapamam vb. diyenlerin fazla debelenmeden iş hayatından çekilip evde online, eğlence dolu bir hayata geçiş yapmaları, kendilerine bakacak bir sistem oluşturmaları gerekecek.

İK (İNSAN KAYNAKLARI) AÇISINDAN NELER OLACAK? İŞE ALIMLAR, PERFORMANS DEĞERLENDİRMELERİ, KARİYER PLANLAMA NASIL DEĞİŞECEK?

Yeniçağın istediği insanların yetenekleri farklı ve çok daha üst düzeyde bilgi, donanım, kişisel özellikler gerektiriyor olacak.

Diplomalar, kıdem vb. değil; **genetik yatkınlıklar, çok gelişmiş yetkinlik taramaları, derin uzmanlıklar,** yeni teknolojilere, dijital çağa göre yükseltilip, uyarlanacak; bilgi ve deneyim önem kazanacak.

Bunları ispatlayan **"Digital Badge - Dijital Rozet"** uygulamaları **(http://goo.gl/oOKSzx)**, **gen testi, yetenek taraması** raporları, online eğitim kayıtları, görüşmeler yaygınlaşacak. **Hepimizde bir sürü dijital rozet** olacak. Kimin ne olduğu rozetlerden belli olacak.

İşler bölüm, birim değil de proje temelli yönetileceğinden proje yöneticileri olacak. İş başarıları projedeki başarıya göre metriklerle belirlenecek.

Performans değerlendirilmesi sübjektif müdür, yönetici değerlendirmesi olmayacak. Yapılması gerekenlerle ilgili öneriler projelerin tanımlanmış kriterlerine göre sistem tarafından çıkarılacak.

Kariyer planlaması için yardımcı, **sanal, simülasyon programları** kullanılacak.

Yöneticim beni anlamıyor diye yakınanlar, **"bu sistemin algoritması yanlış, yoksa bende ne cevherler var!"** diye dövünerek insan yöneticiler devrini mumla arayacaklar. (mum bulabilirlerse tabii) ☺

Ofislerde **ortak paylaşım alanlarında doğa mahrumiyetini ve değişen iklim koşulları nedeniyle azalan açık hava ile teması** giderecek yeşillik, eğlence ve nostaljik alanlar olacak. Minimalist mimari, dekorasyon benimsenecek. Renkleri, fonskiyonları, müzik yayını kişisel tercihlere göre değişen akıllı, duyarlı ortamlar yaygınlaşacak.

Simülasyon, hologram ve artırılmış gerçeklikle donatılmış bölümlerde ve fonksiyonlarla hem dinlenme, eğlenme hem de yaratıcı çalışmalar, uzak yerlerle, farklı ortalarla, ekiplerle ortak çalışmalar yapılacak.

İş/özel hayat dengesi arayışı anlamsızlaşacak.İş/özel hayat bütünleşmesi (Work Life Integration) esas olacak. Efektif ve aktif çalışan insanların iki yaşamı iç içe geçecek. Emeklilik kavramı giderek önemsizleşecek. Elli yaş üstü danışman, yarı zamanlı, kontratlı olarak artan oranda iş hayatına katılacak.

İnsanlar hem daha erken çalışmaya başlayacak hem de çok daha ileri yaşlara kadar çalışmaya devam edebilecekler. Üst düzeyde, kritik fonksiyonlarda çalışanların evleri de iş yerleri ile aynı kompleksler içinde olacak. İş ve yaşam kümeleri, siteleri oluşacak.

Emeklilik kavramı ortadan kalkacak. Herkes, her yaşta becerisiyle uyumlu her alanda iş yapabilecek. İnsanlar isterlerse ömür boyu çalışıp eğitim alabilecekler.

İş yeri doktorları yerine **İş Yeri Body Scanner**'ları olacak. Sağlık kontrolleri bu tarayıcılarla yapılacak

Güvenlik kontrolleri biyolojik şifreleme ile yapılacak. Retina, parmak, cilt kontrolleri sıradanlaşacak. Kartlı giriş, çıkış ve kontrol sistemleri unutulup, gidecek.

Yeme içme alışkanlıkları değişecek. **3D atıştırmalık basan mini mutfaklar,** iyileştirici ya da koruyucu vitaminler, ilaçlar içeren, içecek üreten özel vending machine'ler yaygınlaşacak.

Ofisler **yenilenebilir enerji ve geri dönüşümlü sistemler** ile donanacak.

İş hayatının dini "sustainability, inovasyon ve girişimcilik" olacak.

TRENDLER? "ESNEK ÇALIŞMA", "ÇALIŞAN BAĞLILIĞI", "YETENEK YÖNETİMİ" 20 YIL SONRA BAŞKA NELER KONUŞACAK ve NELER YAPACAĞIZ?

Gelecekteki iş hayatı için **"en önemli!"** diye tekrar tekrar kafalarımıza kazınması gereken kritik faktör: **yetenek, yetkinlik.** İş hayatının bundan sonraki en önemli problemi **"yetenekli ve yetkinlikleri yüksek insanların" kıtlığı ve elde tutulmaları** olacak.

Çünkü teknolojik gelişmelerin, sosyolojik, psikolojik, ekonomik ve ekolojik değişimlerin nereye kadar gidebileceği, sınırsızlığı artık sıradan bir insanın bile algılayabileceği, üzerinde hayaller kurabileceği kadar çok paylaşıldı. Bu minvaldeki olasılıkları sonsuza kadar uzatıp, genişletebiliriz. **Asıl mesele insanların bu gerekliliklere göre kendilerini hazırlayabilmesi ve sürekli gelişmeye devam edebilmesi.** Bunca olanağı, teknolojiyi anlamlı hale getirebilmesi. Yani her şeyi anlamlı ya da anlamsız kılabilecek en önemli faktör hala insan olacak.

İş yerlerinde **"esneklik"** her ama her alanda en temel faktör olacak. Saatler, konular, yer, pozisyon, **takımlar, projeler vb. her ölçekte ve durumda esnek çalışmak gerekecek. Hem iş yerlerinin bu esneklikleri sağlaması, hem insanların esnek ortamlara, koşullara uyumlanabilmesi** başarı için kritik faktör olacak.

İş yeri bağlılığı değil, marka bağlılığı, markaya duyulan güven esas olacak. Eğer iş yerini temsil eden ana-çatı marka geleceğin çalışanlarına sürekli gelişme olanakları, yukarıda sıraladığımız olanakları sunuyorsa bağlılık ve birlikte ilerlemek mümkün olacak yoksa da olmayacak.

Şimdi nasıl müşteri kralsa gelecekte çalışan da kral olacak. Sıradan, rutin, standart işleri zaten ya robotlar, akıllı sistemler ya da robot gibi insanlar yapacağı için kritik insanların sayısı o kadar az ve önemleri o kadar yüksek olacak ki onları cezbetmek, elde tutmak en az müşteriler için yapılan kadar çaba, yatırım gerektirecek.

İş başvurularında kullanılan CV'ler tarih olacak. Bir takım linkler, videolar, projeler, dijital robotlar aracılığı ile görüşmeler, seçimler, değerlendirmeler yapılacak.

Kişisel pazarlama, marka çalışmaları da en az firma, ürün marka çalışmaları kadar önem kazanacak. **İş dünyasının da "celebrity" çalışanları olacak.** İnsanların tanınmış marka ile çalışmaktan övünmesi kadar **firmaların da meşhur çalışanları istihdam edebilmesi PR değeri taşıyacak,** itibar artıracak.

GELECEĞİN YÜKSELEN SEKTÖRLERİ VE MESLEKLERİ HANGİLERİ OLACAK, NEDEN?

Parlayacak sektörler; Nano, Genetik, Yenilenebilir Enerji, Giyilebilir Teknolojiler, Hologram, Artırılmış Gerçeklik, 3D Üretim, İleri Seviye Kodlama, Gömülü Sistem Yazılımları, Uzay bilimleri, Su Bilimler, İklim Uzmanlığı, Bilişsel Sistemler, Uzay & Havacılık diye kısa bir özet verebiliriz.

BAZI OLASI ÜNVANLAR VE İŞLER:

Gen Uzmanı
Lazer Işını Operatörü
Hologram Tasarımcı
Mutasyon Uzmanı
Yapay Zeka Bilim Adamı
Genetik Mühendisliği Satış Elemanı
Uzay Trafik Kontrol Memuru
Drone Tasarımcısı
Drone Koordinatörü
Simülasyon Uzmanı
Klonlama Uzmanı
Teleporter İletişim Koordinatörü
Dijital Gardiyan Tasarımcısı, Programcısı, Uzmanı
Bilişsel Sistemler Mühendisi
Hata Ayıklama Uzmanı
Silikon Madencilik Uzmanı
Uzay Madenleri Mühendisi
Fiber Optik Teknisyeni
Ses İle Etkinleşen Bilgisayar Tamircisi
Bilgisayar Müze Müdürü
Teknoloji Transfer Avatarı
Uzaktan Hemşirelik Teknisyeni
Spor Mühendisi
Biyolojik Tarihçi
Previz Senaristi
Robot Retrainer
Bio-Tarım Uzmanı
Sonar Uygulamaları Satış Elemanı
Giyilebilir Teknolojiler Satış Uzmanı
Malzeme Geri Dönüşüm Teknisyeni
Soru Tasarımcısı

http://goo.gl/tVJp1t

http://goo.gl/BBsJBk

http://goo.gl/huxbKO

İşini sev, şirketini değil, çünkü şirketinin seni ne zaman sevmeyebileceğini bilemezsin.
–DR. APJ. Abdul Kalam

http://goo.gl/igQSEv

İş Avatarlığı
Dijital Deneyim Tasarımcısı
Siber Pazarlama Uzmanları
Horizon Scanner'lar
Fütürist Danışmanlar
Yönetici Menejerliği, Koçluk, Avatarlık, Antrenörlük
Anti Terör Uzmanları
Güvenlik Tasarımcıları
Mahremiyet Koruyucuları
İş Terapistleri, Network
Uzmanları, Web Uzmanları
Sürdürülebilir İş Modeli Uzmanları
Sağlık Karantinacıları
Biyoloji ve Gen Uzmanları
Her Alanda Kişisel, Özgün Hizmet Sağlayıcılığı
İçerik Yaratıcılar,
Simülasyoncular
Senaryo Tasarımcıları
Holografikerler
Rüya Gerçekleştiriciler
Tasarım Guruları
Enerji ve Kaynak Müfettişleri
Ekomanüpülatif Çiftçiler ve Balıkçılar,
Akreditasyon Uzmanları,
Bu Yeni Alanlara Adapte Olmuş Hukukçular (Robot Avukatı gibi)
Neuro Science Uzmanları
Holografik Meditasyon Üstadları
Taşeron- Fason Yöneticiliği

GELECEKTE OLABİLECEKLERE DAİR DÜŞÜNCE, HAYAL EGZERSİZLERİ:

1. Anahtar/kart kaybetmek, çantada sismik araştırma yapar gibi aramak, şifre unutmak, elli tane şifreyi akılda tutmaya çalışmak, çok kısa sürede tarihe karışabilir. Kapının açılması için kapıya şöyle dik dik bakmamız ya da parmağımızı okutmamız yetebilir. **Biyolojik şifreleme** ile yani **retina, parmak izi vb. kişiye özel biyolojik işaretlerle** tüm diğer kilit, kart, şifre ortadan kalkabilir. Güvenlik artabilir.

2. **Camlardaki sanal, akıllı filtreler** güneş enerjisi ile evin **enerji ihtiyacını karşılayabilir.** Sabah uyandırmak, gece uyutmak için yardımcı programlar, bilgiler yansıtabilir. Perdeye gerek dahi kalmayabilir. Gün ışığına göre görünür ya da görünmez olabilen, istediğimiz tablo ve sanat eserini yansıtan duvarlara dönüşebilirler.

3. **Evin akıllı termometresi** evde yokken ev ısısını düşürüp, eve gelmekte olduğumuzu anlayınca ısıtmaya başlayabilir.

4. Yalnız yaşayan bir yaşlı kişinin evindeki **akıllı, hisli halı,** yaşlının yere düştüğünü ya da uzun süredir hareket etmediğini ambulansa veya yakınlarına haber verip, hayat kurtarabilir. **Akıllı duvarlar, dolaplar,** aynalar ilaç saatini hatırlatabilir.

5. Eve geldiğimizde, içeri girdiğimiz anda bize huzur veren renk, koku ve müzik bizi karşılayabilir. Hatta istersek tatlı bir sesle hoş geldin deyip, konuşmaya başlayabilir. Yalnızlık canımıza tak dedi ise **üstümüzdeki giysi bir de öpücük kondurmuş** hissi verebilir.

6. **Akıllı, hisli masamızda** yemek yerken eğlence programı izleyebilir ya da uzaktaki ailemizle, arkadaşlarımızla "sanal aile-arkadaş-sevgili sofrası muhabbeti" yapabiliriz.
   İster masada, istersek görüntüyü duvara yansıt deyip, öyle de izleyebiliriz. Kendi görüntümüzü de uzaktakilere gönderebiliriz.
   İleri aşamada bunları karşımızdakilerin "hologram yani 3 boyutlu görselleriyle", sahiden yanımızdaymış gibi yapabiliriz. Ana-baba, sevgili, arkadaş hasreti epey azalabilir.

7. **Örneğin; TV programlarına mesela Beyaz Show'a katılabilir, Beyaz'ı da evimizde 3 boyutlu izleyebiliriz.** http://goo.gl/ALzKB8 (hala yayında ise) Salonun ortasında, bize özel Show yapıyormuş gibi algılayabiliriz. Ya da o kopan, anlaşılmayan telefon bağlantıları yerine; pat diye pijamalarla, yüzümüzde maske ile kendimizi sahnenin ortasında bulabiliriz...

8. Sevgili evi kapıyı çarpıp çıkarak değil, **holografik bağlantı kesilerek terk edilebilir.** Ya da eve baskın (sevgili, anne-baba, karı-koca) fiilen değil, 3D, hologram görüntü ile yapılabilir.

9. Mama sandalyesindeki ufaklıklar **çizgi filmleri ekranda tek boyutlu değil 3 Boyutlu, hologram izleyebilir.** Miki fare, tavşan, her ne ise çocuk kahramanları, ünlüler odanın ortasında zıp zıp zıplayabilir, hatta onlarla oynayabilir, şarkı söyleyebilir.

10. Ispanak, pırasa, sebze meyve sebze sevmeyen çocuklara bu yiyecekler **3 boyutlu yazıcı ile hamburger, patates kızartması, makarna, pizza** şeklinde ve kokusunda yapılıp, yedirilebilir. Zararlı, asitli denen içecekler, atıştırmalıklar aynı tat ve kokularını koruyarak, ama içlerinde vitamin ve/veya iyileştirici geliştirici vitamin, mineral, ilaçlar olarak kolaylıkla içirilebilir.

11. **Buruşmayan, leke tutmayan nano teknolojik kumaşlarla** çamaşır yıka, ütüle derdinden kurtulabiliriz. Özellikle kadınlar, annelerimiz için dert olan "perde, çarşaf" gibi büyük şeyleri yıkamak, sermek, takmak, ucundan çekiştirerek ütüye hazırlamak ya da dingildeyen tabure üstünde kornişe perde takmak azabı tarihe karışabilir.

12. Kir dediğimiz mikro organizmaları barındırmayan kumaşlar ya da onları susuz-deterjansız yok eden teknolojik, dezenfektan aletler tüm yıkama, temizleme işlerini tarihe gömebilir. Bekarların, öğrencilerin evlerinde giyecek temiz, ütülü giysi, çamaşır bulma azabı sona erebilir.

13. Giysilerimizin üzerindeki sensörler hava durumunu algılayabilir. Nanoteknolojik kumaşlar; soğuksa sıkılaşarak vücut ısısını koruyacak, sıcaksa kumaşın dokusunu genişleterek vücudun hava almasını sağlayacak şekilde biçimlenebilir. Üşümeyi ya da terlemeyi önleyebilir. Nano ölçekte minicik pervaneler ya da ısıtıcılar mevsime göre devreye girebilir. Ya da askıdaki, raftaki giysiler dış sensörlerden aldığı verilerle havanın nasıl olacağını anlayıp özel bir ışık ile bize: "hava soğuyacak/ısınacak beni giy" sinyali verebilir.

http://goo.gl/seGs9l

14. Nano koku molekülleri giysilerimizin hareket ettikçe daima güzel koku yaymasını sağlayabilir. Ter kokusuna, harici deodorant kullanımına veda edebiliriz.

15. Şoförsüz araçlara geçeceğimizi artık kestirebiliyoruz. Bu konuda her gün yepyeni bir deneme videosu izler olduk. O zamanlar gelinceye kadar bizler hala direksiyonda olacağız. Ancak akıllı trafik direkleri ve araba donanımı sayesinde şunları yaşamaya başlayabiliriz. 20 km ötedeki direk arabadaki akıllı sistem ya da robot/navigatör kardeşine diyebilir ki: "Burada kaza var, yol tıkalı, bir önceki sapaktan kaç!" Navigatör de direkten aldığı bu haberi hemen sürücüye sesli mesajla: "Direk söyledi ileride kaza varmış, şuradan gideyim mi?" diye sorabilir. Sürücü de evet/hayır ya da başka bir sorgusu varsa onu yine sesli mesajla navigatörüne söyleyebilir, böylece yeni güzergâh öyle belirlenebilir.

16. Araba eve doğru yola çıktı ise önce sürücüye: "Eve gittiğinizi haber vereyim mi, yemek hazırlansın, müzik konsun mu, ev kaç derece olsun? vb." diye sorabilir. Aldığı yanıtları evdeki robot kardeşe: "Patron geliyor hem de yanında şu kadar misafir var, şunları hazırla, ısıt, şu müziği aç vb." diyebilir. Evde biri varsa bu bilgiler akıllı duvarda yazılı ya da sesli mesaj olarak belirebilir.

17. **Buzdolapları** azalan, bitmiş, tarihi geçmiş, geçmekte olan ürünleri size bildirebilir. Evet derseniz, doğrudan siparişi e-ticaret sitesine geçebilir.

18. **Mutfak robotunuz,** "Dolapta ve raflarda şu malzemeler var. Belirlediğiniz kalori limitlerine göre uygun yemek tarifleri şunlardır." **diye yüzeyinde mesaj, reçete yansıtabilir. Size sesli ya da yazılı mesaj,** hatta tarif isteyen konuklarınıza yazıyla ya da video ile tarifler de yollayabilir.

19. **Okula sosyalleşmek ve eğlenmek için gidilebilir.** Öğrenmek, eğitim işi herkese özel, uzaktan, evden, bulunduğun her yerden yapılabilir.

20. Çocukları oradan oraya taşımak, göndermek yerine dünyanın her yerinden, her konudaki hocadan online, görüntü ile ders aldırabiliriz.
    Dil önemli olmayabilir, çünkü tüm sistemlerde otomatik yazılı, sesli sanal tercümanlar hayatımıza tamamen girmiş olabilir.

21. **Diploma yerine "Dijital Rozetler – Digital badge'ler" alınabilir.** Tıpkı foresquare'deki, Facebook'daki ya da online oyunlardaki gibi "belli beceriler, kuvvetler, özellikler için seviye atladın, şu dereceye geldin (level), mayor, şef oldun vb." gibi rütbeler, kategorizasyonlar online profilinizde ikonlarla belirecek. Onları arayanlar sizi, siz de onları bu işaretlerin eşleşmesi ile bulabileceksiniz. Akıllı sistemler sizi birbirinize tanıştırabilir.

22. İnsanlar bu tip akıllı, hepimizi tanıyan sistemler sayesinde **"Dijital iş ya da ilişki çöpçatanları"** ile daha kolay iş ve eş bulabilirler.

23. **Gelişmiş genetik tarama uygulamaları ile** sınavlar, testler, yetenek, yetkinlik imtihanları tarihe karışabilir. Yetkinlik taramaları herkesin kabiliyetini, alması gereken dersleri, öğrenmesi gerekenleri otomatik olarak tavsiye edebilir, geliştirmesine yardımcı olabilir.
    Okullardaki sıralar ve öğretmen masası da akıllanacağı için dersler her öğrenciye özel verilebilir. Hocanın masası kumanda masası gibi olabilir. Dersler evden de rahatlıkla izlenebilir, yapılabilir. Öğrenciler insan insana temas ve etkileşim için okula gelir. Bir sınıfın hem fiziksel olarak sınıfa gelen hem de dünyanın herhangi bir yerinden öğrencileri olabilir.

24. 18-19 metrekarelik alanlar, akıllı ve değişebilen, dönüşebilen mobilyalarla tam teşekkülü hatta istendiğinde disko havasına giren evler olabilir. Bakınız burada şu anda bile üzerinde çalışılan bir evin videosu var.

http://goo.gl/Qp9Cpe

25. Tıpkı okullar gibi ofisler de müthiş değişebilir. İnsanlar becerilerini her yerden her zaman sergileyebilirler. İlle bir ofiste olmaları gerekmeyebilir. Ofise gidiyorlarsa da ofisleri akıllı masalar, yüzeyler, camlar ile hem onları hem işe dair pek çok konuyu biliyor olabilir.

26. Mekanlar pek çok kişi tarafından ortak kullanılacağı için masa, oda kimin geldiğini anlayıp, onun zevklerine göre duvar rengi, müzik, çalışılacak dosyaları hazır edebilir. Araması gerekenleri arayıp performans değerlendirmesini yapabilir. **Gelecekte "Taktı bu kadın, adam bana." yerine "Bu yönetici robotun algoritması karışmış!"** diyebiliriz. Bugün yakındığımız müdürleri mumla arayabiliriz.

27. Beyin sinyallerimizin tamamen çözülmesi ile düşünceleri okuyabilir, gönderebilir hale gelebilir, yani düşünce yolu ile mesajlaşabilir, beyinden beyine iletişebiliriz.

Bu örnekleri sonsuz sayıda çoğaltabiliriz. Buraya sadece birkaç tanesini yazabiliyorum. Gerisini hatta ötesini hayal etmek artık hiç de zor değil.

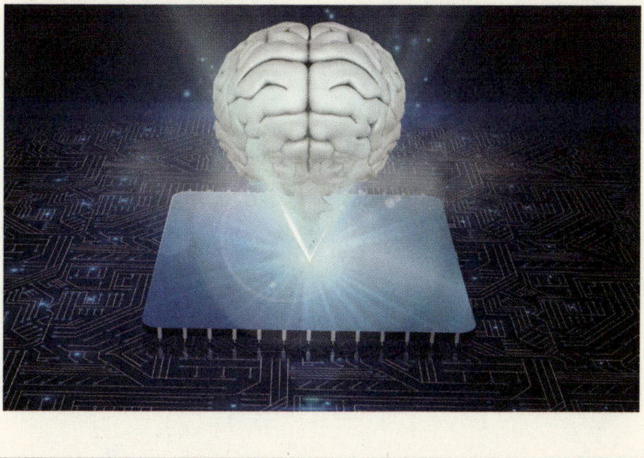

Hadi bakalım hayalinize kuvvet... Siz de düşünün, düşleyin bakalım daha neler neler olabilir, yapailiriz?

YA PARA? PARA, FİNANS KONUSUNDA NELER, NASIL DEĞİŞECEK?

Esasında tüm çabaların, gelecek kaygılarının en önemli sebeplerinden biri hala **para. Para kazanma endişesi...**

Her jenerasyonun ve özellikle gençlerin en çok merak ettiği, sorduğu ilk şey, en çok nerede para kazanabilirim?

Çünkü yaşamak eşittir para oldu. Para kazanmak için de iş gerekli. Ve para şu anda tüm insanlar için en belirleyici değer, mutluluk-musuzluk, başarı-başarısızlık, güç-güçsüzlük olarak algılanıyor.

Oysa para aslında bir sosyal anlaşma aracıdır...

Adam Smith İskoçyalı ahlak felsefesi profesörü. Ekonomi alanındaki teorileri, modelleri hala öğretiliyor. **"Görünmez el"** sorusuna doğru yanıt vermeden Econ-101 dersi geçilemiyor, "Ekonomist" olunamıyor.

Smith, taaa 1776 da **"Aslında gerçekten mübadele edilen; altın, gümüş, para, döviz değil, emektir. Emek; mübadele değerinin gerçek ölçütüdür..."** diyerek, para diye tapınılan şeyin aslında sadece bir **"değişim birimi, aracı"** olduğunu söylemiş idi. Kısacası, Smith'e **göre paranın hangi materyalden yapıldığının önemi yok.** Olsa idi yanmıştık, çoktan kitlenmiştik!

Günümüz dünyasında hala altın, gümüş, kâğıt para vb. ile ticaret yapıldığını bir düşünsenize... Ne üretmeye, ne saklamaya, ne de taşımaya hiç bir kaynak yetmezdi...

Bu sebeple dünyanın artık bırakın fiziksel parayı, kredi kartı ile bile uğraşacak sabrı yok. Hem çok kalabalığız hem de işlem hacmi müthiş arttı.

Kompeksite artıkça dijitalleşmek zaten zorunluluk. **Bitcoin** de **(http://goo.gl/jXuTCE)** aslında paranın, değişim birimlerinin ve modellerinin tamamen dijitalleşmesine doğru ilerleyişin ilk örneklerinden biri. En ilkel hali...

Kısacası: **"Paranın kendisi kaynak değildir."** Bir kağıt ve metal parçasıdır. Plastik karttır. Hatta çoğu zaman o bile değildir. Sanal dünyadaki bir şekildir, semboldür, sayı dizisidir. Ne yenebilir, ne içilebilir ne de temiz havanın yerini tutar. Issız bir adaya düşsek yanımızda da tonlarca para, mücevher olsa bize yaşamak için gereken şey temiz hava, su, yiyecektir. Para bunlar gibi yaşamsal bir kaynak değildir. Ancak öyle sanılır hale gelmiştir. Vahşi kapitalizmin dayattığı "parasız kalırsak ölürüz, yok oluruz" hissi tüm insanlığı sarmış durumdadır.

Paraya o kadar şişirilmiş anlamlar yükledik ki şimdi nereye koyacağımızı bilemiyoruz. Onunla da onsuz da olmaz diye bunalımlardayız... da... Bu böyle sonsuza kadar gitmeyecek kuşkusuz. Oluştuğu gibi yok da olacak...

Fiziksel para ne zaman ortadan kalkar?

Kağıtsız yaşama tamamen geçişin yaygınlaşması için herkesin ve tüm şirketlerin, kurumların

Hızlı ve geniş bant internete bağlı olması,
Akıllı, mobil, giyilebilir donanımlara ve
Bilişsel yazılımlara sahip olması,
Biyolojik şifreleme, DNA tanıma, gelişmiş parola, kripto kullanımının gelişmesi, yayılması +++
Ayrıca bugün analog yapılan işlerin akıllı sistemlere, robotlara devredilmesi,
Güvenlik alt yapılarının oluşturulması gerekir.

Bunlar da epey yatırım, zaman ve büyük bir dönüşüm, insanlığın transformasyonu, hatta evrimi demektir. Bu yüzden minimum 10 yıl alır ama 20 yılda işlem Türkiye gibi ükelerde bile tamamlanır diyebiliriz. ☺

Kısacası 5- 10 - 20 yıl içinde fiziksel paranın olmadığı dünyaya kademeli geçiş olur. Dünyadaki gidişat bu doğrultuda. Biz de dünyadan kopuk iş yapamayacağımıza göre, bu demektir ki istesek de istemesek de gelişmiş ülkelere ayak uyduracak ve yaklaşık on yıl içinde fiziksel para, kredi kartı ile vedalaşacağız....

Neden bu kadar kesin konuşuyorum?

Şu anda bile (Bu kitap 2016 da yazıldı, ona göre düşünün.) canlı internet istatistikleri yayınlayan **http://www.internetlivestats.com**'a göre dünyada 3 milyardan fazla insan internet kullanıyor.

Türkiye 198 ülke arasında 18. sırada (ilk %9 da) ve 35 milyondan fazla Türk internet kullanıcısı var. Nüfusumuzun yarısı internete geçmiş durumda.

Bebekler, çok yaşlılar gibi internet kullanamayacak olanları düşersek, yarısından çoğu demek daha doğru olacak... Daha şimdiden bu kadar çok ve yoğun internet odaklı yaşar, iş yapar hale gelmiş iken hala eski yöntemlere takılıp kalmak mümkün mü? Dijitalleşme Çağı, Robot Devrimi ve Yenilenebilir Enerjiye geçiş dünyada bugüne kadar görülmemiş ölçüde büyük değişikliklere neden oluyor, olacak.

Doğal olarak, bu tüm maliyet ve fiyatlandırma, alışveriş, ödeme, tahsilat, tasarruf, harcama, ticaret modellerini de radikal biçimde değiştirecek, değiştiriyor...

Kiripto Para ve Mikro ödemeden, Nano ödemeye, Müşteriden Aboneye geçiş...

Paranın dönüşümü sırasında fiziksel paradan **"CyriptoMoney-KriptoPara"**ya geçeceğiz. **Mikro-Ödeme çağından, bitcoin, blockchain, smart contract vb. ile Nano-Ödeme – NanoPara çağına** atlayacağız.

Müşteriler, abonelere dönüşecek. Ürünün/hizmetin kendisine toplam satın alma maliyetini ve kar ödemek yerine

- Yan ve dijital hizmetlere abonman olarak ödenen
- Cent'in kuruşun onda biri gibi küçük, nano ödeme,
- Bir anlamda kiralama, maliyete katılma dönemi başlayacak.

Sanayi Çağının Fabrikatörleri yerini Siber ve Robotik Çağın WEBratör'lerine bırakacak.

Kuşkusuz bunların hepsi de ekonomisini dijitalleşmeye, robotlaşmaya ve yenilenebilir enerji çağına ayak uydurabilenler için böyle olacak. Olumlu, gelişecek. Yok eğer uyduramazsa son derece olumsuz etkileyecek... Ve bu etkiler de pek tabii "çok ama çok keskin" olacak...

BUNDAN SONRA OLACAKLAR...

1. Fiziksel para ve kredi kartı 5-10 sene içinde tamamen ortadan kalkacak. **Para da dijitalleşecek,** dijital olarak rakam transfer edeceğiz.

2. Akıllı saat, bileklik ya da üzerimizdeki herhangi bir **"giyilebilir cihazcık, chipli giyilebilir teknoloji ürünü"** ödeme işlemini, ödeme alacak cihaza yaklaşınca yapacak. Şu anda bile bu, Cep Cüzdan uygulamaları, Starbucks'larda falan kullanılan mobil ödeme sistemleri ile başladı. Hızla da yaygınlaşacak.

3. Mesela şu linkte ve QR kod'da Akıllı Yakın Temas Ödeme Yüzüğü - Smart NFC Rings ile nasıl ödeme yapılabildiğine bir bakın.

http://goo.gl/IHEj3V

4. Bu kadar çok dijitalleşme, mobilite **anormal bir siber güvenlik sorunu** yaratacak. O yüzden bankalar, finans kuruluşları ve perakende sektörü beklenenden çok daha kısa sürede **"biyolojik şifreleme"** sistemleri kullanmak zorunda kalacaklar. Yani sadece kendi DNA'mızın üretebileceği ses, retina okuma, parmak izi, damar tanıma vb. kullanılacak. "Şifre-Password belirleme, hatırlama, tek kullanımlık şifre vb." tarihe karışacak.

5. Bankalar müşterilerine **"dijital gardiyan"** hizmeti verecek. Bu 1 dakikalık video ne olduğunu anlatıyor. > **http://goo.gl/97g9UC**

6. Hâlâ şubeye, bankaya gideceksek, bizi **holografik teşrifatçılar**, ya da **insansı robotlar** buyur edecek. O arada kimlik bilgilerimizi de (biyolojik şifremizden) kontrol ediverecek.

7. Ruhsuz, makine gibi ezbere, konuşan call center elemanları ya da otomatik yanıt sistemleri yerine "sahici insanlarla, **görüntülü**" konuşacağız. Bu tür uygulamalar şimdiden başladı bile.

   Gerçek bir hikaye: Geçenlerde eline bilgisayar, akıllı telefon değmemiş olan 77 yaşındaki annemin önünde iPhone'larımızla, arkadaşlarımızı Face Time ile arıyor, konuşuyoruz. Birden bire annem dedi ki:
   - Ufuk bana ... bankasındaki .... Hanımı bağlasana şöyle yüz yüze bir konuşayım...
   - Annecim daha bankalarda bu videolu sistem yok. Yaygınlaşmadı.
   - Aa niye? Hepinizde, çoluğun çocuğun elinde bile videolu konuşma aleti olmuş, koskoca bankada mı yok? Çok ayıp! Deyiverdi.

8. Üstümüzde ve etrafımızda bu kadar çok alıcı-verici-sensör dolunca, sosyal medyada/internette habire izler bıraktıkça bankalarla perakende sektörü bizim her an nerede ne yaptığımızı biliyor olacak ve kolumuzdaki akıllı telefona ya da gözümüzdeki akıllı gözlüğe ya da lense "cazip kampanyalarını, ürünlerini tekliflerini" pat diye yollayıverecekler. **Reklam ve tüm hizmetler kişiselleşecek.** Kişiye özel olacak.

Örnekler:

Sokakta ya da internette "ev baktıysak mesela" anında bize en uygun ev kredileri gözümüzün içinde beliriverecek.

Aracımızın yakıtı/elektriği azaldığında bunu algılayan bankanın **akıllı müşteri hizmetleri** sisteminden gözümüzün, kulağımızın içine: "Aracınızın deposunu yakınınızdaki .... istasyonundan doldurur ya da elektrikli aküsünü şarj ederseniz kolaylık ve avantajlarımız sizi bekliyor." diye mesaj gelecek

9. **Kiosklar konuşacak,** hislenecek. Ekranlı, monitörlü, mini görüşme kabinlerine dönüşecek. Bankalar finansal hizmetlerin ötesine geçecek, farklı ürün ve hizmetler, danışmanlıklar da satmaya başlayacaklar.

10. Her yer dokunmatik ekranla dolacak. Sokaklardaki reklam tabelaları, akıllı cam konabilen her yer bir nevi banka şubesi, mağaza, kiosk haline dönüşecek.

11. Aşağıda çok az insan, çok ve akıllı, dokunmatik ya da sese, biyolojik şifrelere, duygu durumuna duyarlı ekranlar, ileri/yüksek teknoloji ile donanmış yeni nesil banka şubeleri ya da hizmet merkezleri nasıl olabilire dair bir çalışma örneği görmektesiniz.

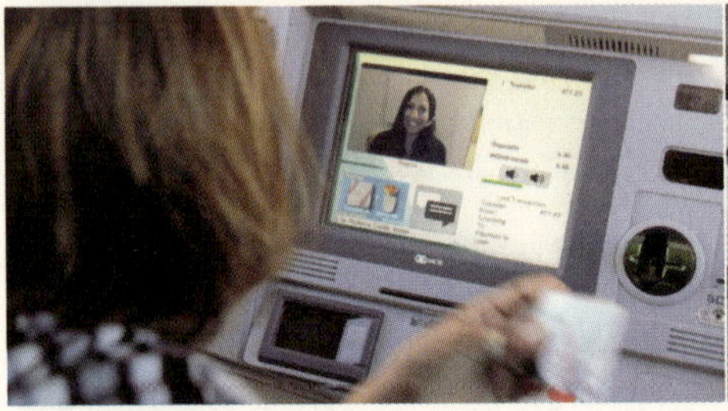

BİLİŞSEL MAKİNELER İŞ BAŞI YAPACAK!..

"Kitlesel olarak işsizlikler olacak!"

Ünlü **Gelecek Tasarımcısı Jacque Fresco** bunu 65 sene söyledi... Aslında insanlarla teknoloji arasındaki köşe kapmaca hep sürüyor...

Tarih boyunca daima teknoloji geliştikçe insanlara ağır, zor gelen işler makinalara devrediliyor. Eskiden yok olan işleri yapan insanlar başka alanlara kayıp, beceri geliştirebilirlerse işleri oluyor. Bunu yapamadıklarında işsiz kalıyorlar.

Yine öyle olacak ancak bu seferki fark şu; **eskiden daha çok kas gücü ile yapılan işler makinalara devredilirken** şimdi **"akılla, bilişsel yetkinliklerimizle" yaptığımız işleri de devretmeye başlayacağız.** Daha doğrusu başladık.

Sanayi çağında mavi önlüklü fabrika işçileri ile sanayi makinaları, bilgi çağında beyaz yakalılarla bilgisayarlar birlikte çalışmaya başlamıştı. Şimdi mavi, beyaz, **her tür yaka rengindeki işi üstelenebilecek akıllı, duygulu, robotlar iş başı yapmaya hazırlanıyor.** Saha kenarında ısınıyor... Ve bu süreç giderek hızlanıyor. Zaten kaygı ve iş kaybetme, para kazanabilecek miyim, ne yapmalıyım soruları da ondan bu kadar yoğun...

ALIN TERİ VE EL EMEĞİNDEN AKIL TERİNE ZIPLANACAK!..

Teknoloji sayesinde insanlarla robotlar hızla yer değiştirecek. Akıllı şeylerle ve robotlarla yaşam iyice yaygınlaşacak dedikçe insanların ilk düşündüğü şey, **bilim kurgu filmlerindeki kontrol ve zıvanadan çıkmış, hatta uzaydan gelmiş garip yaratıklar oluyor. Dünyayı ele geçirmeye çalışan, insan düşmanı insansı robotlar hayal ediliyor.**

Oysa kast ettiklerim tabii ki onlar değil. **Robotların ille de insan şeklinde olması gerekmiyor.** Mesela hali hazırda her türlü para çekme, yatırma vb. işlemlerimizde karşılıklı soru cevaplarla bize hizmet veren ATM´ler aslında birer robot.

İnternetteki işler de aslında fiziksel ve yazılımsal robotlar tarafından yapılıyor. Daha yolun bu kadar başındayken bile çok çok akıllı makinalarla, yazılımlarla, çalışıyoruz, yaşıyoruz ve bunlar giderek daha da akıllanacaklar. Daha da farklı, üstün yetenekler kazanacaklar.

Robotlar, robot gibi çalışan insanlara "tamam o iş bende sen rahat ol, şunu yapayım mı, bunu edeyim mi?" diye soracaklar. İnsanların yerini alacaklar. **Robot gibi çalışmaktan yorgun, mutsuz, bıkkın insanlara o hep özlemi duyulan insanca yaşama olanaklarını sağlayacaklar.**

Haftanın 5-6 günü işe gidip-gelen, trafikte helak olan, çoluğunu, çocuğunu, sevdiğini, ailesini, arkadaşlarını göremeyen, görse de yorgunluktan dolayı yaşadıklarından zevk alamayan insanlar robotlar sayesinde nefes alacaklar.

Önceleri, hatta şimdiden bu gelişmeleri işsiz kaldım, kalırım, kalacağım sanacak, korkacaklar. Önlerine açılan istedikleri gibi, istedikleri alanda, istedikleri kadar çalışabilme fırsatlarıyla dolu dünyayı algılamakta zorlanacaklar.

Ancak robotlar:

- Bırak şunu yapmayı allasen! O artık benim işim. Senin yerine ben yapacağım. Öyle istiyordun ya, oldu işte. Özgürsün! Hadi sen git evde ya da nerde istiyorsan orada beni ve yaptığım işleri daha iyi tasarla, programla, geliştir

dedikçe, insanlar yepyeni ve daha önce bilmedikleri, iş gibi görmedikleri pek çok alanı keşfedecekler. **El emeğinden ve alın terinden akıl terine geçecekler. Tasarımcılığa, kodlayıcılığa terfi edecekler.**

PARA BAĞIMLILIĞIMIZ GİDEREK AZALACAK!..

Robotlu, akıllı yazılımlı yaşam geliştikçe doğal oarak üretim maliyetleri, süreleri ve fiyatlar da düşecek.

Maliyet, fiyat ve üretim sürelerinin azalmasının bir diğer nedeni de **yenilenebilir enerji kullanımının yaygınlaşması olacak.** Petrol odaklı enerji ihtiyacı ve fiyatlamalarından kurtulunca dünya çok daha özgür, çok daha verimli yaşamanın yollarını bulacak.

İş ortamlarında insan ihtiyacı sürekli azalacak çünkü insanların bilgisayarlarla yaptıkları hesaplama, karar, raporlama, iletişim gibi işler tamamen akıllı sistemlere, karar destek yazılımlarına teslim edilecek. Hatrlayalım;

- Tarımdan sanayiye geçildiğinde tarım işçilerinin önemi azalmıiş, sanayi makinaları ile çalışan mavi önlüklü işçiler yükselmişti.

- Sanayiden bilgi toplumuna geçildiğinde ise mavi yakalıların pabucu dama atılmış, bilgisayarlarla çalışan beyaz yakalı bilgi işçileri yükselmişti.

- Şimdi de beyaz yakalıların devrinin kapanacağı yılların başına geldik diyorum. Bundan sonrasında insanların yerlerini robotlarla çalışan robotlar ve çok daha farklı, yepyeni yetkinliklerdeki, rengarenk yaka rengi hatta hiç yakası olmayan yeni nesil Siber Çağ çalışanları alacak.

Tüm bunların doğal yansıması olarak tabii ki insanların gelirleri de azalacak, daha az para kazanacaklar, daha az para harcayacaklar.

Para yavaş yavaş insanlar için önemini yitirmeye başlayacak. Onun yerine, unutulmaya, yitirilmeye başlanan değerler hatırlanacak. Bireyler sistem tarafından dayatılanlar yerine kendi yaşamlarının sorumluluğunu kendileri. almaya, tercihlerine, sevdikleri şeylere göre yaşamaya odaklanacaklar.

Bu insanlara ilk etapta, eyvah işsiz mi kalacağım, aç mı kalacağım korkusu veriyor. Ama tüm sosyal sistemler değişecek. İlk işaretleri yıllardır var aslında. ışsizlik sigortası diye bir kavram var dünyada. Ayrıca yardımseverlik çok gelişecek. STK'lar (Sivil Toplum Kuruluşları) hızla yayılacak. Yeni döneme geçişte para hâlâ ihtiyaç olacağı için, ihtiyaçları karşılamak için yeni örgütlenme biçimleri olacak. Devletler çalışmayan insanlara **"vatandaşlık maaşı / Universal Basic Income"** ödeyecek. İnsanlar rekabetçi yaşam tarzından paylaşımcı olmaya geçecekler. Şimdiye kadarki kapitalist düzen, yaşam modeli rekabete dayalıydı. Şimdi farklı bir yoldayız."

KISACASI İŞSİZLİK DE BİR İŞ, MEŞGULİYET OLACAK!..

İşsizlik doğal bir gelişimin sonucu, yeni sosyal statü olacak. Eskisi gibi utanılıp sıkılacak bir durum olmayacak. Bir takım insanların bugünkü gibi sabit ücretli bir yerde çalışmalarına gerek kalmayacak. Bu insanlar uzmanlaşacak; küçük derin, uzmanlık alanları geliştirip, becerilerini freelance (bağımsız hizmet sağlayıcılar) olarak pazarlayacaklar. Tedarlkçl olacaklar.

Sabit ücretli değil, proje, saat, gün, konu bazlı çalışacaklar. Kendilerine ayırabilecekleri daha çok vakitleri olacak. ınsanın makine gibi çalışmaya elverişli bünyesi yok; biz yeniden insanca olmaya döneceğiz aslında. Bir sürü şey ucuzlayacağı için insanlar rahatça geçinebilecek, yani özüne dönecek. Geçinemeyen insanlar için de STK'lar devreye girecek.

Ücretli ve sabit çalışanlar ise gerçekten deha seviyesindeki çalışanlar olacak.

Şirketlerin en çekirdeğinde çalışanlar hem fiziksel hem de iş ve yaşam modelleri anlamında dahi seviyesinde tasarım yapabilenler olacak. İnsanlar istediği kadar çalışacaklar. Önümüzdeki üç-beş senede hissedilir büyük değişiklikler olacak.

Ve böyle de sürecek. 10 sene sonra bu söylediklerimize büyük ölçüde geçilmiş olur ama insanların değişikliklere bedensel, zihinsel ve kurgu itibari ile adaptasyon süreci de göz önüne alınırsa maksimum 20 yıl sonra birçok şey tanınmaz hale gelir.

30 sene sonra çok yumuşak, soft İnsanlar olacağız.

Devamlı gergin, bir yere geç kalma telaşından kurtulmuş, insan olduğumuzu hatırlayan, gülen, sohbet eden, aileyle bol bol vakit geçiren, kitap okuyan, istediğini yapabilen yarı melekleşmiş insanlar var benim tasarımlarımda, hayallerimde, gelecek senaryolarımda...

EN ÖNCE, EN HIZLI VE YAYGIN ETKİLENECEK SEKTÖRLER:

Nano ve genetik teknolojilerin tetiklediği bu yeni tür değişimin ilk dalgalarını alan sektörler şüphesiz teknoloji, iletişim, medya, finans olacak. Hemen ardından perakende ve fast food gelecek. Onları inşaat, sağlık, eğitim, ulaşım vb. takip edecek.

Bu alanlarda ileri teknolojiler kullanılmaya başlandıkça **kitlesel işsizlikler olacak.** Daha doğrusu neler olduğunu tam olarak anlamlandıramayanlar bu şekilde nitelendirecek. Oysa olan biteni **"işsizlik" değil "iş+yaşam modeli değişikliği, evrimi, transformasyonu"** olarak okumak gerekiyor.

Teknoloji, üretim, tüketim, dağıtım tercihlerimiz, alışkanlıklarımız değiştiğinde işler, yetkinliklerimiz, iş yapış biçimlerimiz, paradigmalarımız değişiyor. Bu da tekrar, yeniden yeni teknoloji geliştirmemize neden oluyor ve döngü böyle sürüp gdiyor...

Örneğin; reklamlar, pazarlama faaliyetleri yüzünden hepimiz sürekli daha çok alışveriş yapmaya, tüketmeye yönlendiriliyor, özendiriliyoruz. Oysa aslında insanlar artık kullanabileceklerinin, ihtiyaçlarının ötesinde üretim ve tüketimden yorgun. Bu yüzden alışverişe bakış açısı hızla değişiyor. İnsanlar hem zorunluluktan (para kazanmak güçleşti) hem bilinçlenmekten dolayı (para için yaşamak anlamsız gelmeye başladı) tüketimden rahatsız oluyor.

Tüketim alışkanlıkları, tercihleri değişiyor.

Bunun sonucu olarak gelecekte giderek artan oranda, her alanda teknoloji daha da yoğun biçimde devreye girecek, uzaktan alışveriş, kiralama, paylaşma modelleri gelişecek.

Sahip olma güdüsü geriledikçe bugünkü anlamsızca kışkırtılmış üretim sayıları düşecek. Üretim araçları, modelleri ve ürünler dönüşecek. Tam ihtiyaca göre anında üretim gelişecek ve tüm bunlar da zincirleme reaksiyon ile üretim alanlarındaki (bilgi işçileri dahil) çalışan sayısını azaltacak.

Bir başka örneği de Fast food'dan, yeme içme sektöründen vereyim.

Genetiğin, nano teknolojinin gelişmesiyle ve insanların sağlık konusundaki bakış açılarının değişmesiyle sağlıksız beslenmenin en önemli sebebi sayılan fast food, atıştırmalık, gazlı, katkılı içecekler gibi şeyler bir anda insanların sağlıklı beslenmek için tek kaynağı haline dönüşebilir.

Çünkü çok da uzak olmayan bir gelecekte vücut tarama cihazları ile en ufak detaylarına kadar alınabilen kişinin sağlık verilerine göre kolestrolü düşüren, şekeri dengeleyen ya da çocuksa büyümeye, gelişmeye katkı veren gıda maddeleri tüketeceğiz.

Tedavi eden ya da geliştiren ve tam da ihtiyacımız kadar olan ilaç mı yemek mi olduğu belli olmayan şeyler yiyecek, içeceğiz. Beynimizin açlık, doygunluk sinyallerine, tad, koku, renk zevkimize göre özel olarak, anında üretebildiğimiz ya da bizim için özel olarak üretilmiş şeylerle besleneceğiz.

Balık sevmiyorsak, balığı pizza görünümünde yiyecek, et yemiyorsak sebzelerin içinde etten alacağımız proteini bulacağız.

Tüm bunlar olurken fiyatlar da gelirlerimiz de sürekli azalacak.

Ve hepimizi geleceğe taşıyacak sarmal giderek hızlanarak bizi içine alacak.

BUNLARA İNANAMAYANLAR İÇİN 1-2 HATIRLATMA:

Aşağıdaki listeye lütfen göz atın. 2050'ler ve 2100'ler için söylenen ve şu anda belki de saçma, çok uzak gelen birçok şeyin de tıpkı bir zamanlar bu listede olanlar gibi icat edilebileceğine dair kuvvetli sinyaller veriyor;

Jules Verne 1863 de Aya Yolculuk'u yazdı. 1969 da aya çıkan uzay aracını neredeyse bire bir tarif etti. Bilemediği tek şey yakıt olarak "barut" u yazmış olması idi.

Fuel Oil, o aya seyahati yazdıktan 70 sene sonra icad edildi.

Leonardo da Vinci'nin 1400'lerde yazdığı, çizdiği paraşütler, helikopterler ve bir sürü makine şu anda icat edilmiş durumda.

1900'lerde; Radyo yoktu – 20 sene sonra icat edildi. Sinema yoktu.

Otomobiller daha yeni yeni ortaya çıkıyordu ve "atsız araba" deniyordu.

Şoför yoktu. Şimdilerde "insansız araç" denemeleri yapılıyor

Pilot, havacı yoktu, şimdi insansız uçan araçlar, drone'lar vızır vızır. Çiftçiler henüz traktörü duymamıştı.

Bankacılar, zincir mağaza, self-service, içten yanmalı motorlar yoktu.

1899 da Amerikan Patent Ofisinin başındaki kişi: "İcat edilecek her şey icat edildi." demişti.

1927'de Warner Bross'u kuran Warner Kardeşlerden biri: "Filmlerde aktörlerin konuşmasını kim ister ki?" diye sormuştu.

1943 de IBM'in başkanı Thomas Watson dünyada ancak 5 bilgisayarlık bir pazar olduğunu söylemişti.

T-İNSAN

Et yemekten vazgeçsek, yiyecek yetiştirmek için bugünkünden 20-30 kat daha fazla toprağımız olurdu.
-James Lovelock

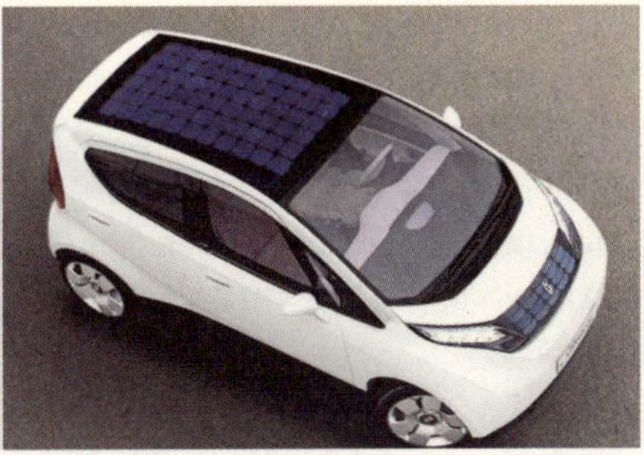

GENÇLERE, YENİ MEZUNLARA KENDİLERİNİ GELECEĞE HAZIRLAMALARI İÇİN TAVSİYE VE ÖNERİLERİM:

1. Gençlere her şeyden önce **gelecekçi olmalarını, fütürist bakış açısını** benimsemelerini tavsiye ederim. Şu anda onlara öneri verenler genellikle eski ve gelecekte işe yaramayacak deneyim ve bilgilere dayanarak bunu yapıyorlar. O yüzden **gençlerin öncelikle geleceğin isteklerine dair müthiş sağlam bir farkındalık geliştirmeleri** çok hayati. Daha iyi bir gelecek için ilk şart, ön koşul bu!

2. Ondan sonra da **çok odaklı, disiplinli, sürekli otodidakt yöntemle öğrenen, hibridleşen** ve çok ama çok çalışkan olmalarını öneririm.

3. **Çok ve disiplinli çalışabilme yeteneği gelecekte başarılı ya da başarısız olmak için belirleyici faktör haline gelecek.** Hep öyle değil miydi, demeyin. Daha kimse gerçekten, akıllı, odaklı ve verimli çalışmak ne demek pek anlamış sayılmaz. Her şey kolaylaştıkça, basitleşiyormuş gibi göründükçe aslında onları öyle yapmak o kadar zorlaşacak ki bugün çalışıyorum, yoruluyorum denilen her şey gelecekte çocuk oyuncağı gibi olacak.

4. **Gelecek, daha iyi bir gelecek için akıllı ve iyi çalışırsak, dijitalleşmenin, sosyal medyanın sırrına erersek her halükarda güzel gelecek.**

5. **Geleceği ciddiye alalım,** ezber ve şablonları bozalım. **Hep birlikte daha iyi bir gelecek yaratabileceğimize inanalım...** Ben inanıyorum. ☺ **İflah olmaz, iyimser bir fütürist** olarak üstelik de altmışına yaklaşmışken, yepyeni heyecanlarla farklı kariyerlere doğru ilerlerken **100 yaşımı devireceğim, hala çalışıyor olacağım ve "ben demiştim, bakın oldu" diye ahkam keseceğim günleri yaratmaya katkı vermek için durmaksızın koşuyorum. Hadi siz de katılın gelecek koşusuna...**

GELECEĞİN BAŞARILI, MUTLU İNSANLARINDA OLMASI GEREKEN TEMEL YETKİNLİKLER:

Yapılan araştırmalar, **özellikle kapitalist toplumların eseri olan insanlarda** ki biz de bu sistemin nadide eserlerindeniz, **en büyük, yaygın korkunun "gelecek korkusu"** olduğunu gösteriyor...

Farkında olmayanlar, olsalar dahi ciddiye, dikkate almayanlar, bilgilenmeyenler, ne yapacağını bulamayanlar ve hazırlık yapmayanlar ve buna rağmen **sürdürülebilir bir kariyer peşinde olanlar; jet hızıyla oyun dışı yani işsiz, uğraşsız, mesleksiz, kimliksiz kalacaklar. Gözden düşecek, kaybedecekler.** Parasal ve yaşamsal bunalıma girecekler. Hatta büyük ihtimalle girmeye başladılar ya da girdiler bile...

Bu cümleler kehanet ya da kurgu ifadeleri değil...

Tüm bu çıkarımlar; artık herkesin kolayca erişebildiği bilgilerin, en başta insanlığın önceki dönemlerde geçirdiği evrimlerin anlattığı apaçık gerçekler. Ve ortalıkta bunların olmamasını sağlayacak güçte bir engel, faktör de görünmüyor.

Çünkü insanlık pek çok acı, tatlı deneyimle öğrendi ki "değişimin önünde hiç bir şey duramıyor. "Değişmeyen tek şey değişimin kendisi."

GELECEĞİN BAŞARILI, MUTLU İNSANLARINDA OLMASI GEREKEN YETKİNLİKLER İÇİN GELENEKSEL EZBERLERİN DIŞINA ÇIKILMALI VE ŞUNLARA ODAKLANILMALI:

1- Fütürist Bakış Açısı, Gelecek Zekâsı

Geleceğe dair bilgi edinmek ve bu bilgiler kullanmak artık mümkün. Kuşkusuz geleceği kesin olarak bilmek, tam istediğimiz gibi şekillendirmek mümkün değil. Ancak oldukça önemli seviyelerde etkileyebileceğimiz, şekillendirebileceğimiz de artık kabul edilen bir gerçek. Son yıllarda yükselen bir diğer farkındalık da geleceğin tercihlerimizle şekillenen ve sürekli değişen, akışkan bir süreç olduğu. O yüzden bugünü yaşarken, geleceği de hesaba katan, sürdürülebilirliğe odaklanarak strateji, plan geliştirebilmek en önemli beceri olacak.

2- Hibrid olabilmek

Dünya müthiş bir evrim geçiriyor. 5-10-15 yıl içinde her şey farklılaşacak. Dijital, Robot ve Enerji Devrimleri her şeyi dönüştürecek. Şeyler, iş ve yaşam koşulları hatta kişiliklerimiz vb. çok ama çok farklılaşacak. Şu şudur, bu budur diyemeyeceğiz. Dememeliyiz. O yüzden, hibrid=melez, yani "hem orada hem burada" olabilmek, "hem onu hem bunu yapabilmek" "hem öyle hem böyle" ifade edebileceğimiz gri alanlarda, belirsizlik ortamlarında, geçiş, transformasyon zaman ve koşullarında durmadan, düşse de hemen kalkarak ilerleyebilme becerisi çok önemli ve gerekli.

3- Otodidakt öğrenebilmek, öğrenmeyi öğrenmek

Otodidakt; "Kendi kendine düşünmek, kendi kendine öğrenmek." demiştik. Teknoloji, yeni farkındalıklar iş ve yaşam biçimlerini/alışkanlıklarını değiştirmeyi zorunlu kılıyor. Bu nedenle değişim ve öğrenilmesi gereken şeylerin sayısı, kapsamı çok fazla ve çok hızlı artıyor. Daha okulu, akademik literatürü gelişmeden pek çok konu hayatımıza giriveriyor. Yepyeni ihtiyaçlar, sorunlar, fırsatlar, tehditler yaratıyor. Yani gitmek istesek de pek çok konunun okulu oluşamadan, sorusu, ihtiyacı oluşuyor...

Geleneksel eğitim içeriklerinin, yöntemlerinin, araçlarının çoğu kısa sürede işlevsizleşiyor. Giderek artan hız ve çeşitlilikte, bilgiye, uzmana, kaynağa erişim farklı ve çoklu kanallardan olanaklı ve kolay hale geliyor. Dijital kanallardan öğrenme olanakları ise tersine, kolaylaşıyor, çoğalıyor ve ucuzluyor. Klasik kanallardan eğitim almak giderek pahalılaşıyor insanların geliri düşüyor ve aradaki makas, açıldıkça açılıyor. İnsanlar odaklanmak ve derinleşmek istedikleri alanlar dışında gereksiz şeyler öğrenmeye çalışarak vakit kaybetmek istemiyorlar. İşte bu nedenlerle gelişmek, değişmek isteyen kendi göbeğini kendi kesmek ve öğrenmesi gereken şeylere karar verip, öğrenme kanallarını becerikli bir şekilde bulmak, yaratmak ve kullanmak zorunda.

4- Küratörlük, kürasyon yapabilmek

Her şeyin "çok ama çok ama çok" olduğu bir dünyada nelerin gerekli, yeterli, yararlı olduğuna karar vermek yani çok iyi "seçki" yapıp, uygun kompozisyonu oluşturmak, bileşenleri bir araya getirip, kurgulamak demek. İyi kürasyon yapamayanlar karmaşa ve gereksiz detaylarda, kaynak israfı (en başta kendileri olmak üzere) içinde başarısız, işlevsiz olacaklar.

5- Tasarımcı düşünebilmek, tasarım zekâsı

Deneyimler, uzmanlıklar, örnekler, yapılmış, edilmişler çok kısa sürede eskiyecek. Önemsizleşecek ve/veya gereksizleşecek. Sürekli yeni bir şeyler, yeni yollar, yeni şekiller, modeller geliştirebilmek, oluşturabilmek gerekecek ki bu da her boyutta tasarımcılığı, tasarımcı bakış açısını ve aklını en gerekli becerilerden biri yapacak.

6- Yönderlik

İnsanlar eskisi gibi "sende lider kumaşı var, sende yöneticilik" şeklinde keskin hatlarla ayrıştırılamayacak. Her iki özellik de gerekli olacak. Yerine göre insanlara ilham veren, onları peşinden sürükleyen, vizyoner lider özellikleri, yerine göre de kolları sıvayıp, süreçleri yönetecek, işleri bizzat yapabilen, detaylara hakim, dürüst, büyük resme bakan, girişimci, sistematik, algoritmik, şeffaf düşünebilen yetkinlikler önemli olacak. Bunları aynı bünyede taşıyanlar da açık ara daha başarılı olacak.

7- Sorumluluk üstlenmek

Sorunlarla karşılaşıldığında önce çıkıp, cesaretle devreye girip, tıkanıklığı çözebilen, hem çare üretip, hem de insanlara yenilikçi, yönderlik yapabilen, ikna edebilen, inandırabilen profillerin yolu çok açık olacak. Bundan sonrasında insanların, kurumların, toplumların ve dünyanın o kadar çok ve daha öncekilere hiç benzemeyen öyle değişik sorunları olacak ki bu tip "sorumluluk alabilen" çalışanlar her şirkete, kuruma lazım değerler olacak yükselecek.

8- Alçakgönüllülük, saygı

Başarılı ve parlak profiller nadiren başarısızlık yaşadıkları için, başarısızlıktan öğrenme adaleleri zayıf olur. Bu nedenle başarısızlıklardan öğrenmek, başkalarının katkılarına izin verecek entellektüel tevazuyu gösterebilmek çok önemli ve kıymetli olacak. Daima öğrenen, gelişen bir yapı oluşturmanın başında da alçakgönüllü olabilmek gelecek, sürdürülebilir kariyer yollarını açacak, yükseltecek.

9- Multidisipliner düşünebilmek

Sadece bir alanda başarılı olmak diye bir şey yok, olamaz artık. Daha doğrusu mutlaka 1-3 alanda herkeslerden çok çok çok iyi, becerikli, uzman ve en çok bilen olmak şart. Ancak bu bilgiler, beceriler başka disiplinlerle, alanlarla bağdaştırılmaz ise bir işe yaramayacağı da bir gerçek. O yüzden gelecekte başarılı, farklı, talep gören bir profil ve sürekli revaçta, gözde bir iş insanı olmak isteyenler merakla diğer disiplinler hakkında da bilgilenmeyi sürdürmeliler.

10- Yaratıcılık, inovasyon, meraklı olmak

Aslında tüm yetkinliklerin üstünde ve onları şekillendiren, dönüştüren en temel beceri olarak "yaratıcılık" görülmeli. Yaratıcılığı hala sadece "Allah vergisi ve bazı insanlara tahsisli, ipotekli" sananlar da 9 köyden olmasa da başarılı olmak isteyen, iddialı iş ortamlarından kovulmalı:) Yaratıcılığını sürekli ve disiplinli çalışmalarla geliştiren, derinleştiren insanlar deyim yerinde ise "kapış-kapış" iş teklifleri alacaklar. O yüzden bu konuda çalışma yapmayı herkes çok ciddiye almalı.

Bu yetkinliklerin neden önemli olduklarını yukarıda açıklamalarla yazdım. Geliştirmek için de "otodidakt öğrenme" metodunu kullanmalılar ve bunu çok, sürekli, disiplinli çalışarak daima yapmalılar. Bilgi ve deneyimi eş zamanlı geliştirmeliler. Okulda öğrendikleri ile asla yetinmemeliler.
Ve tabii ki tüm bunlar ancak "yapınca" "doer, maker" olunca sonuç yaratıyor. Yoksa güzel fikirler olarak boşa gidiyor... Başarı için hem beyninizi hem yüreğinizi hem kaslarınızı ve sinirlerinizi iyi kullanın...

BİR DE REZONANS KANUNUNU ÇÖZDÜNÜZ MÜ TAMAMDIR!.. İSTEK YÖNETİMİ ÖNEMLİ, ÖĞRENMEK LAZIM!...

Bir sonraki bölüme, yani **T-İnsan'laşmanın** ipuçlarına geçmeden önce ele almak itsediğim bir diğer konu **"istek yönetimi** . **www.alaturkaonline.com** sitesinde **Pierre Franckh**'ın kitabından yararlanılarak yayınlanan ve ellerine sağlık dediğim bir yazıyı takip eden sayfalarda aynen paylaşarak konuyu gündeminize almanızı öneriyorum. Burada linki de QR kodu da var. Dileyen direkt oradan okusun.
https://goo.gl/Ox5hlK

Eğer şu ana kadar isteklerimiz gerçekleşmediyse, en şiddetli arzularımıza ulaşamadıysak eğer hayatımıza hiç istemediğimiz şeyler girdiyse, eğer mutsuzsak veya yenilgiye uğradıysak, bütün bunların sebebini Rezonans Kanununda bulabiliriz...

"Daha iyi bir gelecek tahmin edilemez, tasarlanır ve yaşanır..."
-Ufuk Tarhan

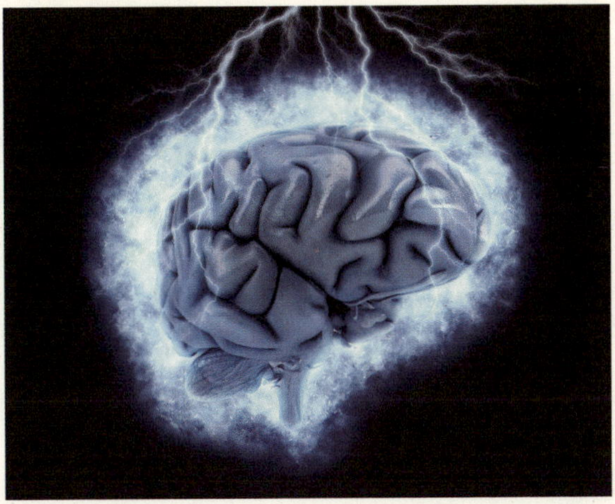

Pierre Franckh aynı isimli kitabında Rezonans Kanununu kavrayıp onu nasıl kullanacağımızı anlamaya başladığımız anda, hayatımızdaki her şeyin mümkün olabileceğini anlatıyor. Yazar, hayatımızı kalbimizle değiştirebileceğimizin altını çiziyor:

- Düşünce gücümüzle maddeye etki edebilir miyiz?
- Kim olmayı istiyorsun? İsteklerimizi hangi yolla yayıyoruz?
- İdeal partneri yaşamımıza çekmemizi sağlayan en uygun rezonans alanını nasıl oluştururuz?
- Rezonans alanın yazılı ve görsel izlenimlere nasıl tepki verir?

Eğer istediğimiz sonuçları elde etmeye çalışıyorsak; düşüncelerimizi, duygularımızı ve inançlarımızı gözlemleyerek yönlendirmeye başlamalıyız. Çünkü hissettiğimiz ya da düşündüğümüz her şey, bir rezonans alanı oluşturur ve biz isteklerimizi yönetebiliriz.

İmkânsız, sadece bizim imkânsız olduğunu düşündüğümüz şeydir...

Belki de şu anda imkânsız olduğunu düşündüğün şey, işte bu sınırsız olanakların imkânsız olmadığı fikridir. Öyleyse bu senin şahsi kanaatindir. Bunun doğru ya da yanlış, iyi ya da kötü bir tarafı yok. Bu senin, kendi kanaatindir ve yaşamın da bu doğrultuda ilerleyip gelişecektir.

Ama ya hayat görüşün ve inandıkların yanlış bilgi ve olgulara dayanıyorsa?

En yeni bilimsel araştırmalar, duygu, düşünce ve inançlarımız sayesinde olduğumuzu, hiçbir şüpheye yer bırakmaksızın ispatlıyor. Zira duygularımızla desteklenmiş ve kaydedilmiş inançlarımız muazzam bir rezonans alanı oluşturuyor. Ve bu rezonans alanındaki titreşimlerle uyum içinde olan her şey, evet dünya üzerindeki her şey, bu titreşime ayak uydurmak durumunda kalıyor.

Demek ki asıl soru şu: Sen şu anda hangi rezonans alanını oluşturuyorsun?
Ve bu soruyla kendimizi konunun tam ortasında buluyoruz.

Rezonans Nedir?

Resonantia = Akis
Rezonans = Eko, yankı, titreşim

Rezonans Kanunu, evrendeki her şeyin birbirleriyle titreşimler aracılığı ile nasıl iletişim halinde olduğunu anlamamızı sağlar. Vücudumuzun her bir organı ve hücresi de dahil olmak üzere dünyadaki bütün nesnelerin ve canlıların kendilerine has bir titreşimleri vardır. Bu, madde için de böyledir. Maddenin titreşim enerjisini incelediğimizde farklı objelerin genellikle farklı frekanslarda titreştiğini görürüz. Bazıları da aynı ya da benzer frekansta titreşir. Bunu piyanodan da biliriz; piyanonun herhangi bir tuşuna bastığımız zaman, bu tuşla uyumlu olan diğer bütün teller de titremeye başlar. Notaların daha pes ya da tiz olması, hiç önemli değildir. Uygun frekansta olmaları onların titreşime geçmeleri için yeterlidir.

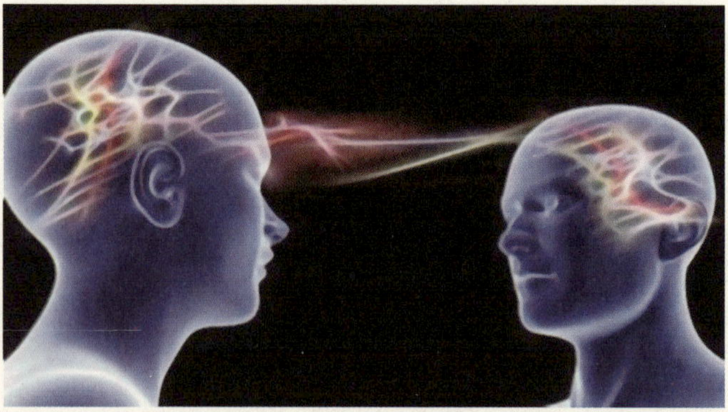

Diğer insanlar, nesneler veya olaylar, eğer bizimle aynı frekansta iseler, içimizde oluşturduğumuz titreşim alanına karşı koyamazlar. Bizim titreşimlerimize tepkisiz kalmaları mümkün değildir. Nasıl ki piyanonun basılan tuşuyla aynı frekanstaki diğer teller bu tuşun hareketi ile titreşmek durumunda kalıyor ise, bizimle aynı frekanstaki insanların, nesnelerin ve olayların da bizim titreşimlerimize katılmaktan başka seçeneği yoktur.

Peki ama diğer varlıkların bizim enerjimizle titreşime geçmesi bize ne yarar sağlar? Burada Rezonans Kanununun şu temel kuralı devreye giriyor:

Benzerler birbirini çekerler...

Bizim titreşimlerimizle uyumlu olan her şey, karşı koymaksızın bizim hayatımıza çekilecektir. Bu, bizim için her zaman olumlu bir şey anlamına gelmez. Mesela titreşim bazen maddeyi tahrip edecek kadar kuvvetli olabilir. Bir opera sanatçısı sadece sesinin gücü ile bir bardağı çatlatabilir. Burada yaptığı şey enerjiyi boşluktan bardağa iletmektir. Eğer bardağa iletilen enerji bardakla aynı titreşime sahipse, yani bardağın moleküler yapısı ile aynı frekanstaysa, basınç bardağı çatlatacak kadar büyük olabilir.

Biz bir bardak gibi çatlamayız tabii ki. Ama **içimizdeki "negatif titreşim enerjisi" olarak adlandırdığımız şey; bizde hoşlanmadığımız, huzursuzluk verici hislerin uyanmasına, hatta belki sarsıcı olayların yaşamımıza çekilmesine** sebep olabilir.

İşte bu yüzden, nasıl bir titreşim içinde olduğumuzun, bilerek veya bilmeyerek hangi rezonans alanını oluşturduğumuzun farkına varmak, bizim için çok mühimdir.

İsteklerimizi Hangi Yolla Yayıyoruz?

"Ön yargıları yıkmak, atomu parçalamaktan daha zordur." Albert Einstein

Kalp, ezelden beri sevginin en kuvvetli sembolü ve duygularımızın merkezi olarak kabul edilirdi. Ama sonra tıp ve modern bilim ortaya çıktı ve bize, **kalbin sadece vücudumuzda kanın dolaşımını sağlayan bir pompa olduğunu yutturmaya çalıştı.** Biz "normal insanlar" ise, elimizde hâlihazırda bunun aksini kanıtlayacak herhangi bir delilimiz olmamasına rağmen, kalbimizin duygularımızın merkezi olduğu inancımızı asla kaybetmedik.

1993 yılında duyguların insan vücudu üzerindeki hâkimiyeti hakkında bir araştırma yapılmak istenmiş ve **bunun için duygularımızın oluşumundan sorumlu olduğu düşünülen bölgeye, yani kalbimize odaklanılmış.** Oldukça çabuk, daha araştırmaların başında herkesi hayrete düşüren bir şey tespit edildi ve bu buluşun neden daha önce yapılmadığının şaşkınlığı yaşandı. Bu nefes kesici buluş; **kalbin muazzam büyük bir enerji alanıyla çevrili oluşuydu. Burada bahsedilen alanın çapı yaklaşık iki buçuk metredir.**

Bir düşünün, kalbimiz beynimizin oluşturduğundan çok daha büyük bir enerji alanı oluşturuyor. Bilim şimdiye kadar beynin, sahip olduğu elektromanyetik nabızlarla en büyük yayın alanına sahip olduğunu varsayıyordu. Ama şimdi bundan çok daha büyük bir enerji alanı bulundu, insan vücudundan dışarı uzanacak kadar kuvvetli bir enerji. Böylece ilk şaşkınlığın atılmasıyla birlikte, akıllara kalbimizin etrafındaki bu enerji alanının nasıl bir görevi olduğu sorusu geldi. Geldiğimiz noktada ulaştığımız bilgiler şaşırtıcı olduğu kadar önemlidir de.

Kalbimiz tarafından oluşturulan elektromanyetik alan vücudumuzdaki organlarla iletişim halindedir. Hatta beyin ve kalbin arasında bir bağlantının bulunduğu ve bu bağlantıyla kalbin beyne hangi hormonları, endorfini ya da diğer kimyasalları salgılaması gerektiğini bildirdiği kanıtlanabildi.

Beynimiz bağımsız hareket etmiyor, aktiviteleri için gerekli sinyalleri kalbimizden alıyor...

Hepsi bu kadar da değil! Bilim adamları araştırmalarında **kalbimizden yayılan bu elektromanyetik alanın sadece duygularımız tarafından oluşturulmadığını ve gücünü diğer önemli bir kaynaktan, kanaatlerimizden; yani derin bir inançla bağlandığımız ve hayatımıza yön verdiğimiz düşüncelerimizden aldığını** buldular. Bütün duygu ve düşüncelerimiz kalbimizin enerjisinde bilgi olarak bulunmakta ve vücudumuzdan yayılan en kuvvetli sinyal olarak sadece beynimize ve organlarımıza değil, aynı zamanda dünyanın derinliklerine doğru taşınmaktadır. Bu ezeli gerçeğin yansımalarını "kendini derin bir inançla savunmak" "bir şeyi kalpten istemek" ve tabii "kalbinin sesini dinlemek" gibi bazı deyimlerimizde görmek mümkündür.

Kalbimiz, inanç ve duygularımızı elektromanyetik titreşimlere ve dalgalara dönüştüren bir tür aracı olarak hizmet eder. Ve bu elektromanyetik dalgalar vücudumuzla sınırlı kalmaz, bütün çevremize uzanır, bizi kuşatan her şeyle iletişim halindedir. Kalbimiz, bütün inançlarımızı, geleceğe yönelik düşlerimizi ve duygularımızı başka bir dile, titreşimlerin ve dalgaların kodlanmış diline çevirir ve bunları evrene gönderir.

İnançlarımız kalbimizin yaydığı elektromanyetik dalgalar sayesinde fiziksel dünyayla etki alışverişinde bulunur. Yayılan bu enerjinin ne denli büyük olduğunu HeartMath Enstitüsü'nün yaptığı araştırmalar gözler önüne seriyor:

Kalbin elektrik akımı (EKG), beyinde oluşan elektrik akımından (EEG) altmış kez daha kuvvetlidir.

Kalbin manyetik alanı ise beyninkinden beş bin kez daha kuvvetlidir.

Demek ki kalbimizle, beynimizle yaydığımızdan çok daha fazla enerji yayıyoruz. Peki bunu bilmek, bizim için neden bu kadar önemli? Çok basit, çünkü bu sayede, bazı dileklerimiz hemen gerçekleşirken, bazılarının gösterdiğimiz tüm çabalara rağmen neden bir türlü tezahür etmediğini anlıyoruz.

İsteğimizin gerçekleşeceğine gerçekten inanmadan olumlama (imgeleme) yaparsak ya da bir şeylerin hayalini kurarsak, sadece beynimiz elektromanyetik dalgalar yayarken, duygularımızın gerçek merkezi olan kalbimiz beş bin kat daha büyük bir kuvvetle, genellikle tereddüt ve korku olan asıl inancımızı dünyaya yayar. **Bunun sonucu apaçık ortadadır; hayatımızda sadece kalbimizin derinliklerinde gerçekleşeceğine inandığımız şey gerçekleşecektir.**

İnançlarımızı duygularımızla desteklediğimiz zaman yaydığımız enerji çok daha büyük olur. Ama üzgün, depresif ya da bitkinsek, istediğimiz şeyi dileyebiliriz, bu durumda kalbimizden yaydığımız hüzünlü duygular, mantığımızdan gelen isteklerden her zaman daha güçlü olacaktır. Peygamberler, günümüzün ve geçmişin dünyaca ünlü âlimleri ve bilgeleri ısrarla **"kalp gözüyle görmeyi" öğrenmemizi söylerler.**

KALBİMİZLE DÜNYAYI YANİ GELECEĞİ DEĞİŞTİREBİLİRİZ...

Tüm bu anlatılanlar, sahip olduğumuz inançların evrene yollandığı ve Rezonans Kanununun esaslarına göre evrende kendileriyle aynı titreşimdeki enerjileri aradığı anlamına gelir.

Benzerler birbirini çeker. Bizim enerjimizle rezonans içinde olan her şey hayatımızda tahakkuk edecektir. Sözün özü; inandığımız her şey yaşamımızda gerçekleşecektir.

Bu nedenle, isterken dikkat edilmesi gereken en önemli noktalar:

Ne dilersen dile, bunu mantık seviyesinden kalp seviyesine taşı,

İsteklerimizin gerçekleşebilmesi için, bunun mümkün olduğuna kesinlikle inanmalıyız.

İsteklerimizin gerçekleşebilmesi için önce kendimizi mutlu bir ruh haline sokmalıyız.

Öncelikle bilincimizi hedefimize yönlendirmeliyiz ki, hayatımızda gerçekleştirmek istediğimiz şeylerle etkileşime geçebilelim. Hayatımızda sadece derinden inandığımız şeyler gerçekleşebilir.
Bu en başta kendi hakkımızdaki düşüncemiz için geçerlidir. Kendimizle ilgili görüşlerimiz yaşayacaklarımızı belirler. Tabii ki bu, bir şeyleri harekete geçirebilmek için gerekli olan güç ve kudrete sahip olabilmek için, bu kudretin bize dışarıdan verilmediğini, içimizden husule geldiğini anlamamız gerektiği anlamına da geliyor. Demek ki dış dünya, her zaman bizim iç âlemimizi yansıtır.

FOTON ENERJİSİ VE DNA'MIZ ARASINDAKİ İLİŞKİ...

Son yıllarda modern bilimin tespitlerinde köklü değişiklikler oldu. Değişim 1995 yılında Rus Bilim Akademisi'nde Vladimir Poponin ve Peter Gariaev yönetimindeki araştırmalarla başladı. Bu iki bilim adamının deneylerinin sonuçları o kadar hayret vericiydi ki, bu deneyler Amerika'da tekrar edildi ve sonuçta orada kamuoyuna duyuruldu.

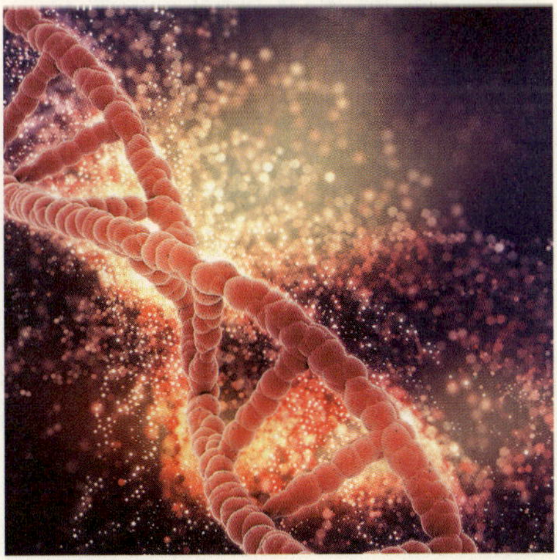

Bu test serisinde vakum oluşturmak için bir borunun içindeki tüm havayı dışarı alırlar. Ve tabii ki artık vakumda bile kesin bir hiçlik olmadığı biliniyor. Bu nedenle her mekânda özel aletlerle oldukça doğru ölçülebilen fotonların olduğu (ışık enerjisi) biliniyor. Ve fotonlar borunun vakumunda oldukça düzensiz bir şekilde dağılıyorlar.

Bir sonraki adımda boruya insan DNA'sı verilir. Ve o anda çok şaşırtıcı birşey gerçekleşir! Parçacıklar DNA'nın varlığında daha farklı biçimlerde sıralanırlar. DNA, fotonlara direkt olarak etki eder ve sanki görünmez bir güçle, fotonları, boruda düzenli bir şekilde sıralanmasını sağlar. Bu deneyde kesinleşen şey şuydu; **İnsanın DNA'sı, fiziksel dünyaya direkt etki ediyor.**

Klasik fizikte, daha önce böyle birşey gözlemlenmemişti. Dahası, klasik fiziğin alışılagelmiş mantığında, böyle bir şeye yer yoktu. Yani fotonlar insanların açıklayamadığı bir tutum sergiliyordu. Aslında bu yeteri kadar heyecan vericiydi ama daha sonra olanlar tartışmasız bir devrim niteliğindeydi... Bilim adamları, DNA'yı borudan aldıkları zaman, fotonların düzenli sıralarını bozup dağınık hallerine geri döneceklerini düşünmüştü. Ama beklenenin tam tersi oldu! **Fotonlar sanki DNA hala oradaymış gibi düzenli sıralarında kaldılar.**

Araştırmacılar deneyleri defalarca tekrarladılar, varılan sonuç aynıydı; **fiziksel olarak ayrılsalar bile DNA ve fotonlar arasında hala bir bağ vardı. Görünüşe göre, kuantum fiziğinin "kuantum alanı" dediği bir alan aracılığıyla birbirleriyle bağlantılıydılar. Boşluk olarak tabir ettiğimiz şey aslında hiç de "boş" değildir, bilakis içinde milyarlarca verilerin dalgalar aracılığı ile hareket ettiği ve yayıldığı bir alandır.** (Quantum hakkında YouTube'da Dr. Quantum diye aratıp, o seriyi izlemenizde yarar var. Çok basit bir anlatımı var. Yararlanacaksınız. Kısa kod ve QR kod dan da erişebilirsiniz. **https://goo.gl/YlBwUX**)

Bu deney Rezonans Kanununu anlayabilmemiz için oldukça aydınlatıcı olmuştur. Ayrıca bu enerji alanını ayrıcalıklı kılan ise; tanıdığımız hiçbir enerji türüne benzememesidir.

Sıkı dokunmuş bir ağ gibi işlediği görülen enerji yüklü bu alan, iç ve dış âlemimiz arasında bir nevi köprü görevi görür.

Tıpkı ses dalgalarının, havayı taşıyıcı olarak kullandığı gibi, yaydığımız inanç ve düşünce gücü de dünyaya taşınabilmek için bir aracıya ihtiyaç duyar. Burada, kuantum alanı devreye girerek, bu aracılık görevini üslenir.

Bu enerji alanı, farkında olsak da olmasak da her şeyle ve herkesle bağlantı içinde olmamızı mümkün kılar.

Bu esnada "alıcının" bizden ne kadar uzaklıkta olduğunun hiçbir rolü yoktur. Bu alıcı yan komşumuz da olabilir, dünyanın öbür ucunda bulunan bir kişi de olabilir. Oluşturulan ve yayılan rezonans alanı, her zaman doğru kişiye ulaşır. Böylece istediğimiz hedefimizle aramızda, enerji yoluyla kesin ve aktif bir bağlantı kurabileceksek eğer, neden en büyük arzularımızın gerçekleşmesi için daha fazla bekleyelim ki?
Kuantum alanı sayesinde herşeyle ve herkesle hemen bağlantıya geçebiliriz. Tek yapmamız gereken şey bunun için bir adım atmaktır;

Rezonans Kanunu, her zaman "evet" der.

İnançlarını her zaman doğru çıkarır. Sana karşı gelmez.

Mesela, hayatının önemsiz olduğuna ve hiçbir anlam taşımadığına mı inanıyorsun, bu inancın, onaylanacaktır.

Gerçek, büyük bir aşkı hak ettiğine mi inanıyorsun, para, manevi ve maddi zenginliği hak ettiğine; hayatının derin, her şeyi kuşatan bir anlamı olduğuna mı inanıyorsun, bu inancın yaşamında gerçekleşecektir.

Neye inandığın enerjinin umurunda değildir, inancın yüksek ahlaki değerler taşıyabilir ya da çok kötü bir şey olabilir sana fayda sağlayabilir ya da hayatını zorlaştırabilir, enerji işin ahlaki kısmıyla ilgilenmez ve yargılamaz.

Enerji daima senin yaydığın içtekiler doğrultusunda çalışır.

İç âlemimizde sahip olduğumuz her şey, dış dünyada da karşımıza çıkacaktır.

Dünyada karşılaştığımız her şeyin bir kaynağı vardır ve bu kaynak düşüncelerimizdedir.

Eğer istediğimiz sonuçlara ulaşmak istiyorsak, düşüncelerimizi kontrol etmeye başlamalıyız, çünkü düşündüğümüz her şey bir rezonans alanı oluşturur.

Uzun süreli ve sık olarak düşündüğümüz, hissettiğimiz ve söylediğimiz her şey rezonans alanımızı yoğunlaştırır. Bu yüzden kaybetmek hakkında her düşünce kaybetmek, kazanmak hakkındaki her inanç da kazanma ihtimalini kuvvetlendirir. Bu yüzden dış dünyada değiştirmek istediğimiz her şeyi düşünce gücümüzle değiştirebiliriz.

İçindeki yaratıcılığı hatırla ve onu bilinçli olarak kendi iyiliğin için ve diğer insanların iyiliği için kullan!

ARZULARIMIZ DA GERÇEKLEŞMEK ÜZERE BİZE DOĞRU GELİR Mİ?

Şimdi sıra bizimle etkileşime geçen enerjinin, bizi nasıl bulacağı konusu.

Sonuçta evrende milyarlarca DNA var ve bunların her biri enerji alışverişinde bulunuyor. **Peki, evren arzularımızı, daha doğrusu arzulananı yolunu şaşırmadan bize nasıl iletiyor?**

Bir yandan sürekli "yayındayız". Rezonans alanımızı durmaksızın pozitif ve negatif düşüncelerimizle programlıyoruz. İstek ve amaçlarımızı koruduğumuz sürece, korku ve endişelerimiz içinde aynı şey geçerli, rezonans alanımız bizimle aynı titreşimde olanları bize çeker.

Diğer yandan ise hepimiz "kod" olarak adlandırdığımız genetik bir isme sahibiz.

Kriminal teknik ve babalık testi ile ilintili olarak bu kavramı daha önce duymuşsunuzdur. Her bir hücrenin DNA'sı da, aynı parmak izi gibi, eşsizdir.

DNA, başkalarıyla karıştırılması mümkün olmayan genetik bir parmak izi bırakır. İşte bu enerji için de geçerlidir.

DNA'mızın enerji parmak izi, açık ve net bir adres bırakır. Titreşim o kadar belirgindir ki, her zaman bizim için en uygun çözümü bulur.

İNANÇLARIMIZ GELECEĞİ DEĞİŞTİRMEYİ NASIL BAŞARIYOR?

"Zaman hiç de göründüğü gibi değildir. Sadece bir yöne doğru hareket etmez ve gelecek, geçmişle aynı zamanda mevcuttur." - Albert Einstein

Düşünce gücümüz sayesinde geleceğimizi etkileyebilir miyiz? Kesinlikle evet!

Bunu yapabiliriz, hem de tahmin ettiğimizden daha fazla. Kuantum fizikçilerinin nefes kesici buluşları hayatımızı her an tamamen değiştirebileceğimizi ve istediğimiz her şeyi değiştirebileceğimizi, bize bir kez daha gösterdi.

Bildiğimiz gibi düşünce gücümüzle enerji yaymaktayız. Tabii ki sadece biz değil, diğer bütün insanlar da aynı şekilde enerji gücü yaymakta. Aynı titreşimdeki enerjiler birbirlerini çektikleri için tıpkı bizim diğer insanları ve olayları kendimize çektiğimiz gibi başka insan ve olayların da bizi çekiyor olması doğaldır. Buradaki tek koşul, iki enerjinin birbiriyle uyumlu yani titreşimlerin yakın olmasıdır.

"Patoloji kaybolduktan sonra herkes bir yaratıcı olur. Bunu mümkün olduğunca derinden kavramak gerekir: Sadece hasta insanlar yıkıcıdır. Sağlıklı insanlar yaratıcı olur. Yaratıcılık, gerçek sağlığın güzel kokusudur. İnsan gerçekten sağlıklı ve bütün olduğu zaman, yaratıcılık doğal olarak kendine gelir."
Mevlana

Bu arada kuantum fiziği, kuantum dalgası denilen şeyin, örneğin; düşünce ve inançlarımızın, sadece fiziksel olarak yayılmakla kalmayıp zaman içine de yayıldığını bulmuştur. Yani inançlarımız sadece yer değil, zaman da değiştiriyorlar (zaman dalgaları). Demek ki "normal kuantum dalgası" diye adlandırdığımız, geçmişten geleceğe giden kuantum dalgaları var. Bunun dışında, bir de "birleşik karmaşık dalgalar" olarak adlandırdığımız gelecekten geçmişe yayılan dalgalar vardır! Hayret verici değil mi? Ama gerçek. Geleceğe yayılan dalgalar "teklif dalgası", geçmişe geri dönen dalgalar ise "eko dalgası" olarak adlandırılır.

Eğer bu iki dalga karşılaşırsa, yani gelecekten gelen bir eko dalgası, bizim yolladığımız bir teklif dalgasına rastlarsa, bu durumda dalgalar birbirlerini modüle ederler ve ikisinin ortak ürünü olarak ortaya "olay ihtimali" dediğimiz şey çıkar. Kuantum fiziğine göre "bir olayın gerçekleşmesi ihtimali, geçmişten gelen teklif dalgası ile gelecekten gelen uygun bir eko dalgasının buluşması sonucu ortaya çıkar". Bu şu anlama gelir : "Sadece geçmiş geleceği değil, aynı zamanda gelecek de geçmişi etkiler".

Aklımız bunu idrak etmekte biraz zorlanabilir, çünkü şimdiye kadar hep zamanın geçmişten geleceğe, doğrusal bir biçimde ilerlediğini düşünmüştük. Şimdiyse bunun tam tersinin de mümkün olması aklımız için şaşırtıcı.

Demek ki:

Gelecek dışarıda bir yerlerde, çoktan beri mevcut. Aksi halde geçmişe, yani bizim şimdiki zamanımıza, dalgalar yollaması mümkün olmazdı. Senin geleceğin de şu an, şu saniye mevcut. Ama yine de geleceğinin akışı önceden belirlenmemiş, zira geleceğin çeşitli mahiyetlerini seçme imkanına sahibiz.

Tabii ki bilincimiz, sadece bir tek zaman algılıyor. Farklı bir şey tanımıyoruz. Bu şaşılacak bir şey değil, sonuçta duyularımız çok sınırlı. Bütün ışık yelpazesinin sadece % 8'ini algılayabiliyoruz. Geri kalan % 92'lik gerçeği, aynı şekilde bizi çevrelemesine rağmen algılayamıyoruz. Aslında var olduğu halde tamamen yok sayıyoruz.

"Zaman hiç de göründüğü gibi değildir. Sadece bir yöne doğru hareket etmez ve gelecek, geçmişle aynı zamanda mevcuttur."
-Albert Einstein

Ama yine de etrafımızda hiç tanımadığımız diğer enerji titreşim, dalga ve bilgilerle çevrili.

"Bildiğim tek şey hiçbir şey bilmediğimdir." - Sokrates

Teklif dalgamız tüm geleceğimizi dolaşır.

İster bir saniye sonrası, ister bir ya da on yıl sonraki olaylar olsun, tüm olasılıklar tek tek kontrol edilir. Bu aşamada kuantum fiziği şu fenomeni keşfetmiştir: **Gelecekteki olay, zaman açısından ne kadar yakındaysa, rezonans da o kadar nettir. Bu şu anlama gelir; "Gelecekte gözlediğim bir olay zaman açısından bana ne kadar yakınsa, o olayın gerçekleşip gerçekleşmeyeceği kararı o kadar kesindir."**

Yakın gelecekteki bütün olayları, bugünkü bilincimiz belirler.
İşte bu noktadan sonra "istemek" konusuna varıyoruz. Zira istemek birçok ihtimalden birini yaşamımıza çekmekten başka bir şey değildir.

Bir şey istediğimizde, bu doğrultuda bir teklif dalgası yolluyoruz.

Bu dalga, bir eko dalgasıyla irtibata geçiyor.

Bir gerçekleşme ihtimali meydana getirebilirsek istediğimizin gerçekleşmesi için en uygun şartları sağlamış oluyoruz.

İç âlemimizde sahip olduğumuz her şey, dış âlemde de karşımıza çıkacaktır.

Zira dış dünya her zaman iç âlemimizi yansıtır.

Ancak bilincimizi hedefe yönlendirirsek yaşamımızda sahip olmak istediğimiz şeylerle etkileşime geçebiliriz.

Eğer istediğimiz sonuçlara istiyorsak; düşüncelerimizi, duygularımızı ve inançlarımızı gözlemleyerek yönlendirmeye başlamalıyız, zira hissettiğimiz ya da düşündüğümüz her şey, bir rezonans alanı oluşturur.

"Ön yargıları yıkmak, atomu parçalamaktan daha zordur"
-Albert Einstein

T-İNSAN

TASARIMCI
TEDARİKÇİ
TEKNOLOJİK
TEK, TAM, TANRISAL,
TEK-YOL

BİR ŞEYİN HER ŞEYİ, HER ŞEYİN BİR ŞEYİ

Yeni bir çağdayız, tüm insanlık, her şeyi yeniden anlamlandırması gereken sancılı, ikircikli bir süreç yaşıyor. **İçimiz-dışımız-çevremiz kıpır kıpır, dijit dijit...**

"İyi şeyler olsa, güzel gelişmeler yaşasak bile ya devam etmezse, ya kötü şeylere de yol açarsa" diye olumlu durumlar için bile **huzursuz, sürdürülebilirlik arayan, kaygılı ruh halleri içindeyiz...**

Yeniçağa verilen isimler (muhtelif):

Yeniçağ'a; **Dijital Çağ, Sibernasyon çağı, Anlam Çağı, Nano Teknoloji Çağı, Genetik Çağı, Robot Çağı, Buluş Çağı, Bulut Çağı, Hologram Çağı, Simülasyon Çağı, Sensör Çağı, 6. His Çağı, Anlam Çağı, Tutku Çağı, Tiribülans Çağı, Mobil Çağı, 4. Endüstri Çağı, hatta Fütürist Çağ vb.** Liste uzar gider... Daha bir sürü tanım yapılıp, çeşit çeşit ad takılabilir...

Ne dersek diyelim öncekilere benzemez, çok kısa aralıklarla, sık sık birbirinin üstüne patlayan güçlü dalgalar gibi, her biri gerçekten de yep yeni birkaç çağ demek olacak kadar **devrimsel değişim ve dönüşüm geçişleri** yaşıyoruz.

Değişim ve dönüşümün temel sebepleri, tetikleyicileri;

Tüm yerleşik paradigmalarımızı, ön yargılarımızı, zaman-mekân algılarımızı yıkıp, yeni ve daha akışkan, daha uygun olanlarla değiştirmemiz gerekiyor. Bilgilerimizi gözden geçirmeye ihtiyacımız var...

Dünya aslında en tepede, aşağıdaki 2 Hiper Tetikleyici yüzünden;

1. Nano
2. Genetik

Eksponansiyel (üssel, misli ile) hızda **dönüşüm** geçiriyor.

Yaşadıklarımızı ve yaşayacaklarımızı izah etmek için "değişim" demek sığ kalıyor, yetmiyor!..

Yukarıdaki Hiper Trendlerin sebep olduğu özellikle **5 Mega Trend;**

1. Dijitalleşme,
2. Mobilizasyon,
3. Robotlaşma,
4. Yenilenebilir Enerji ve
5. Uzay Teknolojileri
alanlarında çok hızlı ve kapsamlı gelişmelere neden oluyor.

Bunlar da aşağıdaki 10 İleri **Teknolojik Trend**'i yaratıyor;

1. Big Data (Büyük Veri),
2. Clout Computing (Bulut Bilişimi),
3. Artificial Intelligence (AI - YZ - Yapay Zeka),
4. IoT (Internet of Things - Nesnelerin/Şeylerin İnterneti),
5. Wearable Technologies (Giyilebilir Teknolojiler),
6. M2M/V2V (Machine to Machine / Vehicle to Vehicle - Makinadan Makinaya, Araçtan Araca),
7. Augmented reality (Srttırılmış gerçeklik),
8. Hologram 3D Print and Drawing Technologies (Üç Boyutlu Baskı ve Çizim Teknolojileri),
9. QR Coding (Quick Response - Çabuk yanıt Kod),
10. Location Based & Customized Apps (Lokasyon Bazlı ve Özelleştirilmiş Mobil Uygulamalar)

Yani konuya bakacaksak böyle temel bir çerçeveden bakmak lazım.
Sebep sonuç ilişkileri kurarken, bu ndenleri kesinlikle hesaba katmak gerekiyor.

GENÇLERE YOL AÇILMALI!

Liderler hele de "dünya liderleri" gelecekten konuşacaksa, yukarıdaki konulardan anlayan ve bunlara vizyoner yaklaşabilecek yetkinliklerde olmalıdır diyorum. Olay anlatıldığı ve algılanmaya başladığı kadar basit, dar ve sığ hele hele fantastik hiç değil!.. **Şu andaki dünya liderleri geleceği yaratacak kapasitede ve yetkinlikte değil. Hepsi Old School (Eski Okul)** mezunu. Gençlere hızla yol açmalılar.

Yukarıda sıraladığım her bir madde, tek başına ilerlese bile dünyayı, insanlığı sarsacak dönüşümlere sebep olacak güçte iken şu anda hepsini eş zamanlı yaşıyoruz. Gelişmeler ve giderek hızlanacak, artacak etkileri; hissedildiğinden daha dramatik, dağıtıcı, bozguncu sonuçlar yaratacak güçte.

Dünya, insanlık akıllı hatta duyguları da öğrenmeye başlamış "şeylerle" yaşamaya, uzlaşmaya" alışma sürecine girdi diyorum. Herkese **"Singularity - Tekillik / İnsanlarla Şeylerin Bir Arada Kardeş Kardeş Yaşadığı Yeni Dünya Düzeni"** için ve **T- İnsan** olmak üzere ders çalışmaya başlamasını öneriyorum.

Olaya Türkiye açısından bakarsak; İki Hiper Trend'de yani Nano ve Genetikte direkt sınıfta kaldık. 5 Mega Trend'de; 1 ve 2 de kısmen varız gibi diyelim. 10 İleri Teknoloji Trendinde ise sadece "tüketmek için heveslenmeye başladık" seviyesindeyiz deyip, böyle gidersek; **Gelecek Türkiye'ye "otur, sıfır" verecek diye toparlayalım.**

TAŞ TABLETTEN, DİJİTAL TABLETE GEÇTİYSEK...

Şu andaki mesleklerle daha doğrusu yapılan işlerle, gelecekte yapılacak işler arasındaki fark; **taş tablete yazı, resim çakan ilkel insanlarla, bugün parmağıyla dokunmatik ekranda, tabletlerde, akıllı telefonlarda iş yapan** insanlar arasındaki fark gibi olacak.

Bugünkü eğitim sistemi, meslek, alan, iş ayırımları aslında "idari ayırımlar, bölünmeler" ve "fiziksel bulunmayı" gerektiren kurgulara göre oluşturulmuş durumda ve **gelecek için anlamsız faktörler, unsurlar.**

Bundan sonrasında herkes internet bağlantısı olan herhangi bir yerden yalnızca beynini ve değerlerini kullanarak iş yapabilecek, kendini adadığı alanda hizmet sunabilecek.

Gelecek yıllarda mesleklerden ve katı, bölümsel, birimsel ayırımlardan ve bunları isimlendirme çabalarından çok **"neyi niçin yapacağımıza, yapmamız gerektiğine, becerilerimize, yetkinliklerimize, dünyanın esas ihtiyaçlarına göre çözümler üretmeye"** odaklanacağız.

Artık teknolojiye, daha çok para güç kazanmaya, kar etmeye, tüketmeye, üretmeye, bunları kışkırtacak meslek, iş illüzyonlarına değil **"insanlık olarak yaratmakta olduğumuz ekolojik, sosyolojik, toplumsal felaketlerden paçamızı nasıl kurtaracağımıza, sürdürülebilir geleceğe"** odaklanacağız, odaklanmalıyız.
Meslekleri, geleceğin anlamsızlaşmış dayatmalarını boş geçip, gençlere yol verip bu tür bakış açısına odaklananlar, kendilerini adayacakları insanlığa hizmet alanında uzmanlaşmaya çalışacak ve herkes başarılı yani mutlu olacak.

DÜDÜK SESİNE AZ KALDI!

Şu anda kurulan tüm düzenler, özellikle de "bilgisayar, bilgi çağının kurumsal alan, plaza tipi" organizasyonları yok olmaya mahkûm. Kanaatimce kurumsal hayattaki pek çok iş "uzatmaları" oynuyor. Düdük sesine az kaldı!

Aslında şu anda ofis dediğimiz yerlerde yapılan işlerin çoğu bir anlamda "bilgi girişi, bilgi paylaşımı" yani klavye operatörlüğü seviyesinde. **Tekrar ediyorum; "iş yapmak için insanların bir yerde bulunma zorunluluğu hatta o işin bir insan tarafından yapılma gerekliliği" neredeyse tamamen ortadan kalkmaya doğru gidiyor.** Şu anda iş diye görülen şeylerden edinilen, üretilen, dağıtılan, analiz edilen bilgilerin sabit bir yerden ya da bir insan tarafından halledilmesi gerekmiyor.

YENİ İŞ YERİMİZ; BEYNİMİZ

Yeni iş yerimiz internete bağlanabilen beynimiz olduğuna göre; kısa bir süre içinde, yakın gelecekte yukarıda sıraladığım teknolojik gelişmeler sahaya inip, yaygınlaştığında hakemler düdük çalmaya ve oyuncu ve kural değişikliği yapmaya başlayacak. **Oyunda kalmak isteyenlerin geleceğin isterlerini iyi okuyup, fütürist bakıp hazırlanması gerekiyor. Mesleklere değil, becerilere kafalarını takmalılar.**

Olaya ülkemiz açısından bakarsak; Umut var ancak şu andaki halimizde direnirsek, eğitim sistemi, genel olarak halkın algısı, bilgisi değerlendirildiğinde geçer not almamız imkânsız!

Yıllar önce, 2008'de yine Hürriyet'e verdiğim bir roportajda **http://goo.gl/wAofXe** detaylıca anlatmıştım. Hazır yeri gelmişken o söyleşide yer alan, Türkiye'deki ilk ve tek Fütüristler Zirvesi'nde konuk ettiğim Türk asıllı **Sevgili Jacque Fresco** 13 Mart 2016'da 100. yaşını kutladı; onu da analım. Ömrü uzun olsun diyelim...

Yıllardır **"Kaynak Tabanlı Uygarlık ve Parasız Ekonomik" modeli anlatan ve en büyük esin kaynaklarımdan biri olan Fresco**'nun bir 100 yıl daha yaşayıp, kıymetinin bilindiği yılları görmesini çok isterdim... Belki olur, başarabiliriz. Kim bilir?..

İşsizlik, istihdam da neymiş?

İşsizlik, istihdam gibi meseleler bugünkü bilgi ve kurgularla takıldığımız konular. Gelecekte anlamsız olacaklar. Dünya bambaşka değer setleri ile çok farklı biçimlerde ve bugünkünden çok çok ileri, özlü amaçlarla, o amaçlar için yaşayacak. **Temel ihtiyaçlarına odaklanacak. Beslenme, barınma, sosyalleşme, üreme vb. gibi kök gereksinimlerine geri dönecek**. Şu andaki düzen, bilgi bombardımanı, terör, savaş vb. korkusu ile bastırılmaya, kandırılmaya, manipüle edilmeye çalışılan düşünceler, algılar açıldığında herkes, hepimiz farklı boyutlara geçeceğiz.

O zamana kadar, düz matematikle ve mantıkla bakarsak; evet yenidünya düzenine, geleceğin insanlık modeline varıncaya kadar bu tür rakamlarla da ifade edilen sorunlar, dönüşümler hatta daha derinlerini, daha büyük kapsamda olanlarını yaşayacağız. Yeni geleceğe doğru hepimizi zorlu ve bir o kadar da keyifli, heyecanlı bir yolculuğun beklediği doğrudur.

Türkiye için de Gelecek Güzel Gelecek... Eğer istersek ve zafer güdümüzü "sırf sen varsın diye bir başkasının, başkalarının mutlu olma hali başarıdır" tarifi ile değiştirirsek hala çok şansımız olduğuna inanıyorum ☺

T-İNSANLAŞIRKEN KAVRAMAMIZ GEREKEN OMNİ YAKLAŞIM;

Algı sistemimizde değişiklik yapmamız gereken iki kavram/durum daha var;

Multi (çoklu) ile Omni (tamamı, her şey).

Buraya kadar çoklu zaman yönetimi, çoklu nesil yönetimi, çoklu kültür yönetimi (multi task, multi generation, multi cultural) vb. gbi kavram ve durumlarla ilerledik. Şimdiye kadar bunları beceren daha başarılı oluyordu. Hala da öyle sanılıyor. **Oysa artık bu yetmiyor, yetmez!** Eskinin kategorik ayırımları gelecekte işe yaramayacak. **Bundan sonrası için "omni" olmak yani her ne ise "o şeyin" tamamını, bütününü iyi yönetmek gerekiyor.**

Her ne yapacak isek, o yaptığımızın her şeyini bilmeliyiz ama bütüne yarar-katkı sağlayacak şekilde olmasını gözetmeliyiz. Bunun için de derinleştiğimiz alanın, ürünün, hizmetin, durumun her şeyini bilmeli; her şeyin de bir şeyinden anlamalıyız...
Yani Omni bakış açısı geliştirmeli, kavrayıcı, kapsamacı, bütünleştiric olmalıyız. Her konuda, her zaman... Bütünle bağı kopuk hiçbir şeyin sürdürülebilir olması mümkün değil...

Hayıırr! Ne münasebet diyenler tekrar düşünsün... Bütüne yararı olmayan, kapsayamayan neyin devamı mümkün?.. O yüzden bundan sonra atacağımız her adımın "bütüne" nasıl etki edeceğini omni yaklaşımla hesaplayarak ilerlemeliyiz...

1800'lerde herkes ama herkes fakirdi. Sonra endüstri devrimi oldu, pek çok ülke nimeterinden yararlandı. Hepsi değil ama!..
-Bill Gates

T-İNSAN

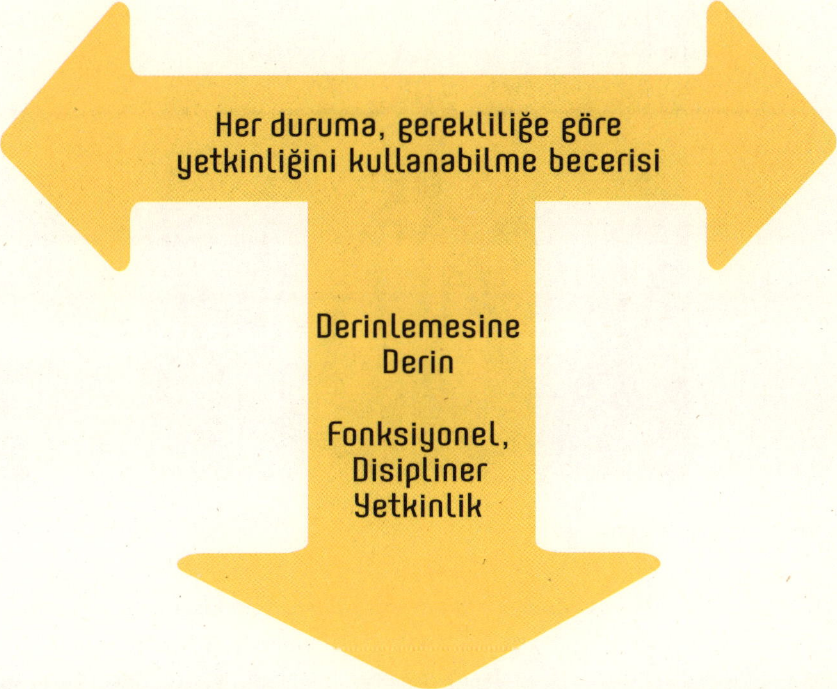

T-İnsan'ı ben Leonardo da Vinci'nin "altın oranından"dan esinlenilerek yeniçağ insanının alması gereken formasyonu, şekli anlatmak için kullanılıyorum.

T-İnsan derken;

T´nin dik bacağını "bir şeyin her şeyini (dikey öğrenme, bilme, paylaşma) ve

T´nin yatay bacağını "her şeyin bir şeyini (yatay öğrenme, bilme, paylaşma) olarak kullanıyorum.

T aynı zamanda;

Tasarımcı, **T**edarikçi, **T**eknolojik ve **T**uruncu insan olma gerkliliğine gönderme yapıyor.

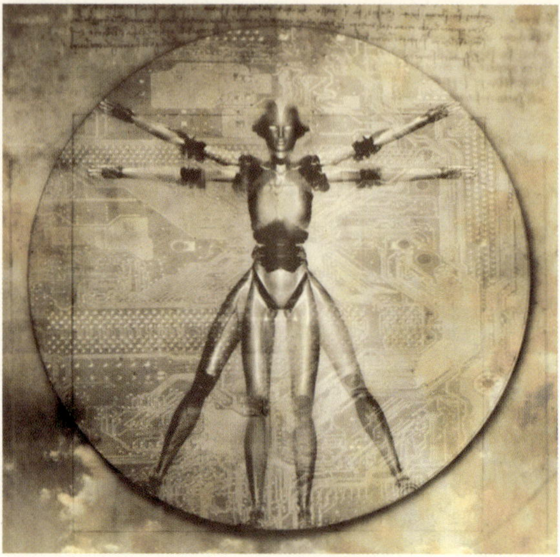

ÜÇ DÜNYA MODELİ

2007 yılı sonlarında PwC tarafından yayınlanan **"Geleceğin İnsanlarını Yönetmek - 2020"** isimli rapor (Pdf'ine kısa linkten ve QR koddan ulaşabilirsiniz. (**https://goo.gl/aqmwVb**), seminerlerimde ve projelerde sık sık değindiğim **üç dünya modelini** savunuyor. Ve içindekiler giderek daha da akla yatkın hale geliyor, çünkü okuduktan sonra siz de "e zaten bunlar başladı bile..." diyeceksiniz.

Evet doğrudur, **geleceğe dair en beğendiğim senaryo çalışmalarından biri olan bu rapordaki** anlatılanlara doğru yol alış çoktan başlamış durumdadır.

Onun için sadece benim burada **T-İnsan** için bahsini açtığım turuncuyu değil, diğer renkleri de iyi okuyup, sindirmenizi öneririm.

Rapor 2020'ler sonrasında iş, yaşam ve çalışma modellerinin üç farklı modelde şekilleneceğini anlatıyor; Mavi, Turuncu ve Yeşil Dünyalar.

MAVİ DÜNYA

Mavi Dünya başlığı altında, bir anlamda bugünkü küresel, kurumsal dünyanın gelecekte dönüşeceği hali tarif ediliyor.

Her sektörde en fazla 4-5, devasa, krallık gibi şirket kalacağı belirtiliyor. Bu şirketlerin dünyanın Ar-Ge, üretim, dağıtım, satış ve servisinden sorumlu olacakları; onlar için devletin, milletin, sınırların anlamını yitireceği anlatılıyor.

Anormal büyümüş Mavi Dünya kurumlarının, birleşme ve satın almalarla oluşacağını iddia ediyor. Ki son yıllarda artan şirket evlilikleri, sektörel birleşmeler, satın almalar vb. dünyanın aynen bu doğrultuda ilerlemekte olduğunu gösteriyor...

Mavi Dünya şirketlerinde çok yüksek teknoloji, robotlar, hologramlar, hiper iş zekâsı sistemleri vb. kullanılırken çok az sayıda üstün nitelik ve becerilere sahip sahici (Augmented / Artırılmış) insanlar çalışıyor olacak. Onlara bu günkü çalışanlar gibi bakmayalım lütfen. Hem bilgi ve becerileri çok yüksek hem de IQ ve EQ ları

GELECEK 10-20 YILI ATLATABİLMEK İÇİN GEREKLİ OLAN ÜÇ DÜNYA:

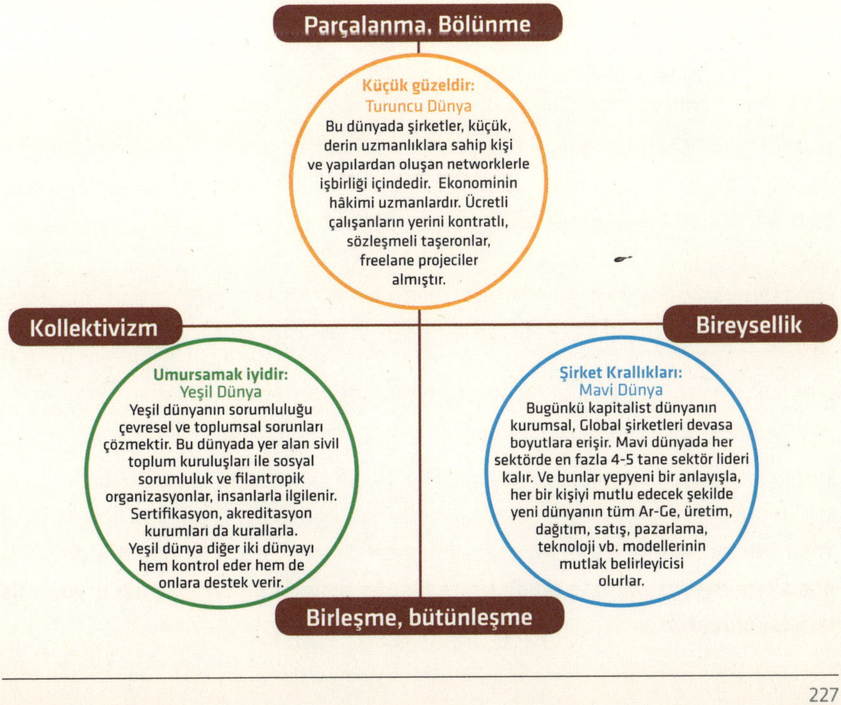

yükseltimiş ultra gelişkin tiplerden bahsediyoruz. Yani **Mavi Dünya** şirketlerinde, ücretli ya da hissedar ve çok geniş yetki, sorumluluk kapsamıyla çalışabilmek için **ağızla değil, teknoloji, yaratıcılık ve çok çalışkanlıkla dijital/teknolojik kuş tutmak** gerekiyor!

Yenidünyada az sayıda ve hala ücretli, sabit gelirli çalışabilecek olanlar, Mavidekiler olacaklar. **Mavi Dünya'da işlerin çoğu outsource edilecek.**
Turuncu ya da **Yeşil Dünya**daki uzmanlardan hizmet alınacak. Departmanlar, birimler, hiyerarşik yapılar yerlerini yatay, matriks tipi örgütlenen ve **"proje"** bazlı organizasyonlara bırakacaklar.

Bu modeldeki işletmelerde sanal, uzaktan, robot vb. her türlü "kiralık, geçici" kaynak kullanılacak. **Az sayıdaki, yüksek nitelikli ve ücretli saf kan çalışan insanlar** tüm bu karmaşık, uzmanlık ve proje tabanlı işleri koordine edecekler. Şimdilerde bu örgütlenme biçimine her film (proje) için ayrı set, kadro vb. kurulup, dağılmasına gönderme yapılarak **"Hollywood Modeli http://goo.gl/1LzNgk**"de deniyor.

Zaman içinde pek çok kişi kitabın başından beri anlattığım değişikliklere göre kendilerini yeniden donatmamış, sürekli öğrenme moduna geçmemişlerse, ya zorla ya da havlu atarak **Mavi Dünya**nın dışında kalacaklar.

Mavi Dünya'daki oyunun dışında kalan, yani ücretli, maaşlı, sürekli çalışma olasılığını zorunlu olarak yitiren ya da kendi tercihi ile terk eden kişilerin büyük çoğunluğu:

a- Çalışmamayı tercih edip, evde, kafede, parkta vb. artık nerede olursa, oralarda oturacaklar. Gezecek, eğlenecek. Mavi ve Turuncuların yaptıklarını kullanacak, tüketecek. İnsan olmanın tadını çıkaracaklar. Kendi ailelerinden, çevrelerinden ya da toplumdan para kazanmaya devam edenler tarafından sağlanan olanaklarla (yani **Yeşil Dünya**dakiler) güzel güzel yaşamlarına devam edecekler. **İşsizlik de bir iş olacak demiştim ya? İşte orada kastedilenler aslında bu tür işsizliği iş edinmiş işsizler oluyorlar...**

b- Bordro mahkumluğu bana göre değil, ben girişimci, solo-girişimci, taşeron, kontratlı çalışan, danışman, avatar vb. olacağım diye **Turuncu Dünya**'ya transfer olacaklar.

TURUNCU DÜNYA

Turuncu Dünya WEB ekonomisini temsil ediyor. Online, her an birbirine bağlı, Webratör (geleceğin fabrikatörler) Siberyonerleri (geleceğin milyonerleri) anlatıyor.

Turuncu Dünya kurgusu teknolojinin sağladığı nimetlerle **bordro mahkûmu olmadan ya da öyle hissetmeden kurumsal girişimci ruhu ile de işe yaranabileceğini, para kazanılabileceğini anlatıyor.**

Turuncu insanlar, yani bireysel girişimciler, kobi bile sayılamayacak küçük işletmeler danışmanlar, avatarlar; mavilerin aksine bölünme, parçalanma ve derinleşme ile oluşuyorlar. İnsanlar belirli, dar kapsamlı uzmanlık alanlarına, dikey (T'nin dik bacağı) yöneliyorlar. Bir konunun o kadar çok derinlemesine uzmanı, tedarikçisi oluyorlar ki o alandaki projelerde daima star oyuncular gibi iş buluyorlar.

Bu dünyada olabilmek için **risk alabilen, ressilience'ı yüksek** (https://goo.gl/7pxIlu), **inovatif, teknolojik gelişmelere en çabuk ayak uyduran, hatta onların yaratıcısı olan, dijital yetkinlikler açısından büyüme korsanı (Growth Hacker >** **http://goo.gl/ydBIxh**) olacak kadar çevik profillere dönüşmek gerekiyor. **T-İnsanların çoğu da bu Turuncu Dünya'da yetişiyor.**

YEŞİL DÜNYA

Yeşil Dünya, gelecekte iki fonksiyona odaklanan insanlardan, fiantropik organizasyonlardan oluşacak;

a- Toplumsal uzlaşma için, çoğu bugünkü manada işsiz olacak insanların yaşama haklarını ve koşullarını filantropik yapılarla sağlayacak, kollayacak **gönüllü, sivil ya da kamusal, sosyal toplum kuruluşları, örgütlenme biçimleri.**

b- Özellikle **Mavi** ve **Turuncu Dünya** tarafından yaratılması olası **çevresel, insani sorunları engellemek üzere; yeni standartları, akreditasyon kriterlerini, kuralları, kanunları ve yaptırımları** belirleyen, kontrol eden, aynı zamanda da katkı veren, daha çok **gönüllü, mesleki, sektörel, sivil, kamu yapılanmaları.**

Gelecekte insanlar daha özgür koşullarda yaşayacaklar ve bugünküne göre çok daha az çalışacaklar. Çünkü hem bir yerlerde fiziksel bulunma zorunlulukları ortadan kalkacak hem de bugün insanların yapması gereken bir sürü işi makinalar, robotlar yapacak. Yani **insanlar giderek süre olarak da sayısal olarak da az çalışacaklar.** Kendilerine ve topluma ayıracakları daha çok zamanları olacak.

Öte yandan fiyatlar, kar marjları, hizmet bedelleri, giderler ve gelirler düşecek. Tabii ki tüm bunlar pat diye, aniden, bir-iki yılda olamayacağı için ekonomik, sosyolojik ve psikolojik pek çok uyum sorunu ortaya çıkacak. İşte bu sorunlar **Yeşil Dünya**'nın **dayanışmacı, kollektivist, yardımsever** insanları ve örgütleri tarafından çözülecek. Kısacası **Yeşil Dünya**'daki faaliyetler huzur bekçiliği yapacak.

Yeşil Dünya'nın bir diğer fonksiyonu da kendisi de dahil olmak üzere;

- Mavi ve Turuncu Dünya'nın dünyayı sömürmesini engellemek.

- Tüm **dünyanın, insanlığın, ekolojinin ve evrenin** aleyhine şeyler yapılmasını önlemek. **Bunun için kontrol mekanizmaları, sistemleri geliştirmek. Bir yandan birbirini denetlemek diğer taraftan da birbirine katkı vermek. Örneğin;**

Kyoto Protokolü (https://goo.gl/3eXswY): Birleşmiş Milletler İklim Değişikliği Çerçeve Sözleşmesi içinde imzalanan protokol Yeşil Dünya tipi oluşumlara tipik ve en güçlü örneklerden biri. Küresel ısınma ve iklim değişikliği konusunda mücadele için tüm dünya ülkelerinin hem dayanışmasını hem birbirini kontrol etmesini sağlamaya yönelik uluslararası çerçeve. Bu protokolü imzalayan ülkeler, karbon dioksit ve sera etkisine neden olan diğer beş gazın salımını azaltmaya veya bunu yapamıyorlarsa karbon ticareti yoluyla haklarını artırmaya söz veriyorlar.

Greenpeace / Yeşil Barış (http://www.greenpeace.org/turkey/tr):
Kırktan fazla ülkede şubesi ve Amsterdam/Hollanda'da uluslararası bir merkezi olan çevreci, kürsesel sivil toplum kuruluşu. Dünya'nın tüm çeşitliliği ile yaşamı

besleme gücünü garantiye almayı amaçlıyor. Küresel ısınma, ormanların yok olması, aşırı avlanma, ticari balina avcılığı, genetik müdahaleler ve nükleer çalışmalar gibi sorunlara odaklanıp, kampanyalar gerçekleştiriyor. Amaçlarına ulaşmak, farkındalık yaratmak ve dikkat çekmek için doğrudan eylem, lobicilik ve araştırmalar yapıyor. 2,9 milyon bireysel destekçisinden ve vakıf yardımları ile çalışıyor. Hükümetlerden, şirketlerden ve siyasi partilerden bağış kabul etmiyor.

Change.org / Değişim (https://www.change.org)

Herkese çevresinde görmek istediği değişimi gerçekleştirebilmesi için olanak sağlayan ve hızla büyüyen küresel bağlamda dünyanın en büyük **imza kampanyası projesi.** Bu kitap yazıldığı sırada 35 milyondan fazla kullanıcısı bulunan bu platform, sosyal, gönüllü, ücretsiz ve kâr amacı gütmeyen bir sosyal medya sitesi. Websitesi içinde çalışan belirli bir ekip de var. İsteyen her insan, kurum veya kuruluş siteye kayıt olmak şartıyla dilediği konuda imza kampanyası başlatabiliyor. Farkındalık ve sivil itaatsizlik, aktivist hareketler, boykot, protesto vb. başlatabiliyor.

HOLLYWOOD MODELİ İŞ HAYATI'NI ANLAMALISINIZ...

New York Times Magazine'de **"What Hollywood Can Teach Us About the Future of Work? – İşin geleceğine dair Hollywood bize ne öğretebilir?"** başlığı ile yayınlanan yazı kuşkusuz ilgimi çekti.

Mavi, Turuncu ve Yeşil dünyalarda da geçerli olabilecek bu modeli de irdelemeden geçmeyeyim dedim.

İçinde hem **"Hollywood"** hem **"işin geleceği"** gibi seçici algı reseptörlerime dokunan tılsımlı kelimeler vardı. Hemen okudum ve sizinle de paylaşmayı arzu ettim.

Çünkü konuyu hayati buluyor, sizleri de geleceğinizi yapılandırırken ya da gençlerin, çocukların eğitim, kariyer, iş ve aslında bütünsel olarak yaşamlarını şekillendirmelerine yardımcı olurken dikkate almanız, ezberlerinizi bozmanız için uyarmak istiyorum... Film setinin ilk günü...

Adam Davidson finansal konularla ilgili bir macera filmine finansal danışmanlık yapmak üzere gittiği Holwyood setinin ilk gününü şöyle anlatıyor:

Çekimlerin ilk günüydü. 150 kişi civarındaki set ekibi ben gittiğimde harıl harıl çalışmaya başlamıştı. Teknik ekipler kablo döşüyor, sesçiler mikrofonları ayarlıyor, ışıkçılar çeşitli boylardaki projektörleri yerleştiriyorlardı. Sinamatograflar bir köşede gün ışığından nasıl yararlanacaklarını, açılarını hesap edip, filtrelemeyi nasıl yapacaklarını tartışırken, dekoratörler son dokunuşlarını yapıyor, halı döşüyor, kostümcü bir taraftan makyajı yapılıp, saçı taranan başrol oyuncusuna hangi ayakkabıları giyeceğini gösteriyor, giydiriyordu. Oyuncular ezberlerini, mimiklerini tekrarlayıp, mini provalar yaparken, ben de önüme çıkan bir asansörün düğmesine basıp bekliyor ve dekor olduğunu anlayıp, kendi kendime gülümsüyordum.
Fark ettiğim ve şaşırdığım şey; birbirine benzemez onca insanın setteki işleri maharetle, hızla, sükunetle, akışkan bir biçimde ve sanki sihirli bir elin sağladığı uyumla, anlık aksiyonlarla yaptığı idi. Ekibin neredeyse tamamı (hatta bazıları ilk kez orada görüşecek kadar birbirine yabancı idi) sadece bu film için bir araya gelmişti. Proje bitince herkes kendi yoluna gidecekti. Yani bu iş için geçici bir ekip olmuşlardı. Görevlerini yapacaklar ve ayrılacaklardı... Olay bundan ibaretti...

Uzun, kalıcı yerine kısa, geçici

Yukarıda aktardığım ve son yıllara iş dünyasında **"Hollywood Modeli"** olarak kullanılmaya başlanan örnek, düzenek ve süreçler aslında geleceğin çalışma koşulları, iş hayatı açısından çok ciddi sinyaller veriyor. Adeta **"Mavi, Turuncu ve Yeşil dünyalarda insanların nasıl, ne yaparak para kazanacağının simülasyonunu"** yapıyor.

T-İNSAN

Bağış yapmak dâhil olmadan para vermektir. Filantropi ise dâhil olarak, başkalarının da katılmasını sağlayarak hayırseverlik ve yardımlaşmadır.
-Eli BroadBill Gates

YA DA HOLOKRASİ TİPİ (PIZZA ŞEKLİNDE İŞ MODELİ DE DENİYOR) ORGANİZASYONLARA ODAKLANABİLİRSİNİZ;

Holo, Yunanca kökenli. Whole=bütün kelimesinden türemiş. Cracy'de democracy'den (dêmo=insan topluluğu) + krátos= kural, güç) alınmış, ortaya holcoracy yani holokrasi denen **"bütünsel yönetim"** biçimi çıkmış. **Yerinden özyönetim** de deniyor.

Geleneksel aşağıdan yukarı, yukarıdan aşağı piramitlerle izah edilmeye çalışılan hiyerarşik yönetim yerine **yöneticilerin, unvanların vb. olmadığı, herkesin yüksek bilinç, sorumluluk ve yetki ile kendi kendini yönettiği** bir sistemdir. Bu kültürde çalışanlar rollerine, yapacağı işe hâkimdir. **İnsanların işlerini yapmaları için yönetici güdümünde olmaları gerekmez.** Dolayısı ile piramitler de yoktur.

Tıpkı bir mahalle halkının kendisine ait yaşam alanını, sınırlarını bilmesi gibi, herkes görevini, yapması gerekeni bilir. **Şirket çalışanlarının birden fazla görevi vardır.** Bu rollerin gerektirdiği yetkiyi ve bu yetkinin sınırlarını bilirler. Örneğin bizim şirkette benim şirketi temsil etme görevim var. Ayşe pazarlama, müşteri ilişkilerini yönetme ve iş/ilişki geliştirme; Can da yazılım ve teknik konularla ilgili sorumlu olduğunu biliyor. Kısacası holokraside bir sürü daireler var. Herkes kendi dairesinin uzmanı, sorumlusu ve yetkilisidir.

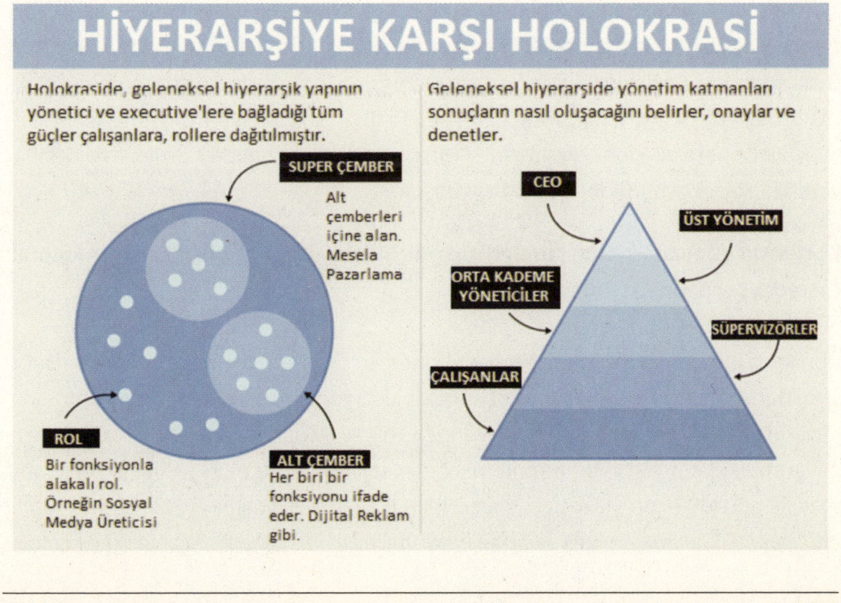

Böyle bakınca, yazılımcı Brian Robertson'un ortaya attığı ve aynı isimde bir de kitap yazdığı **holokrasiye geleceğin yönetim biçimi, şirket organizasyon yapılarından biri** diyebiliriz.

Başta Zappos (Amazon bünyesinde satış yapan devasa ayakkabı, giysi perakendecisi) olmak üzere 300 kadar Global şirkette uygulanmaya çalışılan **holokrasinin işlemesi, yeniçağın olmazsa olmazları "güven, hoşgörü, saygı ve paylaşım"** kültürüne bağlı. Bunların olmaması halinde **yüksek seviyede belirsizlikle ilerleyebilme, değişim, dönüşüm, yenilikçilik ve esneklik gibi hayati yetkinlikleri** gerektiren modelin başarılı olması mümkün değil.

Halen alternatif bir yönetim şekli olarak görülüyor. "Yok canım olur mu öyle şey, mümkün mü?" diyenlerle "bal gibi de olur, olmak zorunda" diye tartışılıyor. Oysa ben her halükarda **yeniçağın, teknolojinin zorlayıcı etkilerinden dolayı giderek yaygınlaşacağını** hatta Hollywood İş Modeli ile birlikte, kaçınılmaz olarak, geleceğin organizasyonel yapılanma modeli haline geleceğini iddia ediyorum.

Kıdem, sadakat?..

Endüstrileşmenin ilerlediği, kurumsallaşmanın emeklediği yıllarda Japon iş modeli ve felsefesi tüm dünyaya esin kaynağı örnek ve yol gösterici çözüm olmuştu. "İşe ön kapıdan girersin, arka bahçedeki mezara gömülünceye kadar, yani ölene kadar aynı yerde çalışırsın" mottosunu herkes çok benimsemiş, iş hayatı kuralları, sistemleri liyakat, sadakat, bağlılık kavramları bu yaklaşımın etrafında örülmüştü. Oysa sonraları, özellikle bilgisayar, bilgi devrimi ile aynı yerde çalışma süreleri kısalmaya başladı. Değişim hızı artıp, gelişme, dönüşme, inovasyon, girişimcilik ihtiyacı yükselince hem bireyler hem insanlar için uzun süre aynı yerde kalmak eskisi kadar verimli, akılcı ve mümkün olmamaya başladı.

Kurumsal dünyada kıdem süreleri giderek kısaldı ve iki-üç yıl aynı yerde kalmak (neredeyse) uzun sayılmaya başlandı.

Dünyanın düzeni kalıcı, uzun ilişkiler yerine geçici, kısa ilişkileri gerekli kıldı. Değişim, dönüşüm hızı ve kapsamı arttı. İnsanların bir işe sahip olmak için yeni dünyanın isterlerine uyum sağlaması, kendini tekrar tekrar yenilemesi, güncellemesi, geliştirmesi hem zorlaştı hem de mecburileşti. Hal böyle olunca "güvenceli, sabit maaşlı, sürekli, uzun yıllar kalınabilecek iş arayışı, bunu sağlayacak meslek sahibi olma arzusu" neredeyse "tek ve ortak ideal" haline geldi. Ve tehlike çanları çalar oldu...

İşsiz kalmak istiyorsanız uzun süreli, kalıcı iş peşinde koşun!..

İşte tam da buraya dikkat çekmek istiyorum. Bundan sonrasında **"garantili, uzun, kalıcı"** iş bulmayı hedefleyenlerin aksine işsiz kalacağına kesin gözüyle bakabilirsiniz!.. diye haykırmak istiyorum...

Dijitalleşme, robotlaşma, yenilenebilir enerji devrimleriyle değişen üretim süreçleri, tüketim ihtiyaçları, teknolojik trendler, yeniçağın yaşamsal koşulları ile değişen fiyatlar, kar marjları, maliyetler ve ücretler vb. gibi hayati nedenlerle artık iş yerlerinin çalışanların sorumluluğunu uzun süre almaları pek olası, akılcı ve operasyonel görünmüyor.

O yüzden iş yerleri artık **"uzun süreli çalışanlardan oluşan maddi, manevi sorumluluğu her geçen gün daha da taşınamaz hale gelen sabit bölümler"** yerine geçici, ihtiyaca göre, gereken sürelerde, istenen yetkinliklerde kiralanan **"proje ekipleri"** ile çalışmayı tercih ediyorlar. Etmek zorundalar. **Tıpkı bir Hollywood filminde çalışan takımlar gibi...**

Sürdürülebilir bir kariyer, iş hayatı, şirket yapısı ancak ve ancak Hollywood Modeli diye özetlediğimiz "geçici, kısa süreli projelere, proje ekiplerin sahip olmak ve o ekiplerin parçası olabilmekle" mümkün!
Hollywood iş modelini mümkün kılan en önemli, kilit faktör ise: Beceri... Bir işte, bir alanda, bir konuda "en becerikli, işinin erbabı, konusunun uzmanı" olmak.

İşte buna hem çalışanların, hem öğrencilerin hem de ebeveynlerin çok çok dikkat etmesi gerekiyor...

Çalışıyorsanız:

Şu anda garantili olduğuna inandığınız ya da dingildeyen ücretli bir işiniz olsa dahi bilin ki eğer kendinizi yenileyemezseniz, hatta yenileseniz bile belki de şirketiniz yenileyemeyip batacağı ya da yenileyip, onca çalışana gerek kalmayacağı için her halükarda kısa, orta vadede o işinizi kaybedeceksiniz.

Peki siz ne yapacaksınız? Kendinizi bir konuda, alanda proje gruplarına davet edilecek kadar becerikli kılacaksınız. Kılmalısınız! Bunun için hibridleşerek kendinizden yeni ve daha gelişmiş, güncellenmiş, her daim geçer akçe olabilecek bir siz yaratmak için kolları sıvamalı, beyninizi açmalısınız.

Öğrenciyseniz;

Annenizin, babanızın, "altın bilezik, garantili, çok para getiren iş" safsatalarına kulak asmamalısınız. Aklınızı kullanın, yukarıdaki yazıyı tekrar tekrar okuyun. Fütürist kafadaki büyüklerinizle, yaşıtlarınızla tartışın, cesur olun ve "sevdiğiniz, hayatınızın her anında beraber olmak isteyeceğiniz uzmanlık, hizmet, faaliyet alanınızı" bulup, keşfedip tutkuyla onu geliştirmek en iyi yapmak için çok çalışın. Kendinizi ona adayın. Mazeretler değil, o konuda gelişmek, derinleşmek için çareler yollar, çözümler bulmaya gayret edin ve yürüyün! Kimse tutamasın sizi...
Böyle olursanız tutamaz da zaten!..

Ebeveynseniz;

Önce kendinizin geleceğini yukarıdakilerden feyz alarak gözden geçirin ve kendi paçanızı kurtarmak üzere harekete geçin. Uçakta anne-babaların oksijen maskesini ilk kendilerine takmasının gerekmesi gibi hani... Ancak bunu yaptığınızda, bu düşünce, eylem seviyesine yükseldiğinizde zaten çocuklarınıza, yakınlarınıza sağlıklı rehberlik edebileceksiniz. Aksi takdirde hem kendinize hem evlatlarınıza uygunsuz ve uyumsuz rota vereceksiniz, aman dikkat!

Herkese diledikleri, hayal ettikleri Hollywood filminin (kariyerlerinin, iş hayatının) starı, ışıkçısı, en iyi yardımcı oyuncusu, makyözü, tesisatçısı, figüranı vb. olmayı dilerim...

FİLANTROPİ (PHILANTROPHY) - HAYIRSEVERLİK

Açlık, fakirlik, savaş dünyanın büyük insanlık sorunları... Günümüzde pek çok insan, sürdürülebilir küresel gelecek için etik değerlere olan duyarlılığın artırılmasını ve uluslararası yeni bir düzenin kurulmasını gerekli görüyor. Bu tür söylemler, organizasyonlar, çabalar artıyor...

Yüzleştiğimiz uluslararası ve sosyal problemlere gerçekten çözümler üretmek istiyorsak, **Dünya'yı ve kaynaklarını tüm insanlığın ortak mirası** olarak kabul etmemiz gerektiğine dayanan bir bakış açısı hızla yükseliyor.

Tüm kötü kullanımına rağmen, Dünya'mız aslında hala zengin kaynaklarla dolu. Problemlerimiz **kaynakların kıt olması değil, onları yönetemememizden, etkin, akılcı ve adil kullanma konusundaki beceriksizliklerimizden** kaynaklanıyor...

Bu doğrultuda sürekli konuşuluyor, politik, siyasi söylemler üretiliyor ve teknoloji sürekli geliştiriliyor. Ancak **dengesiz dağılımlar yüzünden ve kaynakların paraya dayalı paylaşım düzeninin yarattığı güç dengeleri, sömürü sistemleri nedeniyle** pek böyle hayırlı işlere bakılamıyor.

Sömürgen güç odaklarınca pompalanan, iyice köpüklendirilen karmaşalarla, insanlar, toplumlar arasındaki huzursuzluk, tatminsizlik, bunalım, gerilim, endişe bilinçli ve kasıtlı olarak artırılıyor. Özellikle metropollerde yaşayan insanlar artık, **paranın, para kazanma, harcama biçimlerinin yaşam kalitesini artıramadığını, aksine azalttığını, hatta yok ettiğini** fark ediyorlar. Bu yüzden de çoğunlukla gelecekle ilgili mutsuz ve karamsarlar. Bir taraftan çarpık düzenin devamı için yaşamları, ruhları pahasına çabalıyorlar. Bir taraftan da yaptıklarının anlamsızlığını ve sürdürülemezliğini görüyorlar. Bunalıma giriyorlar, giriyoruz. Sıkışıyoruz.

Çok gelişmiş teknolojilere sahip olunmasına, daha da gelişeceğinin kolaylıkla tahmin edilmesine rağmen, sosyal ve ekonomik açılardan refah artışı ve bunu sağlayacak koşullara dair beklentiler aynı hızda ve şekilde gelişemiyor...

Dünyamız ve insanlık barışçıl ve uygulanabilir çabalara ihtiyaç duyuyor...

Karşı karşıya olduğumuz insanlık sorunları, ancak ve ancak yeni yaklaşımların, değerlerin yükseltilmesi, yüceltilmesiyle aşılabilir inancı yayılıyor.
İşte bu noktada **filantropi** giderek yükselen bir değer olarak her gün daha da parıldıyor. Önemi her geçen gün daha fazla anlaşılan bir yaklaşım olarak parıldıyor, umut veriyor.

Duyarlılık hızla artıyor, atmak zorunda zaten!

Filantropi (hayırseverlik, bağışcılık); "Dünya'nın bize verdiklerini, Dünya insanıyla paylaşmak" felsefesine dayanıyor. Hızla küresel sorunlar haline dönüşen insanlık problemleriyle ilgilenmeyi, onlara çözümler bulmayı ve eyleme geçmeyi teşvik ediyor, örgütlüyor.

Dünya'da her geçen gün etkinlikleri artan sivil toplum örgütleri ve özellikle vakıflar bu anlayışla faaliyet göstermeye çalışıyor, Zengin insanlar eskisinden çok daha fazla duyarlı davranışlar sergiliyorlar.

Örneğin; Facebook'un kurucusu ve CEO'su Mark Zuckerberg, Facebook'taki hisselerinin yüzde 99'unu toplum yararına kullanılması için bağışlayacağını yeni doğan kızlarına yazdıkları mektupla açıklıyor.

40 Milyar Doların üstündeki varlığı ile halen dünyadaki en büyük filantropi kuruluşlarından biri **Gates Vakfı (www.gatesfoundation.org)** özellikle Afrika'daki sorunlara çare bulmaya çalışıyor.

Ülkemizde ise Sabancı Vakfı (www.sabancivakfi.org), bizzat Güler Sabancı´nın öncülüğünde bu konuyu, kavramı resmen dile getiriyor ve örnek çalışmalar yapıyor.

Sonuç olarak, T-İnsan konusuna daha da derinlemesine ilerlerken, öncelikle şuna dikkat çekmek istiyorum;

Yeşil Kariyer düşünmez miydiniz?

Gençler kariyer gelişimlerini çoğunlukla; **"büyük, kurumsal bir şirkette önce staj, sonra iyi para kazanacakları hem de keyifli çalışacakları bir iş"** hayal ve beklentisine endekslemiş durumdalar. İşte bu yüzden onları **bu kavramla tanıştırıyor, sivil toplum örgütlerinin, vakıf projelerinin de çok önemli fırsatlarla dolu olduğuna, gelecekte daha da önem kazanacağına, parlayacağına** dikkat çekmek istiyorum...

Bu konuyu hayli ciddiye almalısınız, **geleceğin önemli işlerinden pek çoğu "yeşil yakalı" hizmet alanlarından çıkacak.** Bunu önemseyenleri hali n'olmuş diye bakmak isterseniz, İskandinav ülkelerini inceleyin derim.

Neden ille de STK'cı ve filantropik olmak lazım ki?

Özellikle dört İskandinav ülkesi bu konuda ders gibi. **İsveç, Finlandiya, Norveç ve Danimarka** her türlü gelişmişlik, refah endekslerinde daima ilk 10 içinde.

Niye biliyor musunuz?

1- Kadın erkek eşitliğinde ha gayret %90 lara varmış durumdalar. Kadınların eğitim düzeyi/fırsatı, sosyal ve iş hayatına katılımı neredeyse erkeklerle eşitlenmiş durumda.

2- Ve buna şaşıracaksınız! **Sivil toplum örgütlenme oranları** tüm diğer ülkelerden açık ara çok yüksek. Şöyle söyleyeyim; bu ülkelerdeki vatandaşların her biri, ortalama 6 derneğe üye diyebiliriz!

Kollektif bilinç ve duyarlılığa bakar mısınız? Böylesine kontrol edilen ve katkı verilen bir toplumda yamuk yapmak çok olası değil sanki?

Bundan bahsettiğimde hemen kalkıp **"ama intihar oranı en yüksek yerler de oralarda, n'aber?"** diyenler, burada okuyucular arasından da çıkacaktır. Benim yanıtımsa "o ülkelerde günlerin kısalığının, güneşin azlığının farkında mısınız?" olacaktır.

Kuşkusuz henüz ve belki de hiçbir zaman "mükemmeli" bulamayacağız. Ancak daha iyisini bulanlar, yapanlar varsa, onları dikkatle incelemeliyiz, **kopyalamalıyız.** Ne dersiniz?

KOPYA DEMİŞKEN, MEMETİK VE İNOVASYON'DAN BAHSETMEDEN OLMAZ!

Hep robotlar gelecek, biz oturacağız vb. diye bahsediyorum ama bir konu var ki ondan bahsetmeden de olmaz...

Efendim; araştırmacılar, insanların kolaylıkla ve refleks hareketlerle gerçekleştirdiği "ev temizlemek, süpürmek, çamaşır yıkamak, makyaj, çay yapmak basit işleri" robotlara yaptırıp, biz de kurtulabiliriz o zaman diye düşündüler ve adeta duvara tosladılar. Bu tür işleri insan gibi yapabilecek programlar geliştirmenin ne kadar zor olduğunu fark ettiler.

İnsanın hiç zorlanmadan yapıverdiği ufak-tefek işlerin ne kadar karmaşık olduğunu, insan davranışlarının geri planında çoğu anlaşılamayan milyonlarca algoritmanın, etkileyicinin çalıştığını algıladılar.

O zaman insanlar bu işleri nasıl öğreniyorlardı, nasıl bu kadar kolay yapıveriyorlardı ve sürekli geliştiriyorlardı?

Büyük soru buydu...

Sıfır bilgiyle dünyaya gelen bebekler gülmeyi, konuşmayı, bir sürü, kolayca yapılıveren eylemi nasıl öğreniyorlardı? Neydi bizi benzersiz kılan? Bebekleri, çocukları, insana en yakın hayvan olan maymunları incelediler. Testler, araştırmalar yaptılar.

Sonunda bilim insanları; dünyadaki biyolojik evrimi genetiğin, kültürel iletiyi sağlayanın da **"memetik"** olduğunu keşfettiler.

T-İNSAN

Her konuda seni sen yapan iki şey:
Yokken sabrın, varken tavrın...
-Ufuk Tarhan

Memetik;

Köken itibariyle Yunancadan, mimik'ten yani taklit etmekten geliyor.

Kısaltılmış hali ile "meme" kuramı, "beyinden beyine atlayarak kendilerini çoğaltan ve başkasını taklit ederek öğrenilen her şeyi" kapsıyor.

Kültürel, sosyolojik yapıların nesillerden nesillere aktarımını açıklıyor.

Sonuçta, aranan yanıt bulunmuştu. İnsanları farklı kılan "taklit yeteneği" idi...
İmovasyon:
Buradan hareketle son yıllarda, gelişme ve iyileştirmeler için buluşlar yapma gereğini ifade eden "inovasyon" un yerine yeni bir kavram popülarite kazanmaya başladı; **"imovasyon".**

İmovasyon; imitasyon (taklit) ve inovasyon (yenilikçilik) dan türetilmiş bir kelime. Taklit ederek yenilikler bulmayı anlatıyor.

Aslında olumsuz anlamlar yüklendiği için, imitasyon, taklit, kopya yapmak kötü, zararlı, ayıp sayılıyor (du). **Oysa şimdi "imovasyon" çok önemseniyor.** Çin'in, Japonya'nın atılım yapmasının arkasındaki model; "bu ülkelerin taklit ve kopyalama yapmasıdır" diye anlatımlar, sunumlar yapılıyor, konferanslar düzenleniyor, makaleler hatta kitaplar yayınlanıyor.

Bu konuda en dikkat çeken kaynaklardan biri; Ohio Üniversitesi Öğretim Üyesi Prof. Oded Shenkar'ın yazdığı **"Copycats"** kitabı **(http://goo.gl/v56iv)** . Okunmasında yarar var. **İmitasyonla inovasyonun birlikte gitmesi gerektiğini savunuyor.**

"İmitasyon, yani taklitle işe başlamak önceki pek çok aşamayı atlatacak, yenilikler bulmak için kolaylık, avantaj ve düzeltme olanakları sağlayacaktır."

diyor. Tamamen katılıyorum.

Yıllardır adını koyamadan, bilmeden savunduğum bir şeydir. Hele de ilk kez ta TED Global'de duyduğum şu cümle ile tamamen beynime kazınmıştır; "Fake it till make/become it! – Olduruncaya kadar öyleymiş gibi davran!"... Bir başka deyişle "Oluncaya kadar mış gibi yap!". Bu videoyu kısa link ya da QR kodu kullanarak mutlaka izlemelisiniz ☺ **http://goo.gl/vGJuhY**

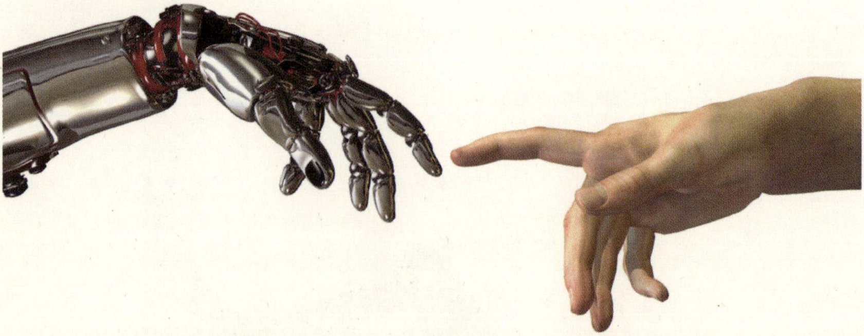

Şahane!.. Neymiş?..

İnsanları farklı kılan özellik zaten "taklitçilikleri" iken memetik ve imovasyon'u anlamayan bizden değilmiş:)

Coca Cola'nın 1885'deki, Pepsi Cola'nın 1940'daki logoları bu konudaki tüm argümanları çürütecek kadar etkileyici... Zaten dememişler mi "taklitleri asılları yaşatır" diye...

ÇALIŞMADAN PARA KAZANMAK?..

Yakın gelecekte pek çok **alanda insan emeğinin yerini robotlar ve yapay zekâ (artificial intelligence / AI)** alacak. İnsanların "işim" dediği, hizmeti karşılığında ücret aldığı istihdam kaynakları **robot kardeşlere, yapay zekâlı** sistemlere devrolacak.

Bu konu artık en geri kafalılar tarafından bile tartışılmıyor.

Olacağı kesin de "ne zaman?" sorusu beyinleri kurcalıyor. Huzur kaçırıyor. Belirgin belirsizlik yatırımcıları, çalışanları, tüm **insanları tedirgin ediyor.**

Üstelik Oxford Üniversitesi, Birleşmiş Milletler, Dünya Ekonomik Forumu vb. gibi saygın kuruluşlar da yangına körükle gidercesine, peş peşe araştırmalar yayınlıyorlar. Ve çalışmaların neredeyse tamamında şuna benzer sonuçlar paylaşılıyor;

- Önümüzdeki 15-20 yıl içinde devlette çalışanların (memurların) işlerinin **üçte ikisi** robotlar tarafından yapılacak.

- Genel olarak da tüm işlerin en az %33'ü ya yok olacak ya da robotlara devredilecek.

Fakat ortada bir sorun var! İş olmazsa, yaşamak için para nasıl kazanılacak?

Aslında özellikle kurumsal alandaki pek çok insan köle gibi çalışmak istemiyor. Çalışma hayatından bıkmış vaziyette. Her gün trafik, kalabalık, türlü türlü güvenlik, hayat sorunları ile boğuşarak işe gitmek, yoğun stres, sürekli güvensizlik, istikbal endişesi **bu çağ insanını canından bezdirmiş durumda.** "İşlerimizi makinalar yapsın, biz bu kadar çok yorulmayalım, işe bağımlı yaşamayalım" isteği yüksek. Ama öte taraftan da "**işimizi** robotlara kaptırırsak, para kazanamayız, o zaman nasıl yaşarız?" bilinmezi ve endişesi de çok yüksek!..

Yatırımcı iş adamı vb. tarafında da durum farklı değil. Onlar da insan çalışanların yarattığı sorunlardan bıktığı ve çalışan maliyetlerini, kaprislerini, yetersizliklerini taşıyamaz hale geldikleri için, **insanların yerine** yorulmayan, bozulmayan hem de 7/24 gıkını çıkartmadan çalışan robotlar koyalım, rekabette geri kalmayalım, hatta atak yapıp, iyice arayı açalım istiyorlar. Ve fakat **bu dönüşümü nasıl kotaracaklarını bilemiyorlar.** O yüzden de heves etseler de henüz tam da ne olduğu belirginleşmeyen çok hızlı değişen bu yeni teknolojik alanlara alt/üst yapı yatırımı yapmaktan korkuyorlar. **"Ya tutmazsa?.."** kaygıları tavan yapıyor.

Kısacası hangi açıdan bakarsak bakalım; tıpkı korkunun ecele faydasının olmadığı gibi, bu tür kaygıların da dünyanın, insanlığın geçireceği, geçirmekte olduğu müthiş dönüşümü engellemeye pek etkisinin olamayacağı apaçık ortada...

EVRENSEL TEMEL GELİR - VATANDAŞLIK MAAŞI...

O halde eğri oturup, doğru konuşmalı ve dünyanın birkaç yıldır tartıştığı **UBI=Universal Basic Income** yani **Evrensel Temel Gelir** formülüne benzer çözümleri düşünmeye başlamalıyız.

21. Yüzyılın dahi iş adamlarından, çılgın girişimci **Tesla ve SpaceX'in yaratıcısı** ve CEO'su **Elon Musk** her fırsatta robotların insanların işlerini ellerinden alacağını hatırlatıyor. Toplumsal huzur için **devletlerin geliri olmayan vatandaşlara maaş bağlaması** gerekeceğine dikkat çekiyor. "Ve neden böyle bir öneri?" denildiğinde; "şu anda aklıma başka bir çözüm gelmiyor" diyor. **"Evrensel temel gelir"** uygulamalarının 15-20 yıl içinde zorunluk haline gelebileceğine dair önemli açıklamalar yapan bir başka lider ise ABD Başkanı Barack Obama. O da "Bunu konuşmaya başlamalıyız. Teknolojik gelişmeler hepimizi kaçınılmaz olarak bu konu ile yüzleşmeye zorluyor." demeyi sürdürüyor.

Silicon vadisindeki hemen hemen tüm teknoloji girişimcileri ile beraber ünlü Fütürist, Singularity Üniversitesi'nin kurucusu ve Google'ın Baş mühendisi **Ray Kurzweil** de insanların bu kadar çok, uzun saatler çalışmasını gereksiz bulan, gelecekte **herkesin devletten minimum gelir almasının vatandaşlık hakkı** olacağını savunanlardan.

Eğer hızla artan işsizlik probleminin çağa ve teknolojiye özel temel nedenlerine odaklanılmaz ve çözümler üretilmez ise tüm dünyada giderek artan oranda en önde gelen intihar ve depresyon sebepleri olan **"işsizlik, parasızlık, borç"** gibi sorunlar katlanarak büyüyecek. Dünya barışı ciddi anlamda tehlikeye girecek.

Gelecekte kurulması zorulu olacak sistemlerde devlet ve/veya ya da toplumsal huzur koruyucusu kurumlar **vatandaşa çalışmasa bile bir maaş bağlayacak.**

O arada zaten insanların her halükarda çalışma saatleri düşecek ve daha çok yaratıcılık, tasarım gerektiren karmaşık işlerle uğraşacaklar. **Yani T-İnsan olacaklar...**

VE GELELİM T-İNSAN OLMAYAA...

Bir kez daha toparlayıp, hatırlayalım;

Önceki blümlerde de detaylı şekilde anlattım. **Gelecekte insanların asıl ve ağırlıklı iş modeli ücretli, bordrolu, maaşlı formlarda olamayacak.** Çalışma şekilleri giderek ve hızlanarak kurumsal, ücretli, sabit gelirli ve garantili alanın dışında farklı, esnek, kontratlı hatta bedelsiz modellere dönüşecek.

O zaman da insanlar **T**´nin dik bacağını temsil eden **"en iyi bildikleri, en yetkin ve becerikli oldukları yani en sevdikleri"** konuda dikey, derinlemesine "akıl, bilgi, **teknoloji"** kullanarak, **"tasarımcı"** hizmetler vermeye başlayacaklar. **"tasarladıkları"** ürün ve hizmetlerini **"tedarikçi"** olarak her yerden, her zaman kiralayacaklar, satacaklar, esnek sözleşmeler, kontratlar yapacaklar vb.

Kısacası dikeyde uzmanı oldukları (yani en sevdikleri, kendilerini adadıkları) hizmet alanındaki becerilerini, yatayda türlü modellerde insanlığın hizmetine sunabilecekler...

Bir şartla; dillere ve sanal âlemde dijitlere düşmek, dönüşmek şart!

Yukarıdaki son cümleyi şöyle bağlamak isterim;

Eğer kişisel markalarını yaratabilirlerse... Dijital kimlik oluşturabilirlerse ve dijit dijit siber varlık oluşturup, yayıp, dillere, akıllara, sanal âleme düşerlerse...

Böylece T´leşen insanlar becerilerini giderek artan oranda; danışmanlık, iş tasarımcılığı, iş avatarlığı, proje takımının üyesi/lideri gibi hizmet, çalışma formlarında (eğer kendilerini arama motorlarının gözünde itibarlı bir noktaya çıkarabilmişlerse...) sunacaklar.

Yani ister serbest, ister kurumsal alanda olsunlar **"sözleşmeli, proje bazlı tedarikçilere, çalışanlara dönüşebilecekler".**

> "Para hiç bir zaman insanı mutlu etmemiştir ve etmeyecektir, doğasında mutluluk yaratan hiç bir şey yoktur. Bir insan ne kadar çok para kazanırsa, o kadar fazlasını isteyecektir." *-Benjamin Franklin*

Tek yol "T"

İşin özü bu aslında! **Bundan sonra her kim sürdürülebilir bir işi, kariyeri, uğraşı vb. olsun istiyorsa T'leşmek zorunda.**
Şu anda ufukta görünen ve işe yarayabilecek derli toplu, anlaşılabilir, uygulanabilir başka bir model, öneri yok. Olunca, olursa ona da bakarız. Ama şimdilik vakit kaybetmeden T'leşmek üzere harekete geçin. Geçtiyseniz enine-boyuna ilerlemeye devam edin... No way to the future! **Tek-Yol "T"!**

BİR CANLI ÖRNEKLE ANLATMAK GEREKİRSE;

Beni ele alalım, çünkü **en tipik T'lerden biri benim.** Kuşkusuz yola çıkarken: **"Şöyle güzelce bir T'leşeyim dememiştim",** diyemezdim. O zamanlar farkında değildim. Her şey yolda ilerlerken netleşti. Daha önce de söylediğim gibi; herkes benim kadar debelenmeden, zorlanmadan T'leşsin diye modelledim ve paylaşıyorum.

Bakacak olursanız ben aslında ne yapıyorum?

Bir fütürist/gelecekçi olarak geleceğin her şeyini bilmek üzere derinleşiyor **(T'nin dikey bacağı)**, bunu her sektör, kişi, kurum, alan, durum için kullanılabilinir, yararlı bilgi, hizmet haline getirmeye çalışıyorum **(T'nin yatay bacağı).**

Bunu netleştirince;

1- Böylece her şeyden önce sevdiğim, kendimi adayacağım yararlı ihtiyaç alanını belirlemiş oluyorum ki bu benim özelimde; **daha iyi bir gelecek yaratma konusunda kişi ve kurumlara yardımcı olmak.**

2- Ondan sonra **markamı** bu vizyonumu anlatacak, anlaşılacak şekilde **"Fütürist Ufuk"** olarak yapılandırıyorum.

3- Ve en az içerik geliştirmeye verdiğim önem kadar, markamın **tanınmasına** özen gösteriyorum. Bunun için de **hem analog hem dijital yani tam hibridleşerek** çok ama çok çalışıyorum.

4- Çünkü **marka vaaddir.** Yani marka, görüldüğü, duyulduğu hssedildiği anda sizden ne konuda yardım, hizmet, ürün alınabileceğini başkaca bir izaha gerek kalmadan anlatan işaret, kelime, renk, ses, görsel vb.; kısacası **semboldür.**

5- Sonuçta, yukarıdaki adımlarla kendimi **diğer Ufuk'lardan ve benzer işleri yapanlardan ayrıştırıyorum...**

OLAY BUDUR! T'LEŞİRKEN AŞAĞIDAKİLERİ DİKKATE ALMAK ZORUNLUDUR!

1. Sevdiğiniz yani **daha yetenekli olduğunuz için sevdiğiniz alanı, konuyu** keşfedeceksiniz, bulacak ve farkında olacaksınız.

"İyi de peki nasıl bulacağım? Ya da çocuğumun, ekibimin en sevdiği=kabiliyetli olduğu alanı nasıl keşfedeceğim? O kadar kolay olsa bu kadar debelenmezdik? Vb." diyenlere yanıtım:

Genetik testler bu tür soruların yanıtını 1dk'da 1 dolara verecek hale gelinceye kadar, atadan dededen kalan yöntemlerle idare edeceksiniz. Kendinizi bir zahmet **"gözlemleyeceksiniz!"**

Nasıl?

- Bakın bakalım en çok neler ilginizi çekiyor?
- Üstünüze vazife değilken bile en çok hangi konulara ilgi duyuyorsunuz?
- Hangi internet sitelerini geziyor, neleri takip ediyor, ne türde, hangi alanlarda kitaplar, dergiler vb. okuyorsunuz?
- İnsanlar sizi en çok hangi konuda beğeniyor, sizden bilgi alıyor, sizi övüyor?
- Ya da tam tersi hangi konularda eleştiri alıyorsunuz, beğenilmediğinizi hissediyorsunuz?
- En çok ne yaparken mutlu oluyorsunuz, haz duyuyorsunuz, kendinizi önemli hissediyorsunuz?

- Para aklınıza gelmeksizin neleri yapmaktan keyif alıyorsunuz?

Kendini keşfetmek için, eğer yapabilirseniz arkadaşlarınızla tıpkı marka uzmanlarının insight/içgörü yaptığı saptamak amacıyla yaptığı gibi, workshop, anket vb. gibi **yöntemlerden yararlanmanız da caizdir** ☺

Yukarıdaki gözlemleri çocuğunuz için de yapıp, onun nelere kabiliyeti olduğunu yani ileride seveceği alanı bulmaya çalışın. Eğitimi, kişilik gelişimi konusunda rehberlik ederken bu tür gözlemleri mutlaka dikkate alın.

Ve tabii ki ekibiniz için de tüm bunları uygulamalısınız...

2. Kendinizi sevdiğiniz o alana, konuya adamak için **vizyonunuzu,** yani **"ne olmak istediğinizi", "hayat amacınızı"** belirleyecek, netleştireceksiniz.
Ve daima ama daima aklında tutacaksınız. Gözünü vizyonundan, onu her gün daha da net görebilmeye, anlatmaya ve ona ulaşmaya adayacaksınız.

3. Vizyonunuza ulaşmak için neler ve nasıl yapmanız gerektiğini, adımlarınızı, yani **misyonunuzu planla**yacaksınız.

4. Ve aşağıdakileri dikkate alarak **harekete geç**ip, planını **uygulayacaksınız...**

5. Her gün... Ama her günn mutlaka, hayat amacınız, **"olmak itediğiniz kişi"** için on dakika bir şey yapacaksınız. Bir şeyler okumak, yazmak, telefon etmek, birisi/leriyle görüşmek, hayal kurmak, düşünmek vb. ne olursa olsun, mutlaka bir şey yapacaksınız. **Hayat amacınla, vizyonunla bağını** hiç koparmayacaksınız.

Bu çok ama çok önemli: **Bağı hiç koparmamak...**

İlk kez, rahmetli Jim Rohn'dan Almanya'da Köln'de, kendisini çıt çıkarmadan dinleyen (biri de bendim) 18.000 kişiye, sahnedeki kürsüye vura vura, defalarca bunu söylerken duymuştum. Kafama çakılmıştı!

> Gelecek; cesur hayalleri, büyük yürekleri sever...
> *-Ufuk Tarhan*

"Hayat amacın için her gün mutlaka bir şey yapacaksın!" lafı.

Sonra **"bağlantıyı kesmeme"** konusu bir kez daha karşıma çıktı...

Sevgili Ali Saydam ile konuşmacı olduğum, **"Geleceği Tasarlamak"** diye bir proje yapmıştık yıllar önce. Konuşmacılardan biri de Elif Şafak idi.

Herkes:

- Nasıl yazıyorsunuz, ilham ne zamanları geliyor, hangi ortamlarda daha yaratıcı oluyorsunuz?

gibi birçok soru sordu. Onlara yanıt verirken şunu söylemişti:

- Her ortamda yazabiliyorum, mutfakta, çocukların yanında vb. Fark etmiyor. Zaten ve adeta her roman kendini kendisi yazıyor. Harfler, kelimeler, satırlar sanki benden bağımsız akıyor, çağlıyor... Ancak bir durum var ki sadece onda kitleniyorum; bazen, çocuklarım hasta falan olduğunda 3-4 gün yazmaya ara vermek zorunda kalıyorum. Ondan sonra yeniden yazmak istediğimde adeta roman bana küsmüş oluyor. Beni içine almıyor. Yeniden ilerlemete çok zorlanıyorum. Onun için özellikle yeni bir romana başladığımda hiç ara vermemeye çalışıyorum...

Bu örnekle **"amacına kesintisiz bağlı kalmanın, ona kafayı takmanın, hedefe kitlenmenin"** ne kadar önemli olduğunu iyice anlamıştım. Umarım siz de anlarsınız...

7. Olmak istediğiniz şey için **kendinizi sürekli geliştirecek, geleceğin isterlerine göre donatacaksınız.** Çok **meraklı,** çok **araştırmacı** olacaksınız. **Bireysel Ar-Ge Merkezi** gibi çalışacaksınız. Geleceğinin isterlerinin ne olacağını önceki bölümlerde epeyce anlattım. Lütfen onları ciddiye alın. Unutursanız, dönüp dönüp göz atın.

8. Bunların başında **teknoloji kullanım yetkinliğini yükseltmek, yeni teknolojilere göre kendini daima güncellemek (update), senkronize** etmek, ve **dijital kimliğini oluşturmak** gelmeli. Cihazlar süreki değişir, gelişirken tabii ki siz de **kendinizi daima kendinizin bir üst modeline** taşıyacaksınız.

9. Öğrenme işini **otodidakt** yöntemle kotaracaksınız. Yani kendi kendinize düşünüp, kendi kendinize çalışacaksınız. Bunun için bilgi, beceri, deneyim kazanacağınız her kanalı aramalı, bulmalı, kullanmalısınız. Kimse sizi aramayacak. Gel sana biraz bilgi vereyim demeyecek. Onu siz yapmalısınız. **Atik, tetik ve akıllı** olmalısınız. İnternet, seminer, okul, yüksek lisans, doktora, sertifika programı, toplantı, birilerinin yanında çalışmak, gönüllü iş yapmak vb. hepsi ve daha fazlası otodidakt öğrenme için fırsattır. Gözlerinizi, gönlünüzü size yardımcı olacak kişi ve kurumlara açacak, isteyecek, kapıları siz çalacak, siz açacaksınız. Unutmayın: **"Şans hazır olduğunuzda karşınıza çıkan fırsattır..."**

10. Tabii ki tüm bunlar için başkaları ile **fiziksel** ve **sanal iletişim** içinde olacak. **Network**'ünüzü çok ama çok geliştireceksiniz. Bütün çabalarınız ancak insanlarla somut sonuçlara ulaşabilir. **İyi ilişkiler** kurabilirseniz sizi hayat amacınıza doğru taşır.

11. İyi ilişkiler demişken... Geleceğe karşı mutlaka **olumlu tutum** benimseyeceksiniz. Bir örnekle açıklayayım:

Markete alışverişe gittiğinizde yanınızda ne oluyor? Alışveriş listesi değil mi? Peki markete hiç "almayacaklarınızın, **istemediklerinizin listesi ile** gidiyor musunuz?

Hata öğretir, tekrarı bitirir...
-Ufuk Tarhan

"Yani ekmek almıyacağım, yumurtayı hiç sevmem, et de istemem, sebzelere dokunmam bile..." diye? Hayır değil mi? Gitseniz ne olur? Saçmalık. Zaman kaybı...

İşte hayatla ilişki de böyle bir şey. Ona da daima istediklerinizin listesi ile yaklaşmalısınız. Hayat alışverişine de yapamayacaklarınızın, istemediklerinizin, olmayanların değil; ne istediğinizin, neler yapabileceğinizin, yapmanız gerekenlerin listesi ile çıkmalısınız. Dikkat edin çevrenize, birçok insan ne istediğini değil, neyi istemediğini söylediği, olaylara olumsuz baktığı için başarısız, mutsuz ve sürekli patinajda.

Kısacası, olumlu ol derken Polyanna gibi her daim pembe gözlüklerle dolaşın demiyorum. Söylemek istediğim tam da yukarıda anlattığım alışveriş listesi örneğindeki gibi bir durumdur. Bunu **benimsemek yaşam ve iletişim kalitesini, verimliliğini** müthiş **artırır.** Deneyin bakın, göreceksiniz. Çok yararlanacaksınız.

12. Gelecekteki daha mutlu, başarılı "Siz"i yapmayı isterken bir yerlerde çalışıyorsanız, para kazanmak için çalışmak zorundaysanız, **hibridleşeceksiniz.** Yani günü kurtarırken, yarın için de hazırlık yapacak, gelecekteki kendiniz için de çalışacaksınız. "Hele şimdi bir dursun, gelecek geldiğinde bakarım o konuya" demeniz söz konusu bile değil.

13. Yolunuza engeller, yeni koşullar, sürprizler çıkarsa ki mutlaka çıkacaktır **"revizyonlar"** ile rotadan şaşmadan ilerleyeceksiniz. Bazen yavaşlayarak, bazen durarak ya da hızlanarak, güzergâhı değiştirerek, başka araca geçerek, başkalarıyla vb. her ne yaparsanız yapacak, ama hedefinize ulaşmaktan **asla vazgeçmeyeceksiniz.**

14. Düştüğünde, üstünüzü başınızı silkeleyip, **kalkacak ve devam edeceksiniz.** Mız mızlık etmeyeceksiniz. Herkes düşüyor. İlerleyenler kalkıp devam edenler oluyor.

15. Moraliniz bozulduğunda, gardınız düştüğünde, tıkandığınızda ağzınıza bir kalem atıp, dudaklarınızın, yanak kaslarının gülme pozisyonuna geçmesini sağlayacaksınız. Böyle yaptığınızda beyniniz güldüğünüzü ve mutlu olduğunuzu

Vizyon yoksa plan olmaz, plan yoksa vizyon işe yaramaz!
-Ufuk Tarhan

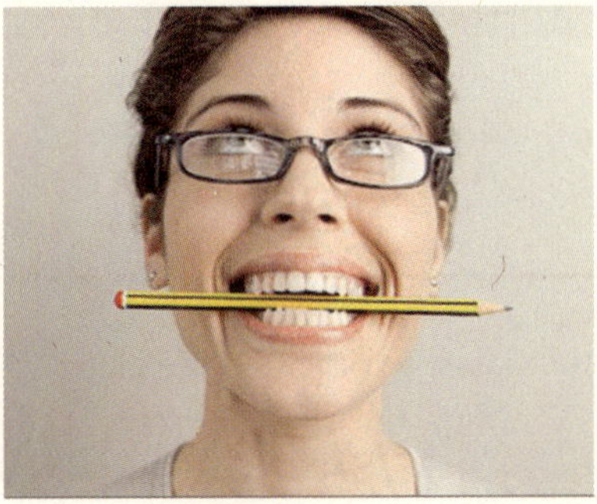

zannedecek ve mutluluk hormonlarınız (seretonin) salıverecek. Yani: "Mış gibi davranacak ve öyle olacaksınız."

16. Bundan böyle; yazılı, sözlü **"doğru - yanlış"** kelimelerini kullanmayacaksınız. Mümkünse lugatınızdan çıkaracaksınız. Bu kelimeleri kullanacağınızı fark ettiğiniz anda **"uygun, uyumlu ya da uygun, uyumlu değil"** diyeceksiniz.

Çünkü doğru-yanlış zaman içinde değişir. Bugün doğru olan, yarın yanlış olabilir. O yüzden asıl önemli ve sürdürülebilir olan zamanın ruhunuz uygun biçimde uyumlu ilerlemektir. HerHangi bir şeye **"doğru ya da yanlış"** dediğinizde, kendinizi sınırlarsınız. Değişimi, dönüşümü engellersiniz. Başka olasılıkların kapısını kapatırsınız. Bu kelimeleri daha az ya da hiç kullanmadığınızda daha akışkan olursunuz. Yaşam kaliteniz artar. Basit bir kuraldır ama çok önemlidir...

17. Mutlaka ve en az bir tane toplumsal, yardım ve sektörel sivil toplum örgütüne üye olmalısınız. Dernek çalışmaları sosyal sorumlu ve duyarlı insan olmak için son derecede önemli, değerlidir. Çok genç yaşlarda bu adelenin geliştirilmesi gerekiyor. Özellikle bizim ülkemizde. O yüzden hem çocuklarınızı hem ekip arkadaşlarınızı STK çalışmaları için yüreklendirin. Bu konuda rol model olun.

18. Kişisel Markanızı yapılandıracaksınız. Markanızı hatırlatacak öğeleri (keywordlerin / anahtar kelimelerin, kıyafetinde, saçında başında vb. size has detaylar) belirleyip, onları istikrarlı biçimde kullanacak, akılda kalır kılacaksınız.

19. Dijital kimliğinizi oluşturacak, **e-becerilerinizi** yükselteceksiniz. Sosyal medyayı bir virtüöz gibi kullanacaksınız. Bu o kadar önemli bir konu ki, üzerinde daha sonra ayrıca çok çalışmanızı öneririm.

Hayat, tembele kolay, çalışkana zor gelmez...
-Ufuk Tarhan

20. Tüm anattıklarımın, paylaştıklarımın, yazdılarımın, önerdiklerimin, tavsiye ettiklerimin gerçekleşmesi için gerekli olan en önemli adım çalışmak! Çok, ama çok, ama daima daha çok **etkin çalışacaksınız.** Etkin demek, kendini geberterek, sürekli bir şeyler yapıyormuş gibi debelenmek değil elbette. Hayat amacına göre önceliklendirilmiş, akıllı aksiyon halinde olmayı kast ediyorum.

Hani meşhur örnekte olduğu gibi! Kavanoza önce iri taşları koyarak başlayacaksınız. Yani hem etkisi hem önemi en büyük olan işlere daima öncelik vereceksiniz. Ondan sonraki en irileri, daha küçüklerini, en ufaklarını yapacak. En sona kumu (ıvır zıvır faaliyetleri) ve "doldu artık, başka bir şey almaz" dediğinde de suyu ekleyeceksiniz. Sudan işleri yapsanız da olur, yapmasanız da...

Tersini düşünün. Kavanozu suyla, kumla doldurmaya başladığınızı ya da daha ufak taşlarla... Sonunda iri olanlara, yani esas önemlilere ve hayat amacınızı kökünden etkileyeceklere yer kalmayacak. Ve siz **"zaman yetmiyor ki kardeşim!"** diye hayıflana hayıflana boşa kürek çekeceksiniz...

DİJİTAL KİMLİK, E-BECERİ, SOSYAL MEDYA MESELESİ

Dijital Çağda; başarıya, vizyonumuza giden yol 'bizi seven, bizden bir şey almak, bizimle bir şeyler yapmak, paylaşmak isteyen reel, sanal toplulukların kalbinden' geçecek. Dijitlerle de kalplerde yer etmek şart. "Ne kadar kaliteli dijit; o kadar itibar" çağındayız.

➔ Kalbe götüren yol > Internet, sosyal medya

➔ Bu yoldaki araç > Web, blog, sosyal medya, kısacası dijital varlığımız, uygulamalarımız

➔ Yakıt > İçerik, yaratıcılığımız, tutkumuz, bilgimiz, değerlerimiz olacak.

Dijital kimlik geliştirmek ve e-becerilerimiz yükseltmek için yapmanız gerekenler:

1. Sosyal Medyayı akıllı, amaçlı, bilinçli ve sürekli kullanacaksınız. Çünkü sosyal medya yeni dünyanın dijit üretme merkezi. Arama motorlarına takılmak ve başkalarına dünyaya görünür olmak için giriş kapısı.

Olmazsa olmazlar:

Facebook, Twitter, Linkedin, Instagram, YouTube, Google+, Pinterest, Foursquare, Swarm, Vimeo, Thumblr ve batmaz tutunabilirse; **Snapchat.**

2. Zamanla bunlar arasında önemini yitiren, yok olan değişenler, başka, yepyeni yükselen mecralar olabilir (Friendfeed i hatırlayanlar? Ya da icq'yu). Önemli değil. Her ne hal ise bundan böyle tıpkı, üstüne başına dikkat etmek gibi **dijital kimliğe, imaja, beden diline** de aynı hatta daha fazla özen göstermek şart.

Dijital kimliğinin olması ya da olmaması artık bir seçenek değil! Bilinçli olarak ben sosyal medyada olmayacağım, dijital iz bırakmayacağım deseniz de bu imkânsız. Çünkü siz kendinizi tanıtmak için parmak oynatmasanız, bu sosyal medya mecralarında hiç kimlik, profil oluşturmasanız da birileri mutlaka sizden bahsedecek;

Okulunuz, iş yeriniz, devlet siteleriniz, girdiğiniz bir sınav, katıldığınız bir seminer ya da kursun kayıdı, grup olarak çektirdiğiniz bir fotoğrafta tag'lenmeniz, adınızın yazılması, bahsinizin geçmesi, eski kız-erkek arkadaşınızın, size gıcık olan ya da sizi çok beğenen birinin hakkınızdaki yorumları, paylaşımları vb.

> Zamana kusur buluruz, oysa zaman konuşacak olsa utanırız.
> *-İmam-ı Şafii*

Kısacası bunun gibi çok çeşitli nedenlerle **isteseniz de istemeseniz de hakkınızda dijital izler** oluşacak.

O zaman ne yapmak lazım? Nasıl olsa dijital kimliğin de olacak, olmak zorunda. O zaman kontrolü ele al ve sen nasıl bir insansan ve nasıl bir insan olmaya, ne olmaya doğru ilerliyorsanız **onu yansıtacak dijitleri kendiniz üretin, yayın.**

3. Kişisel dijital dönüşümün en ama en önemli, birincil hassasiyetteki adımı, bir ya da yönetebiliyorsanız bir kaç bloğunuzun olması.

Aslında LinkedIn, Tumblr, Pinterest, Instagram ya da diğer sosyal ağlar da blog. Ancak onlar mikro blog ve tokmak onlarda. Bir de sık sık yapılarını, algoritmalarını değiştiriyorlar. Bu nedenle kendinize ait, kontrolün tamamen sizde olduğu, kişisel markanızın, itibarınızın, dijital kimliğinizin yönetmek adına tüm maharetinizi göstereceğiniz bir bloğunuzun/video bloğunuzun, kişisel web sitenizin olması; gelecekteki daha iyi siz'i yaratmak, geliştirmek, tanıtmak için en önemli aracınızdır. Çünkü:

✓ Anahtar kelimelerinizi dilediğiniz gibi ve bilinçli olarak, etkin biçimde kullanabilirsiniz.

✓ Blog yazmak, yapmak (video blog da olsa) daha doğrusu yazmak en geliştirici insani faaliyetlerden biri. Yazmak için okumak ve araştırma yapmak gerekiyor. Dolayısı ile aslında blog yazmak başlı başına öğrenmeyi, gelişmeyi, kendini aşmayı, derinleşmeyi sağlıyor.

✓ Dikkatinizi toplamayı, odaklanmayı, disipline olmayı sağlıyor. Seçtiğiniz konuda düzenli yazı yazmak için ister istemez, disipline oluyor, daha verimli çalışıyorsunuz.

4. Sosyal medya stratejinizi oluştururken ve sürdürürken şöyle düşünmelisiniz; bloğun sizin merkez ofisiniz, dijital dükkânınız, mekânınınız vb. sosyal ağlar da şubeleriniz.

Yaratıcılık bağlantı kurmaktır.
–Ufuk Tarhan

Nasıl ki iş, üretim ilk önce merkezi dükkânda teşhir edilir, satışa sunulursa, dijital işlerde de işleyiş aynı aslında. İşinizi, konunuzu, duyurunuzu önce bloğunuzdaki ana sayfada yayınlıyorsunuz, ondan sonra da sosyal medyada yayıyorsunuz.

Bloğunuzdan taze çıkmış yeni yazınızı, videonuzu, görselinizi, araştırmanızı vb. sosyal medyada paylaşmak, yeni ürününü, sosyal medyadaki şubelerinin vitrinlerine afiş asarak duyurmak gibidir.

Başka deyişle, Facebook'da duvara post etmek, twitter'da el ilanı dağıtmak, YouTube'da reklam filmini oynatmak hep aynı kapıya çıkar.
Konvansiyonel tanıtım, reklam, medya sistemi nasıl çalışıyorsa o şekilde düşünün. Temel mantık aynı, kanallar, olanaklar farklı, çok daha zengin, tenolojik ve keyiflidir...

BAŞARILI KURUMSAL SOSYAL MEDYA STRATEJİSİ İÇİN 7 İPUCU

1- Sahici olun

Herkese karşı, hedef kitleniz olsun olmasın, her halükarda ve her durumda orijinal, sahici, içten ve güvenilir olun. Paylaşımlarınızda bunu hissettirin.

2- Etkileşimi önemseyin

Başkalarının, özellikle hedef kitlenin anlamlı paylaşımlarını gereğinde retweet'leyin, favorilere alın, yanıtlayın, yorum yazın, like edin vb. Takipçilerinizle gerçek manada etkileşimde olun.

3- Kitlenizi büyütün

Büyük bir kitle oluşturun. Yani takipçi, etkileşim, like vb. sayılarını büyütün. Sosyal Medyada kuşkusuz içerik kalitesi, uyandırdığınız, merak, ilgi ve yarattığınız etki-tepki değerli. Ancak bunların ne kadar büyük bir grupla yapıldığı daha da kritik.

4- Farklı mecralarda farklı içerikler kullanın

Twitter'da anlık, hızlı, kısa, çarpıcı ve mümkünse gerçek zamanlı paylaşımlara, haber niteliğinde içeriklere yer verin. Kısa vadeli, hemen sonuçların alınabileceği ödüllü, hashtag'li yarışmalar, kampanyalar düzenleyin. Facebook'da ise daha kapsamlı,

çok farklı kesimlere hitap edebilecek renkli, değişik, ilgi çekecek, bilgilendirecek, içerikleri paylaşın. Instagram'da da görselliği ağır basan, ilginç, çarpıcı, çekici içerikler kullanın. Hepsinin aynı olmamasına özen gösterin. İnsanlar genellikle her yerde aynı şeyi görmek istemiyorlar. Kuşkusuz bu farkı yaratmak tabii ki zaman ve maliyet demektir. Buna da hazırlıklı olun.

5- İpucu, haber sızdırın, meraklandırın

Etkinliklerin, konuşmaların öncesi merak, ilgi uyandıracak içerikler paylaşın. Özlü söz kıvamında metinler hazırlayın. İlgili kişileri, markaları mutlaka mention'layın. Yayın planlarınız olsun. Gerekirse dakika dakika neler çıkacağınızı, buna göre görsel, video vb. seçiminizi organize etmiş olun. Hiçbir şeyi son dakikaya bırakmayın ki spontane gelişecek ilginç içeriklere gereken dikkati verebilin.

6- Hashtag ve CampaignWall® gibi araçlardan yararlanın

Mutlaka ve mutlaka #Hashtag kullanın. Hashtag'li sosyal medya aktiviteleri hem odaklanma hem de sonradan ne yaptığını ölçmek için önemlidir. Ayrıca CampaignWall® gibi tool'lar vasıtası ile hızlıca ödül, yarışma, quiz düzenlemek hakkında buzz yaratmak için en etkili yollardan biridir.

7- Eğlenceli, cesur olun

Siz nasıl eğlenceli, gülümseten, zekice esprilerden hoşlanıyor, şaşırtılmayı bekliyorsanız, hedef kitleleriniz de bunları istiyor. Tabii ki dikkatli ve mutlaka çok iyi hazırlık yapmış olun ama muhakkak yenilikleri, gündemi yakından takip ettiğinizi paylaşımlarınızda ifade edin. Kendi aforizmalarınızı yaratın, videolarla seslendirin, Periscope yayınları yapın ama mutlaka sorulara yanıt verin.

CXO'LAR, TEPE YÖNETİCİLER, GÖZ ÖNÜNDEKİ LİDERLER; SOSYAL MEDYADA ŞUNLARA AMAN DİKKAT!

CEO, CMO, CIO... Kısaca CXO'lar, ünlü iş insanları, kanaat önderleri, liderler... En uzak durmaya çalışanlar bile giderek artan oranda aktif sosyal medya kullanıcısı haline geliyorlar. Eh büyük başın derdi de büyük olacağı için önceden hiç karşılaşmadıkları türde sıkıntılarla karşılaşıyorlar.

Bu kısımda özellikle patronların, yönetim kurulu başkanlarının, üyelerinin, genel müdürlerin, direktörlerin, kurum liderlerinin vb. kısacası üst düzeylerde görev yapan kişilerin **sosyal medyadaki acemilikleri ya da özensizlikleri, kendilerinin ve/veya kurumlarının, markalarının başına dert açmasın** diye bazı ipuçları vermeyi istedim. Madde madde sıralıyorum, lütfen dikkate alın, önemlidir.

1. Mümkünse şahsi, kişisel ve kurumsal sosyal medya hesaplarınızı ayrı ayrı açın, yönetin.

2. Kurumsal hesaplarınızın yönetiminde kesinlikle kurumsal destek alın.

3. Kişisel hesaplarınızı sahiden ve gerçekten yakın arkadaşınız, ailenizden olan kişilerle paylaşın. Kişisel hayatınızı ve iş hayatınızı sosyal medya platformlarında da birbirine karıştırmayın, ayırın.

> Sosyal medyanın hatalı kullanımı rezil, akıllı kullanımı vezir, sıfır kullanımı sefil eder!..
> *-Ufuk Tarhan*

4. Hali hazırda ikisine ortak başlamışsanız, en kısa zamanda ayırın ve özel hesabınızda çok samimi olmadığınız kişilerden özür dileyip, onları nazikçe unfriend, unfollow vb. yapın, kurumsal hesabınıza yönlendirin.

5. Eğer tek bir hesapta ilerlemek istiyorsanız, ne paylaşıp, ne paylaşmayacağınıza dair çok çok sıkı bir öz-filtreleme mekanizması, strateji geliştirmelisiniz. Unutmayın, çok basit yöntemlerle, anlaşılmaz diye nick name / takma isim bile kullanmış olsanız, kim olduğunuz, nerede çalıştığınız, neler yaptığınız ufak bir görsel arama ile derhal keşfedilir ve kurumunuzla, markanızla, ailenizle vb. ilintilendirilir.

6. Eğer işinizle doğrudan ilgili değilse politik, dini, askeri, siyasi, cinsiyet ayrımcılığı, cinsel tercihler vb. yüksek hassasiyet taşıyan konulara, üstelik de sivri bir üslupla dokunmaktan kaçının.

7. ReTweet / RT, Regram / Instagram Re Posting, tag'leme, yorum ya da içerik paylaşımı/Sharing, Like, Favorite, Yorum, Yanıt, Google+ da +1 vermek, ekran görüntüsü alıp paylaşmak vb. gibi işlemler yapmadan, "yolla/return" tuşuna basmadan önce mutlaka "bir kez daha düşünün". Alkollü, çok üzgün, çok mutlu, çok sinirli, öfkeli vb. yoğun duygular içinde olduğunuzda içerik paylaşırken iki kez düşünün.

> Allah affeder, Google unutmaz!
> *-Ufuk Tarhan*

8. Hakkınızda, şahsınızla, profesyonel kimliğinizle, görevinizle, firmanızla, akrabalarınızla, ailenizle, arkadaşlarınızla, vb. ilgili tatsız bir içerik gördüğünüzde kesinlikle hemen ve doğrudan yanıt vermeyin.
İlgili içeriğin tarih, saat ve mecranın da belirli olduğu bir ekran görüntüsünü/screen-shot'ını alın. Daha sonra silinebilir ancak başkaları ekran görüntüsünü almış ve yaymak üzere tuşa basmış olabilir. Bu içeriği derhal kurumsal iletişim sorumlunuza, danışmanınıza, ajansınıza, avukatınıza, hukuk biriminize vb. yollayın, aksiyonları onlarla birlikte belirleyin. Tek başınıza ilerlemeyin. Öncesinde gelişmiş, bildirmeniz gereken ilintili içerikler var ise mutlaka onları da aktarın.

9. Herhangi bir şekilde yanlış, hatalı, uygunsuz, gereksiz vb. bir içerik paylaşmışsanız ve silmek istiyorsanız, silmeden önce mutlaka tarih, saat ve mecranın da belirli olduğu bir ekran görüntüsünü/screen-shot'ını alın. Siz silmeden bir başkası ekran görüntüsünü almış olabilir. Orijinalinin sizde de olmasında yarar var.

10. Kullandığınız platformların mutlaka "gizlilik ayarları" bölümleri vardır. Örneğin bu ayarları Facebook'da http://goo.gl/DMRHqP, Twitter'da http://goo.gl/1wz8Pg, LinkedIn'de http://goo.gl/FDGcc0, Google+'da http://goo.gl/0LFXZr adreslerinden yapabilirsiniz, yapmalısınız. Buralardan hesabınızı, paylaşımlarınızı kimler görsün, nelere yorum yapılabilsin, neler paylaşılabilsin vb. birçok kuralı düzenleyebiliyorsunuz. İhmal etmeyin.

11. Sosyal medyayı e-mail ya da sms gibi kullanmayın, bu kanallar üzerinden kişisel mesajlar yazmayın. Bu sokakta ulu orta, yüksek sesle özelinizi konuşmak gibidir. Titiz davranmanızda yarar var.

12. Seyahatlerinizi, kendinizin, ailenizin, çocuklarınızın, yakınlarınızın, stratejik önemdeki kişilerin yaşam bilgilerini, partilerinizi, toplantılarınızı vb. eğer tamamen kamuya açık bilgiler değilse paylaşmayın. İlgililer, son yıllarda pek çok güvenlik sorununun altından sosyal medyada paylaşılan özel bilgilerin çıktığını belirtiyor.

13. Sizi çok gururlandıran başarılarınızı, atılımlarınızı, anlaşmalarınızı içiniz içinize sığmasa da paylaşmadan önce çok iyi düşünün. Unutmayın rakipleriniz, kötü niyetli kişiler ya da imrenenler de sizi görüyor. Bu konularda hem kendiniz hem de ekipleriniz çok dikkatli olmalı. Bu tip anonslar yüzünden bozulan çok anlaşma, iş birliği, ilişki örneği var. Bunlardan biri olmak istemiyorsanız, paylaşımlarınızı sıkı bir filtreye tabi tutmalısınız.

14. Ve son olarak paylaştığınız fotoğraflarınız, videolarınız, bir de "check-in adresleriniz" konusunda çok ama çok hassas olmalısınız. Çok masum bir paylaşım hafta sonunda şehir dışında olduğunuzu, eşinizin, çocuğunuzun evde yalnız olduğunu, adresinizi, ya da flipchart'a yazdığınız satış rakamlarınızı, sunumdaki stratejik planlarınıza dair ipuçlarını gizli toplantı yaptığınız odanın koordinatlarını dünyaya aktarıyor olabilir...

KENDİNİZE ÖZGEÇMİŞ DEĞİL, ÖZGELECEK YAPIN. CV DEĞİL LİNKLERİNİZİ YOLLAYIN...

Klasik CV ile iş bulmak, doğru kişiyi seçmek çoktan miyadını doldurdu!

Arz-Talep dengesi fena halde bozuk, iş arayan yetenekli-yeteneksiz insan çok, işe alan az. Ve bu ortamda , doğal olarak artık en detaylı yazılmış CV, resume, özgeçmiş, LinkedIn profili vb. dahi farkınızı fark ettirmeye yetmiyor.

İş arayanların tiradı:

- Bir sürü yere CV yolladım, cevap bile vermiyorlar! (Verseler de otomatik yanıt olacak. Kafana bunu değil, fark yaratmak ve edilmek için ne yapman gerektiğini tak...)

İşveren adına seçicilerin isyanı;

- Ne bu kardeşim, hepsi aynı! Daha kendi CV sini doğru, farklı, yaratıcı hazırlayamıyor, işe nasıl değer katacak bunlar? İşin yoksa deli pösteki sayar gibi uğraş dur... (Kendi de muhtemelen daha çırak olan ey İK'cı; el insaf! Biiir; işin o, ikiii; muhtemelen senin de pek matah bir CV'in, hatta Allah bilir; "çıkar seninkini bakayım" desek, güncel resumen yoktur...)

Yeni fikirler, yaratıcı iletişim yolları bulmalısınız.

Her şeyden önce kafanızdaki "işe alınmanızı sağlayacak dokümanı, ezbere, başkalarına benzeterek, copy-paste yapmak" takıntısından kurtulun. Beyninizin bu merkezini resetleyin!
Hazırlayacağınız materyal (Bakın, doküman demiyorum! Video, enteresan bir proje vb. her şey olabilir... Yaratıcılığınıza kuvvet...) sizi, projenizi satmaya dönük, kısa, yalın, odaklı ve siberçağın buluştuğu mecralarda olmalı.

Artık CV değil, link veriliyor...

Dijital kimliğinizi güzeltmeye (yanlış yazmadım. Güzelleştirmekle, düzeltmekten türetilmiş yeni bir kelimedir, bol bol kullanın ☺) Linkendin'den başlayın. Ve de bunu hemen yapın. CV yazmakla vakit geçirmeyin. Artık CV değil, link verilmesi lazım...

Ürün "SİZ" olduğunuza göre; sizi ve yapabileceklerinizin geçmişini, vaadini değil, gelecekteki katkısının tarifini yansıtmalı.
Şu anda ürünler ve hizmetler nasıl uyduruk broşürlerle satılamıyorsa, sizi de bu şekilde bir anlamda CV denen basmakalıp kişisel kataloğunuzla almazlar, almayacaklar. Linklerinize bakıp, hazreti Google´a soracaklar...

Ne yapmak istediğinizi, ne işe yarayacağınızı, becerilerinizi, gelecekte neler yapmak istediğinizi, karşınızdaki kişi ya da kurumlara çok net, eğlenceli, heyecanlı, çoşkulu aktarabilmelisiniz. Onu gören sizi işe almak için değil, "sizinle iş birliği" yapmak için heves duymalı.

Unutmayın, artık herkes kendinin patronu (self employer, solopreneur – solo girişimci) ! İster bir kurum çatısının altında, ister kendi işini yapıyor olsun; herkes kendi başının çaresine bakmak zorunda.

Hiç bir kurumun, müdürün, çalışanın, patronun, kimseyi taşıyacak, kaşıyacak, yukarı çekecek, aşağıdan itecek hali ve kaynağı yok! Bu tür beklentilerinizi sıfırlayın!

Başvurularda artık mutlaka iyi bir anlatım, mutlaka LinkedIn, diğer Sosyal Medya Hesap ve Blog'larının linkleri, yaptığı projeler, üye olduğu dernekler vb. nin de linklerinin yollanması bekleniyor. Neredeyse fotoğraf yetmiyor, başvuranın videosu dahi bekleniyor. Yolladıkları muhakkak Google araması ile cross-check ediliyor.

T-İNSAN

"Bir insanın yüreğini ve aklını anlamak için, başardıklarına değil, istediklerine bak,,,"
-Kahlil Gibran

SON SÖZLER

Sayfalar dolusu, tekrar tekrar "boşuna iş aramaya, maaşlı işe kafanızı takmayın, kendinizi iş haline getirin" deyip deyip, işe başvuru sırasında yapılması ve yapılmamaması gerekenlere dair tavsiyelerle bitirmem çelişkili gelebilir.

Pek öyle değil aslında. Bir kere her şey tabii ki **birkaç yılda, pat diye değişemeyecek. Geleceğe zıp diye zıplayamayacağız.** Bir geçiş dönemine ihtiyacımız olacak. İşte son kısım onun için. Ücretli çalışarak nakit akımını bir süre daha sağlam kaynağa bağlamak isteyenlere ya da öyle çalışmak zorunda olanlara önerilerim olarak **dikkate alınmasında yarar var.**

Ve tabii ki bu öneriler evrensel. Hangi formda çalışırsa çalışsın, insanın kendini, işini, becerisini, yetkinliklerini iyi ve etkin anlatması gerekiyor. İster girişimci olun, ister start-up kurun, ister ikinci bahar yaşayın, ister kurumsal alanda, ister STK vb.'de çalışın fark etmez.
İyi bir özgelecek hikâyesi her kapıyı açar...
O yüzden özellikle son bölüme aldım.

Daha anlatacak, paylaşacak o kadar çok şey var ki...
Onlar da bir dahaki kitaba artık...

Kendinizi geleceğe uyumlamak için esinlendiğinizi, bilgilendiğinizi, heveslendiğinizi hissediyorum... Öyle olmasını çok istiyorum...

T İnsan'a dönüşerek, gelecekte başarılı olmanızı yürekten diliyorum.

MUTLU GELECEKLER! - HAPPY FUTURE

KENDİMCE BİR SÖZLÜK

ÖNEMSEDİĞİM
KRİTİK KAVRAMLAR, TANIMLAR

FÜTÜRİZM:

Gelecekçilik. Geleceğin tahmin edilmek yerine, uzgörü ile (foresight) tasarlanabileceğini savunan, daha iyi ve sürdürülebilir bir gelecek yaratmanın yollarını arayan düşünce akımı, yaklaşım, bakış açısı.

Özellikle **Sosyoloji, Teknoloji, Ekonomi, Ekoloji** ve **Psikoloji** dalları ile multidisipliner çalışmalar yaparak gelecek senaryoları, analizleri ve planları üreten **gelecek mühendisliği. Future Casting** de dendiği olur.

Geleceği tahmin etme çalışmaları 1930'larda başlayıp, 1960'larda gelişerek arttı. Araştırmacıların kullandıkları en yaygın yöntemler; **Delfi Anketi** (Delphi Survey), **Senaryo Planlama** (Scenario Planning), **Karşılıklı Etki Analizi** (Cross Impact Analysis) ve **Bilgisayar Destekli Simülasyon** olarak dikkat çekti. Bu yöntemlerden, Soğuk Savaş dönemi ve sonrasında başta Amerika olmak üzere, gelişmiş ülkelerle büyük firmalar, özellikle savunma sanayinde, daha çok teknolojik ilerleme ve strateji geliştirme gibi konularda yararlandılar. **Geleceği tahmin- "forecasting"**-yaklaşımında, yukarıda belirtilen yöntemlerden birini kullanarak en yüksek olasılığı belirlemek ağırlık kazanıyor ve aslında bugün hızla ağırlık ve önem kazanan **"uzgörü, foresight"** yaklaşım ve çalışmalarının ilk temellerini oluşturuyor.

Özellikle 1973 petrol krizinin tahmin edilememesinden sonra, bu şekilde yapılan gelecek tahminlerinin geçerliliği ve güvenilirliği sorgulanmaya, iş ve yaşam koşulları, toplumsal yapılar karmaşıklaştıkça karar verme sürecinde etkili olan faktörlerin değişmesi gerektiği tartışılmaya başlandı. Sadece, eğilimler-trendler-, itici güçler-driver-, ekonomik göstereler-economic inidicators- gibi belirleyicileri kullanan basit tahmin yöntemleri bu dönemden sonra tamamen ortadan kalkmadı, ancak temel varsayımları önemli değişikliklere uğradı. Zamanda süreklilik ve lineerlik kavramının olmadığı, süreksizliğin de olduğu varsayımının kabulüyle **tahminler geleceğin, tamamen geçmişin bir uzantısı olmadığı düşünülerek** ve çok deterministik olmayan bir biçimde yapılmaya başlandı.

1980'lerde gelecek odaklı politika ve strateji oluşturmada, gelişmeleri tahmin edip pozisyon almayı öngören "reaktif" yaklaşımın yerini, **"proaktif"** olmak aldı. Gelecek için farklı seçenekler olduğunu kabul eden, **geleceği değiştirmeye, onu kontrol etmeye** dayalı bir bakış açısı benimsenmeye başlandı. Bu dönemlerden sonra, evrensel, ulusal, bölgesel, sektörel ve hatta kişisel gelişmeleri tahmin etmenin sadece teknolojik Ar-Ge çalışmalarıyla mümkün olmadığı, sosyal, psikolojik, ekonomik ve politik boyutların da bütün bir sistemi etkilediği, bu faktörlerin de göz önüne alınması gereği fark edildi.

Ekosistem, interdependency-birbirine bağlımlılık- kavram ve yaklaşımları yaygınlaştı. Bilim ve teknoloji alanında dahi pazar odaklı, sosyal ve demografik eğilimleri göz önüne alan geniş bir bakış açısı ağırlık kazandı.

Artık geleceği tahmin etmek, sadece uzman veya bilim insanlarının değil, bütün paydaşların katıldığı, uzlaştığı bir gelecek vizyonu oluşturma süreci olarak algılanıyor. **"Geleceği Yönetmek",** hatta **"Değişimin Önüne Geçmek"** 'Geleceği Tasarlamak' gibi yaklaşımlar benimsenmeli deniyor. İşte bu gelişmeler bizi 'Uzak görüş', 'Uzman görüş' ve 'Uzlaşmacı görüş' anlamlarına dokunan **"uzgörü"** ile buluşturuyor.

FÜTÜRİST:

Gelecekçi. Olumlu Gelecek tasarımcısı. Uzgörü ile bireysel, kurumsal toplumsal stratejik, sürdürülenilirliği gözeterek gelecek planlaması, gelecek çalışmaları yapan, geleceğe dair senaryo ve analizler geliştiren kişi. Kimileri **Fütürolog, Futurecaster** da der.

ÜZGÖRÜ:

Uzak, uzman ve tüm paydaşlarla/unsurlarla **uzlaşmacı** görüşü anlatmak üzere kullanılmaktadır.

Uzgörülü olmak, yaratıcı, problem çözücü, esnek, katılımcı ve organize bir yaklaşımla uzun dönemli gelecekle bağlantı kurmayı, geleceği yönetmeyi ve yaratmayı amaçlıyor. **Gelecekte başarı için** artık öngörü yetmiyor, "uzgörü" lü olmak gerekiyor.

KÜRASYON, KÜRATÖR:

Küratör (seçkici, düzenleyici) genellikle müze, galeri, arşiv veya kütüphane koleksiyonunun yöneticisidir. Çağdaş sanatta küratör, sergi düzenleyicisi olarak kullanılır. Küratörler, bir koleksiyonun istenen etkiyi yaratmasını sağlayan kilit unsurlardır. Eserin yaratılması ne kadar önemli ise etkili bir kürasyonla sergilenmesi, sunulması da en az onun kadar hayatidir. Günümüzde bunun önemi o kadar anlaşılmıştır ki ABD ve İngilteregibi ülkelerde küratörlük uygulama dersleri başlamıştır.

Ben bu kitapta küralasyonu kaliteli ve gelecekçi yaşam için gerekli unsurların seçkisinin yapılması ve düzenlenmesi kast edilerek kullandım.

OTODİDAKT, OTODİDAKTİZM:

Kendi kendisne düşünen/düşünme, kendi kendine öğrenen/öğrenme (self thinking, self learning).

Değişim, dönüşüm ve belirsizliğin çok fazla, hızlı olduğu dönemlerde klasik öğrenme kanalları ve metotları yeterli olmaz. Öğrenme, Ar-Ge, geliştirme işi yönder, öncü birey ve kurumların kendi çabaları ile çözülür.

Örneğin Leonardo Da Vinci dünyanın en meşhur otodidaktıdır.

HİBRİD:

Melez. Yeni bir gelecek, paralel kariyer yaratmak için aynı anda, hem şimdi hem de gelecek için çalışma yapılması kast edilmektedir.

Değişim ve dönüşüm bir anda gerçekleşemiyor. Eskiyen hemen terk edilip, yeniye, geleceğe zıplamak (henüz) mümkün olmuyor. Yeni koşullara, geleceğe uyumlu bir geçiş için tıpkı hibrid arabalar gibi hem şimdinin hem geleceğin aynı bünyede yaşaması, gelişmesi amaçlanmalıdır.

PARALEL KARİYER, ÇOKLU KARİYER:

Bugünkü iş, uğraş alanında devam ederken, aynı anda gelecekteki iş ve uğraş için somut çalışma yapmak. Aynı anda hem şimdki hem de gelecekteki kariyer için çalışmak.

SCREENAGER:

Ekran nesli. Yaşamının büyük bir kısmını ekranlarla, ekranlarda bir şeyler yaparak geçiren kişi. Bebekler de yaşlılar da screenager olabilir. Çünkü artık ekranlar aracılığı ile etkileşimde olmanın yaş sınırı kalmadı.

SİBERYONER WEBRATÖR:

Eskinin Milyoner Fabrikatörleri gibi, dijital çağın dijit üreterek, kullanarak, dağıtarak, paylaşarak, biriktirerek vb. web ekonomisinde siber varlık sahibi olan kişi ve kurumlar.

YÖNDER:

Yönetici ve Lider özellikleri taşıyan. Sadece liderlik, sadece yöneticilik yetmiyor. İkisini birden yapmak, hem yönlendirmek hem önderlik etmek gerekiyor. Visionary Doer / Vizyoner İcraatçı olmak gelecekte başarılı olmak için gereken en önemli yetkinlikler arasında, hatta en başlarda geliyor.

FOMO:

"Burn Out – İçten İçe Yanma" sendromu "FOMO-Fear of Missing Out – Eksik, Geride Kalma Korkusu.

JOYO:

Joy of Missing Out – Eksik Kalma Zevki.

ENTROPİ:

Evrendeki tüm maddelerin, bilinçli bir düzenleme olmadıkça, hep düzensizliğe ve bozulmaya doğru sürükleneceğini anlatan, hiçbir şeyin aynen kalamayacağını anlatan evrensel yasa. Einstein bu yasayı kendi izafiyet teorisinden bile daha önemlidir diye nitelemiştir.

SINGULARITY:

Tekillik. 2050'ye kadar "makineler, şeyler insanlaşacak; insanların içinde de bir sürü nano-makine, chip olacak. İnsanlara gözle görülemeyecek küçüklükte chipler takılacak, sürülecek, gömülecek vb. Şeylere, makinalara da bilişsel yetenekler, duygu yüklenecek. İnsanlarla makineler bütünleşecekler, tekilleşecekler" diyen akım. Yönderi: Fütürist Ray Kurzweil.

HOLOKRASİ:

Bütünsel yönetim biçimi. Yerinden özyönetim de deniyor.
Geleneksel aşağıdan yukarı, yukarıdan aşağı piramitlerle izah edilmeye çalışılan hiyerarşik yönetim yerine yöneticilerin, unvanların vb. olmadığı, herkesin yüksek bilinç, sorumluluk ve yetki ile kendi kendini yönettiği bir sistem. Bu kültürde çalışanlar rollerine, yapacağı işe hâkimdir. İnsanların işlerini yapmaları için yönetici güdümünde olmaları gerekmez. Dolayısı ile piramitler de yoktur.

FİLANTROPİ:

Hayırseverlik, bağışçılık. Dünya'nın bize verdiklerini, Dünya insanıyla paylaşmak" felsefesine dayanıyor. Hızla küresel sorunlar haline dönüşen insanlık problemleriyle ilgilenmeyi, onlara çözümler bulmayı ve eyleme geçmeyi teşvik ediyor, örgütlüyor.

MEMETİK:

Mem (İngilizce: meme), bir kültür içerisinde kişiden kişiye aktarılarak geçen fikir, davranış veya bilgi parçalarına denir. Mem kavramı, genlerle özdeşleştirilir ve genlerin biyolojik olarak aktarılması gibi, memlerin de kişiden kişiye ancak genetik olmayan yollarla aktarıldığı düşünülür. Kısacası memetik; genetiğin biyolojik evrimi, biyolojik iletiyi sağlaması gibi kültürel iletiyi de "memetik" sağlıyor diyen bilim dalı.

BAŞARI:

Sırf sen varsın diye öncelikle kendinin ve bir başkasının mutlu olma hali.

T-İNSAN:

İlk kez David Guest tarafından kullanılan, Tim Brown'ın yaygınlaştırdığı "T- Shaped skills"den esinlenerek Fütürist Ufuk Tarhan tarafından yorumlanıp önerilen, "bir şeyin herşeyini, herşeyin de bir şeyini bilen" teknolojik, tasarımcı, tedarikçi yeniçağ insanını anlatan tanımlama ve yepyeni bir kişisel beceri geliştirme modeli.

ALGORİTMİK DÜŞÜNMEK, HAREKET ETMEK:

Algoritma, belli bir problemi çözmek veya belirli bir amaca ulaşmak için tasarlanan yoldur. Daha çok bilgisayar programlamakta kullanılır. Kodlama yaparken yapılması gereken her şeyin adım adım tasarlanması, irdelenmesi, aralarındaki etkileşimin yaratacağı sonuçların hesaplanmasıdır. Bir nevi akış diyagramı yaratmaktır. Hesaplı, kitaplı düşünmek ve davranmak için sıklıkla kullandığım bir yöntem ve terimdir.

REZONANS KANUNU

Ne istersen o olur ya da istekleri yönetme kanunu da diyebiliriz.

İLHAM ALDIĞIM FÜTÜRİSTLER

Jacque Fresco ile...

Ray Kurzweil ile...

Michio Kaku ile...

Gerd Leonhard ile...

Mike Walsh ile...

Patrick Dixon ile

Dr. Verne Wheelwright ile...
Hayatımı değiştiren ilk adımlardan birini onunla attım.

Onunla ne yazık ki birlikte fotoğrafımız olamadı,
ancak kalbimde...
Kalbimizde... Ve hep orada olacak...

FÜTÜRİST UFUK TARHAN'A ULAŞABİLECEĞİNİZ ADRESLERİN QR KODLARI:

Blog

Twitter

Facebook

Linkedin

Google+

YouTube

Vimeo

Instagram

Pinterest

Tumblr

SlideShare

KİMLER GELECEKTEN KORKUYOR,
GELECEĞE DAİR ENDİŞE, MERAK,
YA DA YENİ ATILIMLAR İÇİN HEYECAN DUYUYORSA,

Fütürist Ufuk Tarhan'ın
yüzlerce danışanı, iş insanı, gençler, ebeveynler, okuyucusu
tarafından uygulanmış

T-İnsan Modelini öğrenip, uygulayarak
"Daha mutlu ve Başarılı İnsana" dönüşmenin ve sürdürülebilir mutluluk,
kalıcı iyi hissetme halinin

kodlarını çözme, çabucak toparlanma, motive olma fırsatını kaçırmasın!

YAŞIN, NE YAPTIĞIN, KİM OLDUĞUN ÖNEMLİ DEĞİL!
BU DÖNÜŞÜM HERKESE LAZIM. HERKES İÇİN ŞART!

KENDİNDEN, BAŞKA BİR SEN YARATMAK,
KENDİNİ GELECEĞİN İSTERLERİNE UYGUN
YENİ BİR SEN'E DÖNÜŞTÜRMEK İÇİN

HAREKET BAŞLASIN!
HADİ! HEMEN ŞİMDİ!..

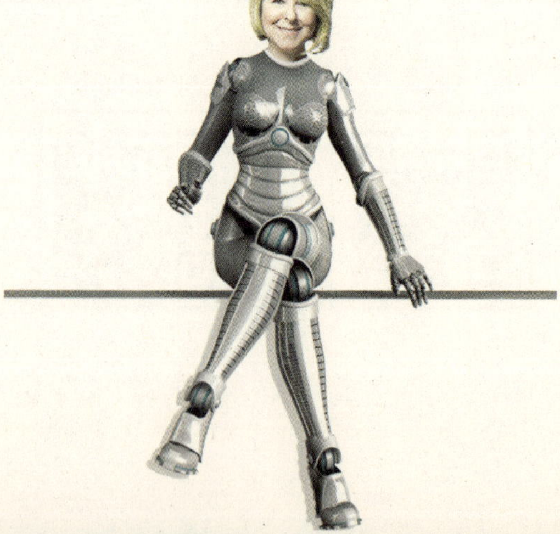